选择

十八大以来党的理论创新

洪向华◎主编

中共中央党校出版社

图书在版编目（CIP）数据

选择：十八大以来党的理论创新/洪向华主编．--北京：中共中央党校出版社，2017.10（2017.11 重印）

ISBN 978-7-5035-6145-0

Ⅰ.①选…　Ⅱ.①洪…　Ⅲ.①中国共产党-党的建设-理论研究　Ⅳ.①D26

中国版本图书馆 CIP 数据核字（2017）第 187765 号

选择——十八大以来党的理论创新

责任编辑　周　慧　张　琳
版式设计　李　灵
责任印制　宋二顺
责任校对　魏学静
出版发行　中共中央党校出版社
地　　址　北京市海淀区大有庄 100 号
电　　话　（010）62805830（总编室）　（010）62805821（发行部）
　　　　　（010）62805034（网络销售）　（010）62805822（读者服务部）
传　　真　（010）62881868
经　　销　全国新华书店
印　　刷　北京鑫海金澳胶印有限公司
开　　本　700 毫米×1000 毫米　1/16
字　　数　228 千字
印　　张　16.25
版　　次　2017 年 10 月第 1 版　2017 年 11 月第 2 次印刷
定　　价　36.00 元

网　　址：www. dxcbs. net　邮　　箱：cbs@ ccps. gov. cn
微 信 ID：中共中央党校出版社　新浪微博：@党校出版社

前　言

党的十八大以来，以习近平同志为核心的党中央团结带领全国各族人民，紧紧围绕实现“两个一百年”奋斗目标和中华民族伟大复兴的中国梦，举旗定向、谋篇布局、攻坚克难、强基固本，开辟了治国理政新境界，开创了党和国家事业发展新局面，得到广大干部群众的衷心拥护，在国际社会产生重大影响。在治国理政新的实践中，习近平总书记以非凡的理论勇气、高超的政治智慧、坚韧不拔的历史担当精神，把握时代大趋势，回答实践新要求，顺应人民新期待，围绕改革发展稳定、内政外交国防、治党治国治军发表一系列重要讲话，形成一系列治国理政新理念新思想新战略，进一步丰富和发展了党的科学理论，为我们在新的历史起点上实现新的奋斗目标提供了基本遵循。

习近平总书记治国理政新理念新思想新战略，内涵丰富、思想深邃、博大精深，是一个系统完整的科学理论体系。这些新理念新思想新战略，可以概括为：“一二三四五”。**“一”包括两个方面的内容，一个是“一个梦想”，实现中华民族伟大复兴中国梦。另一个是“一条主线”，坚持和发展中国特色社会主义。“二”就是两个一百年的奋斗目标，一个是建党一百年的奋斗目标，另一个是建国一百年的奋斗目标。“三”是“三严三实”的作风建设。“四”是四个全面的战略布局。“五”包括两个方面，一个是“五位一体”总布局，另一个是“五大发展理念”构成的新发展观。**

“一个梦想”，实现中华民族伟大复兴中国梦。治国理政和管理一个大家庭的实质是一样的。建设管理好一个家庭，首先要提出一个引领性的目标，这个目标必须最大程度地集约所有家庭成员的小目标，从而汇成各方都承认的大目标，在这个大目标下，各个家庭成员为实现这个目标而奋斗。治理一个国家也是如此，实现中华民族伟大复兴的中国梦就是一个引领性的目标。这个目标凝结着13亿多中国人民的共同梦想，体现了我们党在理论和实践上的伟大创造。党的十八大以来，我们党的所有理论和实践，都紧紧围绕着实现这个崇高奋斗目标精进展开。中国梦是国家富强、民族振兴、人民幸福的梦，是中华儿女的共同期盼和精神旗帜，已成为引领中国进步发展的强大正能量。实现中国梦，创造全体人民更加美好的生活，任重而道远。在这一过程中，需要各级党组织和党组织带头人的不断引领，需要坚韧不拔的精神，需要众志成城的力量，需要我们每一个人的艰苦努力，从而同心共圆中华民族伟大复兴的中国梦。

“一条主线”，坚持和发展中国特色社会主义。干事创业需要一条主线来牵引。在这条主线的牵引下，我们才能选择正确的道路。我们党和人民在长期实践探索中，坚持独立自主走自己的路，取得革命、建设、改革伟大胜利，开创和发展了中国特色社会主义，从根本上改变了中国人民和中华民族的前途命运。中国特色社会主义，是中国共产党和中国人民团结的旗帜、奋进的旗帜、胜利的旗帜，是当代中国发展进步的根本方向。习近平总书记指出：“党的十八大精神，说一千道一万，归结为一点，就是坚持和发展中国特色社会主义。”坚持和发展中国特色社会主义，是实现中华民族伟大复兴的必由之路。中国特色社会主义是在改革开放新时期开创的，也是建立在我们党90多年长期奋斗基础上的，而其思想、理论和实践的源头，则可追溯到更远。从提出社会主义思想到现在，差不多有500年时间。2013年1月，习近平总书记在新进中央委员会的委员、候补委员学习贯彻党的十八大精神研讨班上的讲话中，从空想社会主义产生和发展、马克思恩格斯创立科学社会主义理论体系、列宁领导十月革命胜利并实践社会主义、苏联模式逐步形成、新中国成立后我们党对社会主义的探索和实践、我们党作出进行改革开放的历史性决策、开创和发展中国特色社会主义这六个时间段，对社会主义500年的历史进行了系统回顾和梳理，展现了中国特色社会主义的历史渊源和发展进程。搞清世界社会主义思想的源头及其演进，搞清中国特色社会主义的历史发展，就能明白，我们党在推进革命、建设、改革的进程中，是怎样经过反复比较和总结，历史地选择了马克思主义、选择了社会主义道路的；是怎样把马克思主义基本原理同中国实际和时代特征结合起来，独立自主走自己的路的；是怎样历经千辛万苦、付出各种代价，开创和发展中国特色社会主义的。世界社会主义500年波澜壮阔的历史进程告诉我们：中国特色社会主义是科学社会主义理论逻辑和中国社会发展历史逻辑的辩证统一，是历史的结论、人民的选择，是当代中国发展进步的根本方向，只有社会主义才能救中国，只有中国特色社会主义才能发展中国。

“两个一百年”的奋斗目标。实现中华民族伟大复兴中国梦是引领性的奋斗目标。这个目标是宏大的，需要分解成两个阶段性的目标。这就是“两个一百年”。第一个百年目标就是到中国共产党建党一百年的时候全面建成小康社会。党的十八届五中全会对全面建成小康社会提出了具体的目标要求，这就是经济保持中高速增长，在提高发展平衡性、包容性、可持续性的基础上，到二〇二〇年国内生产总值和城乡居民人均收入比二〇一〇年翻一番，产业迈向中高端水平，消费对经济增长贡献明显加大，户籍人口城镇化率加快提高。农业现代化取得明显进展，人民生活水平和质量普遍提高，我国现行标准下农村贫困人口实现脱贫，贫困县全部摘帽，解决区域性整体贫困。国民素质和社会文明程度显著提高。生态环境质量总体改善，各方面制度更加成熟更加定型，国家治理体系和治理能力现代化取得重大进展。第二个百年目标就是到中华人民共和国建国一百年的时候，中国达到中等发达国家水平，实现中华民族伟大复兴的中国梦。习近平总书记说：“现在，我们比历史上任何时期都更接近中华民族伟大复兴的目标，比历史上任何时期都更有信心、有能力实现这个目标。”“两个一百年”将如何引领人民前行？习近平总书记指出：“这是当前全党全国各族人民要共同为之奋斗的目标。这一目标，既是中华民族的宏伟目标，也把每个人、每个家庭、各方面群众的愿望和利益结合起来了。”

“三严三实”的作风建设。目标确立了，关键的问题在于干部，在于干部的作风。好的作风是实现目标的根本保证。习近平总书记深谙其中的规律。他在2014年3月参加十二届全国人大二次会议安徽代表团审议时发表重要讲话，就加强作风建设提出“严以修身、严以用权、严以律己，谋事要实、创业要实、做人要实”的要求。“三严三实”要求，抓住了做人从政的根本，明确了干事创业的准则，划定了为官律己的红线，对于落实全面从严治党方针，驰而不息地深化党的作风建设，规范党员干部言行，加强高素质执政干部队伍建设，具有重大现实意义和深远历史意义。

“四个全面”的战略布局。有了奋斗目标，有了作风保证，还得进行战略布局。不进行战略布局，就不能稳步推进目标的顺利实现。党的十八大以来，以习近平同志为核心的党中央从坚持和发展中国特色社会主义全局出发，立足中国发展实际，坚持问题导向，逐步形成并积极推进全面建成小康社会、全面深化改革、全面依法治国、全面从严治党的战略布局。“四个全面”战略布局，确立了新的历史条件下党和国家各项工作的战略目标和战略举措，是我们党在新形势下治国理政的总方略，是事关党和国家长远发展的总战略，为实现“两个一百年”奋斗目标、实现中华民族伟大复兴的中国梦提供了重要保障。

“五位一体”总布局。有战略布局，就得有总布局。总布局是指导战略布局的。党的十八大指出，建设中国特色社会主义，总布局是经济建设、政治建设、文化建设、社会建设、生态文明建设五位一体。“五位一体”总布局是一个有机整体，其中经济建设是根本，政治建设是保证，文化建设是灵魂，社会建设是条件，生态文明建设是基础。只有坚持五位一体建设全面推进、协调发展，才能形成经济富裕、政治民主、文化繁荣、社会公平、生态良好的发展格局，把我国建设成为富强民主文明和谐的社会主义现代化国家。“五位一体”总布局标志着我国社会主义现代化建设进入新的历史阶段，体现了我们党对于中国特色社会主义的认识达到了新境界。“五位一体”总布局与社会主义初级阶段总依据、实现社会主义现代化和中华民族伟大复兴总任务有机统一，对进一步明确中国特色社会主义发展方向，夺取中国特色社会主义新胜利意义重大。

“五大发展理念”构成的新发展观。解决中国所有的问题都是为了发展。发展是执政兴国的第一要务。理念是行动的先导。以什么样的发展观指导发展就会有什么样的发展结果。党的十八届五中全会鲜明提出创新、协调、绿色、开放、共享五大发展理念，集中体现了今后五年乃至更长时期我国发展思路、发展方向、发展着力点，是我们党的重大理论创新，也是这次全会的突出贡献和亮点，对于破解发展难题、增强发展动力、厚植发展优势具有重大指导意义。具体来讲：创新发展注重的是解决发展动力问题，创新是发展的第一动力，必须把创新摆在国家发展全局的核心位置，不断推进理论创新、制度创新、科技创新、文化创新等各方面创新，让创新贯穿党和国家一切工作，让创新在全社会蔚然成风。协调发展注重的是解决发展不平衡问题，协调是持续健康发展的内在要求，必须正确处理发展中的重大关系，重点促进城乡区域协调发展，促进经济社会协调发展，促进新型工业化、信息化、城镇化、农业现代化同步发展，在增强国家硬实力的同时注重提升国家软实力，不断增强发展整体性。绿色发展注重的是解决人与自然和谐问题，绿色是永续发展的必要条件和人民对美好生活追求的重要体现，必须坚持节约资源和保护环境的基本国策，坚持可持续发展，坚定走生产发展、生活富裕、生态良好的文明发展道路，推进美丽中国建设，为全球生态安全作出新贡献。开放发展注重的是解决发展内外联动问题，开放是国家繁荣发展的必由之路，必须顺应我国经济深度融入世界经济的趋势，奉行互利共赢的开放战略，坚持内外需协调、进出口平衡、引进来和走出去并重、引资和引技引智并举，发展更高层次的开放型经济，积极参与全球经济治理和公共产品供给，提高我国在全球经济治理中的制度性话语权，构建广泛的利益共同体。共享发展注重的是解决社会公平正义问题，共享是中国特色社会主义的本质要求，必须坚持发展为了人民、发展依靠人民、发展成果由人民共享，作出更有效的制度安排，使全体人民在共建共享发展中有更多获得感，增强发展动力，增进人民团结，朝着共同富裕方向稳步迈进。坚持创新发展、协调发展、绿色发展、开放发展、共享发展，是关系我国发展全局的一场深刻变革。这五大发展理念是相互贯通、相互促进的，是具有内在联系的集合体，要统一贯彻，不能顾此失彼，也不能相互替代。

党的十八大以来，以习近平同志为核心的党中央不但提出了一系列新理念新思想新战略，同时也把这些新理念新思想新战略落到了实处。比如说，习近平总书记提出了“当惊世界殊”的两大举措。一个是“一带一路”，另一个是建立雄安新区。这两大举措把习近平总书记治国理政新理念新思想新战略提升了境界，落地生根。“一带一路”，是以习近平同志为核心的党中央统揽全局、顺应大势作出的重大战略决策。根据规划，“一带一路”将成为世界上跨度最长的经济大走廊，发端于中国，贯通中亚、东南亚、南亚、西亚乃至欧洲部分区域，总人口约44亿，经济总量约21万亿美元，分别约占全球的63%和29%。推进“一带一路”建设，加强与相关国家互联互通，对于构建开放型经济新体制、形成全方位对外开放新格局，对于全面建成小康社会、实现中华民族伟大复兴的中国梦，具有重大深远的意义。“一带一路”建设秉持的是共商、共建、共享原则，不是封闭的，而是开放包容的；不是中国一家的独奏，而是沿线国家的合唱。“一带一路”建设不是要替代现有地区合作机制和倡议，而是要在已有基础上，推动沿线国家实现发展战略相互对接、优势互补。在有关各方共同努力下，“一带一路”建设的愿景与行动文件已经制定，亚洲基础设施投资银行已经成立，丝路基金已经顺利启动，一批基础设施互联互通项目已在稳步推进。曾经花雨缤纷、舟楫络绎的丝绸之路，正在重现活力、大放光彩。

设立雄安新区是以习近平同志为核心的党中央深入推进实施京津冀协同发展战略、积极稳妥有序疏解北京非首都功能作出的一项重大决策部署，是继深圳经济特区、上海浦东新区之后又一具有全国意义的新区，是重大的历史性战略工程，是千年大计、国家大事。这项工作是在习近平总书记亲自谋划、亲自决策下推进的，倾注了习近平总书记大量心血，充分体现了习近平总书记强烈的使命担当、深远的战略眼光和高超的政治智慧。设立雄安新区，对于有力有序有效疏解北京非首都功能，推动京津冀协同发展，打造贯彻落实新发展理念的创新发展示范区，具有重大现实意义和深远历史意义。一是有利于探索解决“大城市病”新模式。规划建设雄安新区，打造具有相当规模、发展环境更优的集中承载地，一方面，将吸引部分功能在集中承载地集聚发展，有效缓解北京“大城市病”问题，促使北京实现“瘦身健体”；另一方面，推动北京非首都功能集中疏解，可以避免零打碎敲、盲目布局，提升疏解效率。二是有利于培育全国创新驱动发展新引擎。规划建设雄安新区，是适应经济发展新常态，探索经济发展新模式的重要举措。通过推动创新驱动发展，可以集聚京津冀乃至全国以及国际创新要素和资源，能够打造具有世界影响力、国内领先的科技新城，培育经济发展新亮点。通过推进简政放权、管放结合、优化服务，深化行政体制改革，构建促进创新的体制机制，为全国其他地区作出表率和示范。三是有利于调整优化京津冀城市布局和空间结构。规划建设雄安新区，主要承接北京非首都功能及与之相配套的部分优质公共服务功能，将进一步强化要素资源的空间集聚，打造区域发展新的增长极，优化整合现有城镇体系，拓展区域发展新空间。四是有利于促进区域协调协同共同发展。河北省与北京市、天津市发展差距悬殊，公共服务水平落差大，是京津冀协同发展亟待破解的难题，也是全国区域发展不平衡、不协调的典型缩影。规划建设雄安新区，通过集中承接北京非首都功能，提升产业层次、创新能力和公共服务水平，加快提升河北经济发展的规模水平和质量效益，缩小与京津两市的经济社会发展差距，实现区域良性互动，在促进三省市协同发展、协调发展、共同发展上探索新路子。

习近平总书记雄韬大略，气定神闲，治大国如烹小鲜，展示了一个大国领袖的伟人风范。十八大以来治国理政一系列举措都是润千秋，泽百世的。实践已经充分证明了习近平总书记是全党的核心，全中国人民的核心。这是历史的选择，人民的选择，众望所归。天上不会掉馅饼，中国特色社会主义伟大事业是干出来的。我们相信，只要我们紧密团结在以习近平同志为核心的党中央周围，奋发图强，艰苦奋斗，撸起袖子加油干，实现中华民族伟大复习的中国梦一定会实现！

洪向华

2017年6月

目　录

一、确立领导核心

伟大的事业需要坚强的领导核心，党的历史一再证明这一真理。党的十八届六中全会提出“以习近平同志为核心的党中央”，明确了习近平总书记的核心地位。既是历史的选择、人民的选择、全党的选择，也是当前全面深化改革实践的客观需要。

（一）历史的选择

2015 年 1 月 20 日，《人民日报》刊文指出，遵守政治纪律和政治规矩，就是坚持党的领导，坚持党的基本理论、基本路线、基本纲领、基本经验、基本要求，在思想上政治上行动上同以习近平同志为核心的党中央保持高度一致，自觉维护中央权威。2016 年 1 月 7 日，中央印发了习近平总书记在中央政治局“三严三实”专题民主生活会上的重要讲话，提出要切实增强政治意识、大局意识、核心意识、看齐意识，严守政治纪律和政治规矩，自觉向党中央看齐，自觉在思想上政治上行动上同以习近平同志为核心的党中央保持高度一致，坚决服从党中央集中统一领导，坚决维护党中央权威。2016 年 1 月 29 日召开的中共中央政治局会议，首次公开提出“增强政治意识、大局意识、核心意识、看齐意识”。2016 年 2 月 1 日，习近平在中国人民解放军战区成立大会上的讲话中，明确要求各战区要毫不动摇听党指挥，坚持党对军队的绝对领导，坚持政治建军原则，强化政治意识、大局意识、核心意识、看齐意识，自觉同党中央和中央军委保持高度一致，严守政治纪律和政治规矩，不折不扣执行党中央和中央军委命令指示。《中国共产党第十八届中央委员会第六次全体会议公报》中指出，“坚持党的领导，首先是坚持党中央的集中统一领导。一个国家、一个政党，领导核心至关重要。全党必须自觉在思想上政治上行动上同党中央保持高度一致。”首次明确习近平总书记的核心地位，正式提出“以习近平同志为核心的党中央”。

坚持领导核心，就是要坚决维护中国共产党的领导核心，党中央领导核心，习近平总书记这个核心，确保党的领导更加坚强有力。从领导核心内涵来看，主要体现在以下三个层面：一是就中国特色社会主义事业而言，中国共产党是核心；二是就中国共产党而言，党中央是核心；三是就党中央而言，习近平总书记是核心。习近平总书记是党中央的核心，也是全党的核心。我们讲增强核心意识，坚持领导核心，就是要坚持中国共产党的领导，坚决听从党中央的决策部署，坚决维护习近平总书记这个核心。

1. 从马克思主义建党逻辑要求来看

中国共产党作为一个马克思主义政党，本质上是一个先进的使命性政党。从马克思主义建党逻辑要求来看，从其他阶级到工人阶级、从一般工人到共产党员、从普通党员到领导干部、从普通干部到高级干部、从高级干部到党的领袖、从党的诸多领袖再到党的最高领袖，存在一个在认知、德行、能力、素质等方面自下而上层层提升与递进的逻辑设定。按照这一逻辑预设，党的最高领袖自然居于金字塔的顶端，具有最高的权威。正因为如此，马克思主义政党一直强调领导干部，特别是高级领导干部，尤其是党的领袖的高度榜样示范作用。

马克思主义政党创始人马克思恩格斯，在领导工人运动和无产阶级政党筹建中，始终强调革命权威的重要性。恩格斯就权威问题，专门写了《论权威》一文，文中指出“联合活动、互相依赖的工作过程的错综复杂化，正在到处取代各个人的独立活动。但是，联合活动就是组织起来，而没有权威能够组织起来吗?”也就是说，没有权威是不可能有效组织联合活动。他接着说：“能最清楚地说明需要权威，而且是需要专断的权威的，要算是在汪洋大海上航行的船了。那里，在危急关头，大家的生命能否得救，就要看所有的人能否立即绝对服从一个人的意志。”[①] 文中将棉纺厂和铁路作例子，从现代经济学理论与组织方法的层面阐述权威的重要，进而引入到无产阶级政党领导革命需要权威的必要性、正当性、合理性。文中指出：“一方面是一定的权威，不管它是怎样形成的，另一方面是一定的服从，这两者都是我们不得不接受的，而不管社会组织以及生产和产品流通赖以进行的物质条件是怎样的。另一方面，我们也看到，生产和流通的物质条件，不可避免地随着大工业和大农业的发展而扩展起来，并且趋向于日益扩大这种权威的范围。”[②] 最后他指出：“革命无疑是天下最权威的东西。革命就是一部分人用枪杆、刺刀、大炮，即用非常权威的手段强迫另一部分人接受自己的意志。获得胜利的政党如果不愿意失去自己努力争得的成果，就必须凭借它以武器对反动派造成的恐惧，来维持自己的统治”。[③] 并且说明巴黎公社失败的原因正是权威使用得太少！因此，他指出：“无产阶级要在决定关头强大到足以取得胜利，就必须（马克思和我从1847年以来就坚持这种立场）组成一个不同于其他所有政党并与它们对立的特殊政党，一个自觉的阶级政党”。[④]

列宁在领导十月革命和苏维埃政权政党建设时也特别强调权威的构建，他指出：“历史上，任何一个阶级，如果不推举出自己善于组织运动和领导运动的政治领袖和政治代表，就不可能取得统治地位。”[⑤] 他说：“工人阶级为了在全世界进行艰巨而顽强的斗争以取得彻底解放，是需要权威的。”[⑥] “如果我们现在清楚地了解到必须广泛吸收新的有组织才干的人来管理国家，如果我们正是从苏维埃政权的原则出发，不断提拔在这方面经过实践考验的活动家，那么，我们将成功地在短时期内，使一批新的实际生产组织者涌现出来，获得自己的地位，取得与之相适应的

① 《马克思恩格斯文集》第3卷，人民出版社2009年版，第337页。
② 《马克思恩格斯文集》第3卷，人民出版社2009年版，第337页。
③ 《马克思恩格斯文集》第3卷，人民出版社2009年版，第338页。
④ 《马克思恩格斯文集》第10卷，人民出版社2009年版，第578页。
⑤ 《列宁选集》第1卷，人民出版社2012年版，第210页。
⑥ 《列宁全集》第14卷，人民出版社1988年版，第225页。

领导位置。这都是根据苏维埃政权的原则，根据拿到群众中去并在代表群众的苏维埃机关成员监督下由群众加以贯彻的原则来做的。”① “在现代社会中，假如没有‘十来个’富有天才（而天才人物不是成千成百地产生的）、经过考验、受过专业训练和长期教育并且彼此配合得很好的领袖，无论哪个阶级都无法进行坚持不懈的斗争。”② “在目前激烈的国内战争时代，共产党只有按照高度集中的方式组织起来，在党内实行近似军事纪律那样的铁的纪律，党的中央机关成为拥有广泛的权力、得到党员普遍信任的权威性机构，只有这样，党才能履行自己的职责。”③ 俄国十月革命胜利后，进入社会主义建设时期以后，斯大林指出：“任何一种任务，特别是像我国工业化这样的巨大任务，如果没有活的人，没有新的人才，没有新的建设干部，那就不可能实现。”④

2. 从中国共产党领导的革命和建设的历史维度来看

任何一个国家和政党，其领导核心所发挥的作用非常重要。当人们翻开中国共产党的奋斗史，会发现一个规律：当党缺乏一个坚强有力的领导核心时，事业就会遇到困难与挫折；当确立一个坚强有力的领导核心时，事业就会推向前进。因此确立领导核心对于一个政党尤为重要。在中国这样的经济文化相对落后、并长期处于社会主义初级阶段的大国搞建设，党中央、全党、全国必须确立一个坚强有力的领导核心。⑤

毛泽东在领导新民主主义革命、社会主义改造和社会主义建设实践中，他强调，“我们欲革命成功，必须势力集中行动一致，所以有赖于一个有组织有纪律的党来发号施令”。⑥ 并指出：“中国共产党是全中国人民的领导核心。没有这样一个核心，社会主义事业就不能胜利”。⑦ 马克

① 《列宁文稿》第 8 卷，人民出版社 1978 年版，第 57—58 页。

② 《列宁选集》第 1 卷，人民出版社 2012 年版，第 401 页。

③ 《列宁专题文集（论无产阶级政党）》，人民出版社 2009 年版，第 273 页。

④ 《斯大林全集》第 8 卷，人民出版社 1954 年版，第 126 页。

⑤ 本报特约评论员：《中国共产党的郑重选择——论六中全会明确习近平总书记的核心地位》，《学习时报》2016 年 10 月 31 日。

⑥ 《毛泽东文集》第 1 卷，人民出版社 1993 年版，第 35 页。

⑦ 《毛泽东选集》第 5 卷，人民出版社 1977 年版，第 430 页。

思主义政党的先进性在理论上预设了党的最高领袖在认知、德行、能力与素质等各方面居于最高之点，最为先进，马克思主义政党的使命型特点在现实中决定了党的民主集中制的根本组织原则，特别是党中央的权威与党的总负责人的最终决定作用。理论上有预设，现实中有必要，党的总负责人自然成为全党具有最高权威的领导核心。这一点与马克思主义的群众史观并不矛盾，马克思主义尽管承认人民群众是历史的创造者，但同时也承认伟大人物的显著历史作用。正如邓小平在谈到毛泽东时所强调："集体领导并不排除某一个主要领导人的特殊作用，毛主席就是这样突出的典型。"①

以毛泽东为代表的第一代中央领导集体，参照列宁领导的布尔什维克，在中国共产党的建设中继承和发展了民主集中制原则。1922 年 7 月召开的党的二大通过的党章提出的是"全国大会及中央执行委员会之议决，本党党员皆须绝对服从之"与"本党一切会议均取决多数，少数绝对服从多数"的"两个服从"的原则。而毛泽东在总结抗日战争的经验教训的基础上，将之扩展为"四个服从"原则，即党员个人服从党的组织，少数服从多数，下级组织服从上级组织，全党各个组织和全体党员服从党的全国代表大会和中央委员会。

但在遵义会议前，我们党没有形成一个成熟的党中央，从陈独秀、瞿秋白、向忠发、李立三到王明和博古，都没有形成坚强有力的党中央，更没有形成一个众望所归的党中央核心、全党的核心，难以形成一个成熟的坚强有力的领导核心，右倾投降主义和"左"倾冒险主义你方唱罢我登场，使党的事业接二连三蒙受不应出现的重大损失。这是党的事业几经挫折、甚至面临失败危险的重要原因。

遵义会议的召开，确立了毛泽东同志在党和红军的领导地位，尽管名义上他没有担任总书记或军委主席，但在党和红军"向何处去"等一系列重大决策中起到了主心骨作用，在形成的新的中央领导集体中起到了核心作用。从此，中国革命面貌焕然一新，创造了革命、建设的伟大

① 中共中央文献研究室：《邓小平思想年编》，中央文献出版社 2011 年版，第 303 页。

成就。可以说，直到确立了毛泽东在党内的领导核心地位，我们才真正找到一条适合中国国情的革命道路，即以农村包围城市、武装夺取政权，实现了马克思主义中国化的第一次历史性飞跃，探索形成了毛泽东思想，并最终取得了革命战争的胜利，建立了一个独立的现代民族国家。正如邓小平指出的："回想在一九二九年革命失败以后，如果没有毛泽东同志的卓越领导，中国革命有极大的可能到现在还没有胜利，那样，中国各族人民就还处在帝国主义、封建主义、官僚资本主义的反动统治之下，我们党就还在黑暗中苦斗。所以说没有毛主席就没有新中国，这丝毫不是什么夸张。"①

十一届三中全会之前，中国共产党一直坚持"阶级斗争为纲"处于革命压倒建设的不正常状态。十一届三中全会的召开，确立了邓小平同志在全党的领导核心地位。邓小平同志凝聚全党共识，迅速拨乱反正，转移工作重心，一心一意搞建设，聚精会神谋发展，将国家引领上一条改革开放的强国富民之路，开创了中国特色社会主义伟大事业。1964 年 11 月 20 日，邓小平在《一定要有领导核心》一文中，强调："党一定要有领袖，有领导核心。全国要有全国的领袖，地方要有地方的领袖。省有省的领导核心，县有县的领导核心，一个支部也要有核心。各级组织都如此。没有领袖和核心，就要培养领袖和核心。要革命的话，就应该建立这样的党。就是工人运动、农民运动，没有领袖行吗？领袖就是团结的核心，他本身就是力量。中国革命之所以取得胜利，就是因为有了毛泽东这样的领袖。领袖与集体领导是不矛盾的。"②

关于权威的问题，邓小平专门撰写《中央要有权威》一文论述权威对于国家建设和党的建设的重要性。他特别强调："中央要有权威。改革要成功，就必须有领导有秩序地进行。没有这一条，就是乱哄哄，各行其是，怎么行呢？不能搞'你有政策我有对策'，不能搞违背中央政策的'对策'，这话讲了几年了。党中央、国务院没有权威，局势就控制

① 中共中央文献研究室：《邓小平思想年编》，中央文献出版社 2011 年版，第 203 页。
② 《邓小平文集（1949—1974）》（下），人民出版社 2014 年版，第 222 页。

不住。”[①] 他在《组成一个实行改革的有希望的领导集体》一文中特别指出，中国要“坚持改革开放，即使是平平稳稳地发展几十年，中国也会发生根本的变化。关键在领导核心。”[②] 他在《第三代领导集体的当务之急》一文说：“我们中国共产党现在要建立起第三代的领导集体。在历史上，遵义会议以前，我们的党没有形成过一个成熟的党中央。从陈独秀、瞿秋白、向忠发、李立三到王明，都没有形成过有能力的中央。我们党的领导集体，是从遵义会议开始逐步形成的，也就是毛刘周朱和任弼时同志，弼时同志去世后，又加了陈云同志。到了党的八大，成立了由毛刘周朱陈邓六个人组成的常委会，后来又加了一个林彪。这个领导集体一直到‘文化大革命’。

在‘文化大革命’以前很长的历史中，不管我们党犯过这样那样的错误，不管其成员有这样那样的变化，始终保持了以毛泽东同志为核心的领导集体。这就是我们党第一代的领导。

党的十一届三中全会建立了一个新的领导集体，这就是第二代的领导集体。在这个集体中，实际上可以说我处在一个关键地位。这个集体一建立，我就一直在安排接班的问题。虽然两个接班人都没有站住，但在当时，按斗争的经验、按工作的成就、按政治思想水平来说，也只能作出那样的选择。况且人是在变化的。

任何一个领导集体都要有一个核心，没有核心的领导是靠不住的。第一代领导集体的核心是毛主席。因为有毛主席作领导核心，‘文化大革命’就没有把共产党打倒。第二代实际上我是核心。因为有这个核心，即使发生了两个领导人的变动，都没有影响我们党的领导，党的领导始终是稳定的。进入第三代的领导集体也必须有一个核心，这一点所有在座的同志都要以高度的自觉性来理解和处理。要有意识地维护一个核心，也就是现在大家同意的江泽民同志。开宗明义，就是新的常委会从开始工作的第一天起，就要注意树立和维护这个集体和这个集体中的

① 《邓小平文选》第 3 卷，人民出版社 1993 年版，第 277 页。
② 《邓小平文选》第 3 卷，人民出版社 1993 年版，第 301 页。

核心。”①

1990年12月，邓小平强调：“中国问题的关键在于共产党要有一个好的政治局，特别是好的政治局常委会。只要这个环节不发生问题，中国就稳如泰山。……最关紧要的是有一个团结的领导核心。这样保持五十年、六十年，社会主义中国将是不可战胜的。”② 可见，领导核心关乎中国未来命运角度。

在几代中央领导核心带领下，创造了中国革命、建设、改革的伟大成就，才使中国人民真正站了起来，并且有尊严地活着。今天，党内“四大考验”“四种危险”现实地摆在面前，治国理政担子之重、难度之大超乎想象。因此，这比任何时候都更加需要一个坚强有力的领导核心，更加需要步调一致的党中央权威。因此，只有维护以习近平同志为核心的党中央权威，才能提高党的创造力凝聚力战斗力，才能总揽全局，协调各方面需求，带领和团结全党、全国各族人民心往一处想、劲往一处使，把党和国家事业不断推向一个新的更高的层面，从而确保党和国家的长治久安、兴旺发达。

（二）实践的选择

1. 从当前风云变幻的国际形势来看

国际形势正经历冷战结束以来最深刻的演变。全球化进程有所退潮、大国力量对比变化加速、国际战略格局深度调整、各国公共管理遭遇难题、不同社会思潮相互角力。世界正进入一个充满混沌与焦灼的新时期，在和平与冲突、发展与衰退、开放与孤立、自由与保守中，人类再一次面临重大的权衡与选择。中国努力“高举合作共赢旗帜，引领开放变革潮流”，在世界乱局中维护发展的良好外部环境，在国际体系变局中提升地位影响和制度性权利。中国30年来的发展成就是在融入既有国际体系

① 《邓小平文选》第3卷，人民出版社1993年版，第309页。

② 《邓小平文选》第3卷，人民出版社1993年版，第365页。

过程中取得的，中国是既有国际体系的参与者、建设者而非挑战者和颠覆者。今后，中国将以更具建设性的姿态，与国际伙伴一道共同推动国际体系朝着更合理的方向发展，以更好地维护世界和平和安全，推动世界可持续发展。①

全球化进入“间歇期”主要表现在两个层面。从全球层面而言，一方面，受世界经济增速放缓、贸易自由化受阻和全球价值链确立、国际贸易分工格局基本定型等因素影响，近年来全球贸易增速持续下滑，连续四年低于3%的增速，国际贸易对世界经济增长的拉动作用大幅下降。自2008年以来，世界各国采取了3500多项贸易限制措施，到2015年底，这些限制措施的3/4仍然存在。而在1995年至2015年间全球发起的4900起反倾销案中，由美国发起的有570起，超过欧盟发起的480起。②

经历了2008年金融危机的阵痛之后，美国正在重塑其国家实力与国际地位，尽管此次美国大选乱象丛生，但“美国衰落论”不符合正在迅速变化的现实，而以“美国衰落论”作为国家战略决策的起点将带来巨大风险。但随着美国更多地以“巧实力”制造“可控混乱”，一些潜在的地区矛盾和冲突可能激化，“潘多拉盒子”一旦打开，后果可能难以收拾。因此，能否继续担当世界“负责任的领导者”成为考验美国霸权的核心要素，也关系到世界的安全与稳定。

随着大国国力对比的变化，国际战略格局加速盘整“多极化”的可能与“无极化”的风险同时并存。冷战结束后，关于以国际权力结构为核心的国际战略格局的讨论存在截然不同的观点。在美国新保守主义派所宣扬的“单极世界”和“单边主义”失势之后，“多极世界”和“无极世界”的论调盛极一时。当今的世界确实正在经历“多极化”的过程，但这并不意味着“多极世界”已经成为现实，当前国际战略格局的基本特征仍是“一超多强”，“多极化”是不均衡的，而非同质、匀速的过程。具体而言，就是美国凭借综合国力复苏和规则制定权，仍然是世

① 冯玉军：《国际形势新变化与中国的战略选择》，《现代国际关系》2017年第3期。

② “LS Wields Biggest Stick in Dumping fight”, Financial Times, May22, 2016.

界上唯一的“超级大国”，其国际地位在未来二三十年间仍然是稳固的。中国在经历30多年的改革开放之后，已经跃升为世界第二大经济体，综合国力迅速提升，参与全球治理的意愿和能力明显增强，但还没有完全做好领导世界的资源、战略和心理方面的充分准备；欧盟和日本遇到了社会福利包袱沉重、人口老龄化、债务负担、难民危机等多重挑战，但在努力调整政策以适应新的环境，在世界经济和全球发展中的地位不可低估；俄罗斯除了军事实力之外，其综合国力在继续下滑，对世界经济、国际金融以及全球治理的影响力继续萎缩，但借助军事力量维护大国地位、实现地缘政治目标的可能性却在增强。

随着国际政治经济领域的新变化，绝大多数国家社会分化严重，遭遇公共管理难题。全球化以资本、技术、商品的更大范围流动促进了贸易和经济的增长，但迅速增长的财富被少数人所占有，世界范围的贫富阶层的收入差距在进一步拉大。全球化的得益者主要是那些拥有资本、资讯、知识技能密集以及精通国际语言的精英阶层。未能融入国际经济网络，或者体力劳动者与很多传统产业，往往面临全球化尤其是移民潮的巨大冲击。2009—2013年，在全部收入增长中，美国收入最高的1%富人占据了85.1%。同期，全美24个州的收入增长部分超过半数进了1%富人的腰包，这些人的收入是美国人均收入的25.3倍。而自认是中产阶层或中上阶层的人口数量占总人口数量的比例，从历史上长期的60%以上剧降至50%以下。与此同时，技术的进步特别是智能化生产的日益推广在改善人类生活水平的同时，也带来了相应的社会问题。机器人，或者说各种自动化设备正对中产阶层的生存构成了日益严峻的威胁。与数十年前不同，日新月异的数字化浪潮让办公室里的白领有了失业风险。有研究预测，今后20年至少有70%的岗位将受到自动化威胁，个人、企业乃至整个社会的组织运行方式可能都需要作出相应的调整。①

世界正进入一个充满了混沌与焦灼的新时期，在和平与冲突、发展与衰退、开放与孤立、自由与保守、民主与专制之间，人类正面临着再

① T. X. Hammes. “The End of Globalization? International Security Implications”, Yale Global Online, August 5, 2016.

一次重大的权衡与选择。随着经济交往的全球化，政治交往也出现了全球化的趋势。

在国际战略格局和世界秩序经历历史性转变的关键时刻，中国正处于和平发展的关键时期，实现“两个一百年”的“中国梦”在很大程度上取决于国际战略格局能否实现平稳过渡、世界秩序能否以更加平衡、合理、公正的方式运行和改革。面对世界新变局，中国努力“高举合作共赢旗帜，引领开放变革潮流”，在世界形势乱局中维护发展的良好外部环境，在国际体系变局中提升地位影响和制度性权力。①

党的十八大以来，中国提出了以“新型大国关系”“亚太梦”和“人类命运共同体”为代表的一系列外交新理念；在维护国家利益等问题上形成了外交新风格；通过提出“一带一路”和“亚投行”等重大倡议向国际社会展现了新风采；外交领域因此不断取得新突破和新成就。在这些新变化、新动向背后，中国外交新方向正在逐渐明朗化。未来中国要制定新的大国外交战略，要在确定战略目标的同时，推进战略指导思想的调整和战略方针的转变。

党的十八大后，中国的国家利益与其他国家的利益联系更紧密、更全面、更深入。在经济利益上表现得尤其明显。一方面，中国经济离不开世界，中国经济对外依存度较高。2016 年，中国进出口总量 243386 亿元，约占 GDP 总量 744127 亿元的 32. 7%；另一方面，世界也离不开中国。2013—2015 年，中国对世界经济增长的贡献率平均约为 26%。2016 年中国经济增长对世界经济增长的贡献率达到 33. 2%，仍居首位。2016 年，中国 GDP 占世界的比重为 14. 84%。

在中国经济与世界经济如此高度相互依存的背景下，中国提出了“利益共同体”和“命运共同体”的重大外交理念，大力向国际社会提供公共产品，并积极促进和维护世界和平。

实施“一带一路”发展战略是中国国际经济目标，也是实现人类命运共同体的重要经济推力。“一带一路”的合作重点是致力于沿线各国

① 王毅：《在世界变局中坚定推进中国特色大国外交》，《求是》2017 年第 1 期。

政策沟通、设施联通、贸易畅通、资金融通、民心相通的实现。合作机制包括加强双边合作，开展多层次、多渠道沟通磋商，推动双边关系全面发展；强化上海合作组织、亚信峰会等多边合作机制作用，让更多国家和地区参与“一带一路”建设；发挥沿线各国区域、次区域相关国际论坛、展会等平台的建设性作用。合作目的是推动沿线各国发展战略的对接与耦合，发掘区域内市场的潜力，促进投资和消费，创造需求和就业，增进沿线各国人民的人文交流与文明互鉴，让各国人民相逢相知、互信互敬，共享和谐、安宁、富裕的生活。

通过“一带一路”建设，促进形成人类命运共同体。随着国际交往的发展，人与人、人与社会、人与自然、国家与国家之间的联系日益密切，依赖日益增强，命运日益相连。党的十八大以来，习近平总书记数十次强调“人类命运共同体”这一概念。通过“一带一路”战略，按照共商、共建、共享的原则，更好地促进国与国之间的经济、政治、文化、社会、生态文明交往，将更好地促进人类命运共同体的建设。

“一带一路”的互联互通项目将推动沿线各国发展战略的对接与耦合，发掘区域内市场的潜力，促进投资和消费，创造需求和就业，增进沿线各国人民的人文交流与文明互鉴，让各国人民相逢相知、互信互敬，共享和谐、安宁、富裕的生活。据 2016 年统计数据显示，由“一带一路”所推动的进出口总额及其投资额度充分说明其经济战略的宏伟与收获。2016 年货物进出口总额 243386 亿元，比上年下降 0. 9%。其中，出口 138455 亿元，下降 1. 9%；进口 104932 亿元，增长 0. 6%。货物进出口差额（出口减进口）33523 亿元，比上年减少 3308 亿元。对“一带一路”沿线国家进出口总额 62517 亿元，比上年增长 0. 5%。其中，出口 38319 亿元，增长 0. 5%；进口 24198 亿元，增长 0. 4%。全年服务进出口总额 53484 亿元，比上年增长 14. 2%。其中，服务出口 18193 亿元，增长 2. 3%；服务进口 35291 亿元，增长 21. 5%。服务进出口逆差 17097 亿元。2016 年吸收外商直接投资（不含银行、证券、保险）新设立企业 27900 家，比上年增长 5. 0%。实际使用外商直接投资金额 8132 亿元（折 1260 亿美元），增长 4. 1%。其中“一带一路”沿线国家对华直接投资新设立企业 2905 家，增长 34.1%；对华直接投资金额 458 亿元（折 71 亿美元）。全年对外直接投资额（不含银行、证券、保险）11299 亿元，按美元计价为 1701 亿美元，比上年增长 44.1%。其中，对“一带一路”沿线国家直接投资额 145 亿美元。全年对外承包工程业务完成营业额 10589 亿元，按美元计价为 1594 亿美元，比上年增长 3.5%。其中，对“一带一路”沿线国家完成营业额 760 亿美元，增长 9.7%，占对外承包工程业务完成营业额比重为 47.7%。对外劳务合作派出各类劳务人员 49 万人，下降 6.8%。①

在世界经济深度调整、增长低迷，全球贸易持续低迷、逆全球化更加明显（指进出口商品服务占 GDP 比重持续下降），主要经济体走势分化的大背景下，中国经济仍保持持续较快发展，到 2016 年提前实现 GDP 翻两番的目标。中国 GDP 占世界总量比重平均每年提高 0.65 个百分点。如果仅算进出口商品贸易额，中国已经于 2013 年超过美国居世界第一位。十分巧合的是，美国在 1913 年之后出口额超过了英国，成为世界第一大贸易体；所不同的是，未来的 100 年，中国将带头开创国际贸易、国际服务、国际投资、国际承包的“共赢主义时代”。

2. 从党的十八大以来治国理政实践来看

习近平总书记确立为党的领导核心，是继续推进中国特色社会主义伟大实践的现实需要。《人民日报》发表社论明确表示：“习近平总书记在新的伟大斗争实践中已经成为党中央的核心、全党的核心。”党的十八大以来，以习近平同志为核心的党中央，坚持把党的总揽全局、协调各方的领导核心作用贯彻到中国特色社会主义伟大实践的方方面面，成为抵御国内外各种风险与考验，推进“两个一百年”奋斗目标和中华民族伟大复兴中国梦最为坚强有力的领导保障。②

---

① 《中华人民共和国 2016 年国民经济和社会发展统计公报》，中国国家统计局网站，http：//www.stats.gov.cn/tjsj/zxfb/201702/t20170228_1467424.html.

② 赵洪武、冯德军：《论确立习近平总书记党的核心地位的五个维度》，《大连干部学刊》2017 年第 2 期。

党的十八大以来，以习近平同志为核心的党中央深度谋划顶层设计，狠抓决策落实，扎实推进“五位一体”发展布局和“四个全面”战略全局；始终心系人民，稳步发展民生，将群众精准脱贫置于心中第一位，全面建成小康社会迈出坚实步伐；以全面深化改革突破发展新常态，政治、经济、社会的重要领域和关键环节改革取得突破性进展，一定程度上破除了束缚跨越“中等收入陷阱”的体制及机制；高度重视党建工作，从群众深恶痛绝的“四风”问题抓起，着重确立事关党的生命线的群众工作，勇于担当管党治党重责，把全面从严治党不断推向纵深。领导全党密切联系全国各族人民从“地雷阵”中闯出了一条攻坚克难之路，做了许多过去一直想做而没有做成的事情，干了许多过去一直想干而没有干成的事情。在改革发展稳定、内政外交国防、治党治国治军等方面取得了一系列重大突破，保证了中国特色社会主义事业继往开来，开启了当代治国理政新征程，赢得了全党全军全国各族人民衷心拥护。①以习近平总书记为中心的领导核心正是在新的伟大事业实践中形成的。

以习近平同志为核心的党中央励精图治，奋发有为，不断深化对经济社会发展规律的认识，以新思想引领新常态，以新理念指导新实践，以新战略谋求新发展，引领我国经济社会发展再上新台阶。然而，尽管经济转型已经取得巨大成就，我国还没有完成从粗放发展的高速增长阶段向集约型平稳增长阶段的转换。与此同时，经济增长放缓带来了包括政府财政相对减少、地区发展仍不平衡、收入差距不断增大、实体经济挤出效应等一系列问题。

在这种形势下，就需要全党上下统一思想，行动一致，勠力齐心，共同克服经济转型时期的阵痛。而要统一全党上下的思想和行动，关键是要树立和维护党的核心。只有确立党的领导核心，才能坚定立场，坚持改革开放不走回头路。只有团结在党的领导核心周围，才能使全党上下面对当前改革中出现的种种问题达成共识，并坚定不移地执行党的决定和主张。只有维护党的领导核心，全党才能在改革的攻坚期、深水区，

① 樊得智：《从三个维度把握核心意识》，《学习时报》2016 年 10 月 9 日。

为了全体人民的根本利益和经济持续健康发展，义无反顾奋力向前，敢于打破固有利益格局，坚定不移地推进各项改革。今天也必须要正视、要解决，不然改革就无法深化，改革目标就难以如期实现。针对这种现象，习近平总书记强调："要防止和克服地方和部门保护主义、本位主义，决不允许'上有政策、下有对策'，决不允许有令不行、有禁不止，决不允许在贯彻执行中央决策部署上打折扣、做选择、搞变通。"① 十八届六中全会明确习近平同志党内领导核心地位，实际上就是进一步强化以习近平为核心的党中央权威，而这无疑将有利于全党特别是各级领导干部进一步增强政治意识、大局意识、核心意识、看齐意识，层层传导压力、层层压实责任，加速推进实施既有的改革路线图。

中国经济结构调整取得重大进展。面对中国经济发展进入新常态的特点，中央及时确立供给侧结构性改革，作为今后发展的主线。中国已经提前实现 2020 年基本工业化目标，从工业主导时代进入服务业主导时代；居民消费率明显提高；中国科技创新能力明显提升，科技实力上了一个大台阶。我国研发经费投入已居世界第二位。我国在载人航天、载人深潜、运载火箭、卫星导航、材料科学、量子通讯等领域取得重大突破，在智能手机、移动互联网等行业向领军者转变；互联网用户数、移动电话用户数持续居世界首位。

2016 年全年国内生产总值 744127 亿元，比上年增长 6.7%。其中，第一产业增加值 63671 亿元，增长 3.3%；第二产业增加值 296236 亿元，增长 6.1%；第三产业增加值 384221 亿元，增长 7.8%。第一产业增加值占国内生产总值的比重为 8.6%，第二产业增加值比重为 39.8%，第三产业增加值比重为 51.6%，比上年提高 1.4 个百分点。全年人均国内生产总值 53980 元，比上年增长 6.1%。全年国民总收入 742352 亿元，比上年增长 6.9%。

2016 年 12 月份 70 个大中城市新建商品住宅销售价格月同比上涨的城市个数为 65 个，下降的为 5 个；月环比上涨的城市个数为 46 个，比

---

① 中共中央文献研究室：《习近平总书记重要讲话文章选编》，中央文献出版社、党建读物出版社 2016 年版，第 21 页。

年内高点减少19个，持平的为4个，下降的为20个。全年全国一般公共预算收入159552亿元，比上年同口径增加6828亿元，增长4.5%，其中税收收入130354亿元，增加5432亿元，增长4.3%。全年社会消费品零售总额332316亿元，比上年增长10.4%，扣除价格因素，实际增长9.6%。按经营地统计，城镇消费品零售额285814亿元，增长10.4%；乡村消费品零售额46503亿元，增长10.9%。按消费类型统计，商品零售额296518亿元，增长10.4%；餐饮收入额35799亿元，增长10.8%。①

所以说，习近平总书记成为党中央的核心，是在领导和推进伟大事业、伟大工程、伟大斗争的实践中自然形成的。

（三）人民的选择

习近平总书记多次强调对权力运行进行制约和监督，把权力关进制度的笼子里，要求各级领导干部牢固树立正确权力观，保持高尚精神追求，敬畏人民，敬畏组织，敬畏法纪，做到公正用权、依法用权、为民用权、廉洁用权，永葆共产党人拒腐蚀、永不沾的政治本色。这些论述充分表明了作为执政党的领导核心具有的深刻认知和政治品格。

1. 从反腐力度来看

党的十八大以来，党中央全面推进从严治党，带头执行八项规定，集中惩治腐败，取得了有目共睹的成绩，赢得了党心民心。然而，我们仍应清醒地认识到中国共产党所处的方位，那就是“具有许多新的历史特点的伟大斗争”还远未结束，“党的建设新的伟大工程”还在进行，“四大考验”和“四种危险”依然存在。作为处于执政地位并将长期执政的党，亟待解决建设什么样的执政党、怎样建设执政党的问题。这个问题解决得如何，直接关系到党的生死存亡，关系到国家和民族的前途

① 《中华人民共和国2016年国民经济和社会发展统计公报》，中国国家统计局网站，http：//www.stats.gov.cn/tjsj/zxfb/201702/t20170228_1467424.html.

命运，关系到广大人民群众的生活安康。

党的十八大以来，习近平总书记率领党中央领导集体以从严治党为引领，厉行反腐倡廉，在打击腐败，建设廉洁政治方面取得前所未有的显著成绩，凝聚了党心民心，也受到了外界的广泛关注。习近平总书记勇于担当，雷厉风行的精神和作为赢得了国内外赞誉，也得到了全党上下的认同，习近平总书记顺理成章地被确定为党中央领导集体的新政治核心。这是中国共产党在中国最终实现工业化、现代化，实现中华民族伟大复兴的最后关键时期做出的具有重大而深远意义的决定。

习近平总书记在中国共产党第十八届纪律检查委员会第七次全体会议上指出，“要积极稳妥推进国家监察体制改革，加强统筹协调，做好政策把握和工作衔接，各级纪委要强化自我监督，自觉接受党内和社会监督，建设一支让党放心、人民信赖的纪检干部队伍，为全党全社会树起严格自律的标杆”。取得最显著进展的还是反腐败斗争，深得党心、军心、民心。通过深入落实中央八项规定、“老虎”“苍蝇”一起打、反腐败体制机制改革、巡视利剑震慑、反腐败国际追逃追赃等“组合拳”，实现了政治生态的初步重建，反腐败斗争压倒性态势已经显现。2016年，全国纪检监察机关共接受信访举报253.8万件次，处置问题线索73.4万件，谈话函询14.1万件次，立案41.3万件，处分41.5万人（其中党纪处分34.7万人）。处分省部级干部76人，厅局级干部2700余人，县处级干部1.8万人，乡科级干部6.1万人，一般干部7.6万人，农村、企业等其他人员25.6万人。这表明，党的十八大以来，党中央严厉惩治腐败、净化党内政治生态，是深得党心、军心、民心的，也证明了中国共产党有强烈政治意愿和决心全面从严治党，也有能力和办法“吐故纳新”，即增强自我净化、自我完善、自我革新、自我提高能力。通过严厉惩治这些腐败分子，却换来8800多万党员党心、13亿多人民民心，反腐的本质是民心保卫战，从中赢得了老百姓对以习近平同志为核心的党中央的信任。

2. 从老百姓的获得感来看

2016年2月23日召开的中央全面深化改革领导小组第二十一次会议

上，习近平总书记强调，要抓改革成效，把是否促进经济社会发展、是否给人民群众带来实实在在的获得感，作为改革成效的评价标准。在中国共产党成立95周年庆祝大会上，习近平总书记又指出："我们要把完善和发展中国特色社会主义制度、推进国家治理体系和治理能力现代化作为全面深化改革的总目标。勇于推进理论创新、实践创新、制度创新以及其他各方面创新，让制度更加成熟定型，让发展更有质量，让治理更有水平，让人民更有获得感。"因此，从老百姓切实的获得感中体现人民的选择。

增强改革定力，保持改革韧劲。当前改革已经到了"牵一发而动全身"的新时代，每一项改革都牵扯到政治、经济、文化、社会和生态文明等方方面面。唯其艰难，才更显勇毅；唯其笃行，才弥足珍贵。经济体制改革孕育新动力、政治体制改革剑指治理现代化、文化体制改革夯实软实力、生态文明体制改革保护绿水青山。改革既给亿万人民带来对未来最好预期，也让蓝图不断化为现实。

2016年，面对复杂多变的国际环境和国内繁重艰巨的改革发展稳定任务，在以习近平同志为核心的党中央坚强领导下，各地区各部门全面贯彻党的十八大和十八届三中、四中、五中、六中全会精神，认真落实党中央、国务院决策部署，统筹推进"五位一体"总体布局和协调推进"四个全面"战略布局，坚持稳中求进工作总基调，坚持新发展理念，以推进供给侧结构性改革为主线，适度扩大总需求，坚定推进改革，妥善应对风险挑战，引导形成良好社会预期，经济社会保持平稳健康发展，实现了"十三五"良好开局。①

"民惟邦本，本固邦宁。"民生始终都是习近平总书记念兹在兹的重大关切，其贯穿于全面深化改革的方方面面。就业计划任务年年超额完成，居民收入增速稳稳跑赢GDP，三项医保覆盖超过13亿人口，保障性安居工程总开工量达到3915万套……惠及民生的改革举措密集出台、强势推进，不断抬升的"底线"刻度让社会更加温暖，看得见摸得着的变

① 《中华人民共和国2016年国民经济和社会发展统计公报》，中国国家统计局网站，http：//www.stats.gov.cn/tjsj/zxfb/201702/t20170228_ 1467424.html.

化让百姓享受到了实实在在的红利。

数据最能说明事实。“十二五”时期，城乡居民收入年平均增长率分别达到7.7%和9.6%；城镇新增就业人数（指城镇新就业人数减去因退休、伤亡等原因人数的差）保持了持续增长，5年累计新增6431万人，创下历史最高纪录。[①] 2016年末全国就业人员77603万人，其中城镇就业人员41428万人。全年城镇新增就业1314万人。年末城镇登记失业率为4.02%。全国农民工总量28171万人，比上年增长1.5%。其中，外出农民工16934万人，增长0.3%；本地农民工11237万人，增长3.4%。全年全员劳动生产率为94825元/人，比上年提高6.4%。[②]

2016年全国居民人均可支配收入23821元，比上年增长8.4%，扣除价格因素，实际增长6.3%；全国居民人均可支配收入中位数20883元，增长8.3%。按常住地分，城镇居民人均可支配收入33616元，比上年增长7.8%，扣除价格因素，实际增长5.6%；城镇居民人均可支配收入中位数31554元，增长8.3%。农村居民人均可支配收入12363元，比上年增长8.2%，扣除价格因素，实际增长6.2%；农村居民人均可支配收入中位数11149元，增长8.3%。按全国居民五等份收入分组，低收入组人均可支配收入5529元，中等偏下收入组人均可支配收入12899元，中等收入组人均可支配收入20924元，中等偏上收入组人均可支配收入31990元，高收入组人均可支配收入59259元。贫困地区农村居民人均可支配收入8452元，比上年增长10.4%，扣除价格因素，实际增长8.4%。全国农民工人均月收入3275元，比上年增长6.6%。2016年末全国参加城镇职工基本养老保险人数37862万人，比上年末增加2501万人。参加城乡居民基本养老保险人数50847万人，增加375万人。参加城镇基本医疗保险人数74839万人，增加8257万人。其中，参加职工基本医疗保险人数29524万人，增加631万人；参加城镇居民基本医疗保险人数45315万人，增加7626万人。参加失业保险人数18089万人，增

---

① 胡鞍钢：《十八大以来习近平治国理政的新成就》，《人民论坛》2016年11月（下）。

② 《中华人民共和国2016年国民经济和社会发展统计公报》，中国国家统计局网站，http：//www. stats. gov. cn/tjsj/zxfb/201702/t20170228_ 1467424. html.

加763万人。年末全国领取失业保险金人数230万人。参加工伤保险人数21887万人，增加455万人，其中参加工伤保险的农民工7510万人，增加21万人。参加生育保险人数18443万人，增加672万人。年末全国共有1479.9万人享受城市居民最低生活保障，4576.5万人享受农村居民最低生活保障，96.9万人享受农村特困人员救助供养。国家抚恤、补助各类优抚对象877.2万人。按照每人每年2300元（2010年不变价）的农村贫困标准计算，2016年农村贫困人口4335万人，比上年减少1240万人。直到2017年第一季度调查显示，全国居民收入增长稳定，略快于经济增长，农村居民收入增长继续快于城镇居民；居民消费保持了平稳增长，服务消费增长较快。一季度全国居民人均可支配收入7184元，比上年同期名义增长8.5%，虽比上年同期回落0.2个百分点，但比上年全年加快了0.1个百分点；扣除价格因素影响，实际增长7.0%，实际增速同比上升0.5个百分点，比上年全年加快了0.7个百分点。其中，居民收入略快于经济增长。一季度，全国国内生产总值即GDP增速为6.9%，扣除人口总量自然增长因素，按2016年人口自然增长率推算后的人均GDP增速为6.4%左右。全国居民人均可支配收入实际增速高于GDP增速0.1个百分点，高于人均GDP增速0.6个百分点左右。农村居民收入增长快于城镇居民。按常住地分，城镇居民人均可支配收入9986元，同比名义增长7.9%，实际增长6.3%；农村居民人均可支配收入3880元，同比名义增长8.4%，实际增长7.2%。农村居民人均收入名义增速和实际增速分别高于城镇居民0.5和0.9个百分点。城乡居民收入比由上年同期的2.59下降为2.57，城乡居民的收入差距继续缩小。①

2016年12月中旬，中央经济工作会议提出，要坚持“房子是用来住的，不是用来炒的”定位，要求回归住房居住属性。2016年12月21日下午，习近平总书记在中央财经领导小组第十四次会议上进一步指出，“要准确把握住房的居住属性”。2017年中央经济工作会议指出，要落实地方政府主体责任，房价上涨压力大的城市要合理增加土地供应，提高

---

① 《中华人民共和国2016年国民经济和社会发展统计公报》，中国国家统计局网站，http://www.stats.gov.cn/tjsj/zxfb/201702/t20170228_1467424.html.

住宅用地比例，盘活城市闲置和低效用地，三四线城市房地产要去库存。全年房地产开发投资 102581 亿元，比上年增长 6.9%。其中，住宅投资 68704 亿元，增长 6.4%；办公楼投资 6533 亿元，增长 5.2%；商业营业用房投资 15838 亿元，增长 8.4%。年末商品房待售面积 69539 万平方米，比上年末减少 2314 万平方米。年末商品住宅待售面积 40257 万平方米，比上年末减少 4991 万平方米。全年全国城镇棚户区住房改造开工 606 万套，棚户区改造和公租房基本建成 658 万套。全年全国农村地区建档立卡贫困户危房改造 158 万户。

没有全民健康，就没有全面小康。健康是民生建设的重要组成部分，也是每个人实现幸福生活的重要前提。2016 年 12 月 21 日，国务院总理李克强主持召开国务院常务会议，通过“十三五”卫生与健康规划，部署今后五年深化医药卫生体制改革工作。其中，以基层首诊为导向、健全基本医保稳定可持续筹资和报销比例调整机制、健全药品供应保障体系等实际举措将逐渐推开。

2016 年末全国共有医疗卫生机构 99.3 万个，其中医院 2.9 万个，在医院中有公立医院 1.3 万个，民营医院 1.6 万个；基层医疗卫生机构 93.1 万个，其中乡镇卫生院 3.7 万个，社区卫生服务中心（站）3.5 万个，门诊部（所）21.7 万个，村卫生室 64.2 万个；专业公共卫生机构 2.9 万个，其中疾病预防控制中心 3484 个，卫生监督所（中心）3138 个。年末卫生技术人员 844 万人，其中执业医师和执业助理医师 317 万人，注册护士 350 万人。医疗卫生机构床位 747 万张，其中医院 575 万张，乡镇卫生院 123 万张。全年总诊疗人次 78.0 亿人次，出院人数 2.2 亿人。全年资助 5620.6 万人参加基本医疗保险，医疗救助 3099.8 万人次。年末全国共有各类提供住宿的社会服务机构 3.1 万个，其中养老服务机构 2.8 万个，儿童服务机构 713 个。社会服务床位 716.6 万张，其中养老服务床位 680.0 万张，儿童服务床位 10.0 万张。年末共有社区服务中心 2.4 万个，社区服务站 13.0 万个。每一项改革，都应当让在场者拥有更多的获得感，获得感只能来源于不断深化的改革。

2016 年研究生教育招生 66.7 万人，在学研究生 198.1 万人，毕业生

56.4 万人。普通本专科招生 748.6 万人，在校生 2695.8 万人，毕业生 704.2 万人。中等职业教育招生 593.3 万人，在校生 1599.1 万人，毕业生 533.7 万人。普通高中招生 802.9 万人，在校生 2366.6 万人，毕业生 792.4 万人。初中招生 1487.2 万人，在校生 4329.4 万人，毕业生 1423.9 万人。普通小学招生 1752.5 万人，在校生 9913.0 万人，毕业生 1507.4 万人。特殊教育招生 9.2 万人，在校生 49.2 万人，毕业生 5.9 万人。学前教育在园幼儿 4413.9 万人。九年义务教育巩固率为 93.4%，高中阶段毛入学率为 87.5%。

人民经济水平提高了，外出旅游人数、次数也增加了，人民的幸福感、快乐感和获得感也在行走中提升了。2016 年国内游客 44 亿人次，比上年增长 11.2%，国内旅游收入 39390 亿元，增长 15.2%。入境游客 13844 万人次，增长 3.5%。其中，外国人 2813 万人次，增长 8.3%；香港、澳门和台湾同胞 11031 万人次，增长 2.3%。在入境游客中，过夜游客 5927 万人次，增长 4.2%。国际旅游收入 1200 亿美元，增长 5.6%。国内居民出境 13513 万人次，增长 5.7%。其中因私出境 12850 万人次，增长 5.6%；赴港澳台出境 8395 万人次，下降 2.2%。

2017 年一季度国民经济主要指标陆续公布。总体看，我国国民经济实现了稳中向好、好于预期的良好开局，不仅延续了去年下半年以来稳中有进并向好的发展势头，而且出现了更多积极变化，表现出增速回升、就业扩大、物价稳定、国际收支改善、居民收入增加的良好格局，也呈现出结构优化、动能转换、效益提升的良好态势。在错综复杂的国内外环境和多重困难挑战下，能够取得这样的成绩，实属不易。这是以习近平同志为核心的党中央坚强领导下，各地区各部门认真贯彻党中央、国务院决策部署，坚持以供给侧结构性改革为主线，坚定不移地推进改革创新和结构调整，加快新旧动能转换，在发展中促转型，在转型中谋发展所取得的重要成果。

自党的十八大以来，以习近平同志为核心的党中央协调推进“四个全面”战略布局，统筹推进“五位一体”总体布局，构建基于共赢主义的新型国际关系，加快国防和军队现代化建设，成为治国理政的总目标、总方略。这不仅将创造中国未来，也将影响世界未来。从这个意义上看，最大的成功是重大战略决策的成功，重大战略决策的成功又是中国取得持续成功、巨大成功的根本原因。

党的领导核心是党的权威的重要组织基础，对于保证党的集中统一领导，确保党和国家兴旺发达和长治久安，具有十分重大而深远的意义。只有坚持党的领导核心，才能不断推进经济体制、政治体制、文化体制、社会体制、生态文明体制和党的建设制度改革，才能全面建成小康社会、不断夺取中国特色社会主义新胜利、实现中华民族伟大复兴的中国梦。因此，党的十八届六中全会首次提出以习近平同志为核心的党中央，明确了习近平总书记的领导核心地位。维护党的领导核心地位，是实现中华民族伟大复兴的必然要求。

二、召唤亿万民众的梦想

自习近平同志参观《复兴之路》提出“中国梦”思想以来，中国梦已经成为当今中国高昂的旋律，亿万群众热议中国梦，社会舆论聚焦中国梦，海外华人响应中国梦，国际社会关注中国梦。作为党的十八大以来以习近平同志为核心的党中央的重要理论成果，“中国梦”思想是新一届党中央的历史责任感、使命感和担当精神的集中体现，也是中国共产党领导下的伟大民族复兴征程的一面精神旗帜。中国梦这一伟大思想，与中华民族历史传统相承接，与当今中国发展大势相契合，确立了党和国家事业发展新的历史坐标，它不仅凝聚了几代中国人的夙愿，体现了中华民族的整体利益与每一个中华儿女的共同期盼，更为中国特色社会主义注入了新的理论内涵，更是对“两个一百年”——全面建成小康社会、社会主义现代化宏伟蓝图的奋斗目标的深度概括，可以说，中国梦已经成为当前凝聚党心民心的精神力量、感召全党全社会共同奋斗的理想价值与新时期党和国家发展的指导思想。

（一）中国梦是百年沧桑的复兴梦

习近平总书记在参观《复兴之路》时指出，实现中华民族伟大复兴是中华民族近代以来最伟大的梦想。作为人类文明史的一颗璀璨明珠，中华民族是迄今为止硕果仅存的古老文明，堪称世界文明史的奇迹。但1840年鸦片战争以后，泱泱中华遭遇了三千年未有之变局。这场变革与传统改朝换代的“因循之变”截然不同，其本质是一场外力胁迫与内生酝酿合力导致的大病变。以天理人伦、礼俗教化、君主郡县、农副经济、家族村落与册封朝贡为核心要素的中华文明，无力化解来自西方文明的侵略与挑战，在短短数十年间一败涂地、土崩瓦解，被迫卷入了西方主导的全球帝国主义秩序；中国也开启了“中华文明圈的宗主国”向“世界列国时代的一员”转型的历史新阶段。汉唐的辉煌与近世的屈辱让每一个中华儿女都有锥心之痛，一百多年的帝国主义侵蚀与战乱更让人民遭遇了无以复加的苦难，这使得民族复兴成为百年中国仁人志士的共同夙愿，是一代又一代人为之奋斗的理想。习近平总书记指出，“中国梦是历史的、现实的，也是未来的。中国梦凝结着无数仁人志士的不懈努力，承载着全体中华儿女的共同向往，昭示着国家富强、民族振兴、人民幸福的美好前景。”

中华民族的昨天是“雄关漫道真如铁”。近代以来，中华民族历经劫难之多，牺牲之大，前所未有，世所罕见。西方列强殖民者极尽野蛮血腥之能事，用鸦片毒害中国人的身心，用坚船利炮打开我们的国门，用资本输出与原材料掠夺压榨中国人的血汗。据史料统计，鸦片战争以后，西方列强共发动侵略战争 470 次，签订不平等条约 1145 个，割地 174 万平方公里，赔款 13 亿两白银，设租界、开口岸数十处，享有领事裁判权、内河航行权、宗教权，在中国大地上利用中国廉价原料和劳动力，开办工厂，就地赚取超额利润。① 从马克思的学说来看，近代中国的苦难主要是资本主义席卷全球的产物。18 世纪中叶发轫于英国的工业革命与现代资本主义生产方式彻底改变了世界各国单独发展的境况，“世界历史”取代了“民族的、地方的历史”，开启了一个全球政治经济新秩序的新时代。正如《共产党宣言》所言：“它的商品的低廉价格，是它用来摧毁一切万里长城、征服野蛮人最顽强的仇外心理的重炮。……它使未开化和半开化的国家从属于文明的国家，使农民的民族从属于资产阶级的民族，使东方从属于西方。”② 值得自豪的是，从中西文明交锋伊始，西方的资本与枪炮就遭遇中华文明数千年的深厚积淀与文化底蕴

---

① 侯远长：《实现中华民族伟大复兴的中国梦》，《郑州大学学报（哲学社会科学版）》2013 年第 4 期。

② 马克思、恩格斯：《共产党宣言》，人民出版社 2014 年版，第 31—32 页。

的强烈抵抗。“苟利国家生死以，岂因祸福避趋之”，林则徐、魏源、郭嵩焘、林觉民、梁启超到孙中山等一代又一代先贤为抗拒外辱、复兴中华而上下求索，他们抛头颅、洒热血，前赴后继，矢志不渝。尽管他们的斗争一次又一次失败了，但他们每个人在民族救亡复兴史上都书写了可歌可泣、催人泪下的一页，体现了中国人民永不屈服的英勇气概。毛泽东指出：“我们中华民族有同自己的敌人血战到底的气概，有在自力更生的基础上光复旧物的决心，有自立于世界民族之林的能力。”①

中华民族的今天是“人间正道是沧桑”。1921 年，中国共产党成立之后，共产党人以筚路蓝缕、以启山林的精神，团结带领全国各族人民，力挽狂澜改变了自己的命运，建立了新中国，确立了社会主义制度，开始了建设自己国家的伟大进程，为中华民族伟大复兴开辟了前所未有的光明前景。1949 年新中国的成立与 1978 年的改革开放，这两项历史伟业进一步加快了中华民族伟大复兴的历史步伐。在几代中国共产党人的领导下，乘风破浪，披荆斩棘，取得了举世瞩目的成就。特别是改革开放以来，邓小平面向世界历史，以极大的理论勇气和创新精神把市场经济、法治国家与资本主义相剥离，认为只是经济资源和政治资源的配置形式，资本主义国家可以用，社会主义国家同样可以用，颠覆了传统的固化思维，为我国政治、经济体制改革指明了方向，重新回答了“什么是社会主义”“如何建设社会主义”等重大理论问题，确立了“一个中心，两个基本点”的基本路线，是中国的改革开放事业之所以能沿着中国特色社会主义道路高歌猛进，没有走上苏东剧变的邪路的根本原因。② 今天我们经过改革开放近 40 年的经济高速增长，经济总量已经跃居世界第二，军事实力、文化实力、政治影响力等其他综合国力指标也都大幅提升，对几次全球金融危机与一系列自然灾害的有效应对更是让世界刮目相看，当然最值得骄傲的是，13 亿人口已经实现了从温饱到总体小康的跨越。这一系列成就无一不证明了中国共产党的正确领导与中国特色社

---

① 《毛泽东选集》第 1 卷，人民出版社 1991 年版，第 156 页。

② 庄树宗、庄锡福：《论实现中华民族伟大复兴“中国梦”的历史进程》，《中共福建省委党校学报》2013 年第 7 期。

会主义的巨大优越性，已经可以说无愧于当年李大钊等第一代中国共产党人“索我理想之中华”的壮志豪言。

中华民族的明天是“长风破浪会有时”。今天，我们已经胜利实现了现代化建设三步走战略的第一、第二步的目标，正昂首阔步朝着“两个一百年”的奋斗目标前进。回首170多年坎坷的复兴之路，我们已站上一个新的历史起点，进入一个新的历史时期，伟大复兴的宏伟目标已经与我们近在咫尺。正如习近平总书记在同各界优秀青年代表座谈时的讲话所说的，“现在，我们比历史上任何时期都更接近中华民族伟大复兴的目标，比历史上任何时期都更有信心，有能力实现这个目标。”十八大之后的十年是我国改革转型的关键期。我们这一代人既承担着一项幸运而光荣的使命，又肩负着一副沉重的担子，历史的进程到我们这里绝不能功亏一篑，我们绝不能辜负了这时代。习近平总书记在十八届中央政治局常委同中外记者见面时的讲话中向世界宣示，“我们的责任，就是要团结带领全党全国各族人民，接过历史的接力棒，继续为实现中华民族伟大复兴而努力奋斗，使中华民族更加坚强有力地自立于世界民族之林，为人类作出新的更大的贡献。”当然，我们也必须清醒认识到当前国内外局势的严峻性，认识到发展起来后的问题并不比欠发展时少，要积极面对新时期发展阶段的独特问题，以问题倒逼改革。紧跟时代步伐、把握现实要求，提出切实可行的行动纲领和奋斗目标，是我们党团结带领人民推进事业发展的法宝，从推翻“三座大山”成立新中国到全面建成小康社会，期间每一次纲领目标的提出，都照亮了我们的奋斗前程；而中国梦正是新一届中央领导集体对全体人民的庄重承诺，是我们党和国家未来发展的政治宣言。党的十八大以来，以习近平同志为核心的党中央着眼实现“两个一百年”奋斗目标、实现中华民族伟大复兴，提出了一系列重大战略思想与全面深化改革的设计规划，全面部署经济建设、政治建设、文化建设、社会建设、生态文明建设和党的建设；确定稳中求进的工作总基调，宏观政策稳住、微观政策放活、社会政策托底，坚持冲破思想观念障碍，突破利益固化藩篱，以巨大理论勇气和政治勇气闯难关、涉险滩，在新起点上实现了良好开局。以习近平同志为核心的中央领导集体以高瞻远瞩的政治眼光与智慧，把国家和民族的发展放在人类历史长河中思考，一方面，深刻借鉴中华文明数千年治乱兴衰规律、痛彻反思近代中国历史教训、全面总结改革开放以来的经验，前瞻谋划中华民族伟大复兴的光辉前景；另一方面，坚持把中国的发展放在世界政治经济秩序中考虑，科学把握和平、发展、合作、共赢的国际潮流，思考谋划中国在逐渐成为世界舞台中心主角的过程中的一系列重大战略问题，努力在复兴伟业方兴未艾的关键阶段，谋划强国跃升的新路径，解开大国崛起的新困局，开创民族复兴的新局面。

（二）中国梦是以人民为中心的发展梦

以人民为中心的中国梦思想是当代中国马克思主义政治经济学的根本立场。习近平总书记在中央政治局第二十八次集体学习时指出："要坚持以人民为中心的发展思想，这是马克思主义政治经济学的根本立场。要坚持把增进人民福祉、促进人的全面发展、朝着共同富裕方向稳步前进作为经济发展的出发点和落脚点，部署经济工作、制定经济政策、推动经济发展都要牢牢坚持这个根本立场。"群众观是马克思主义唯物史观的理论基石。按照马克思主义的观点，劳动者是生产力诸要素当中最活跃、最革命的因素，人民群众是社会变革决定力量与历史创造者的角色；人不仅是社会发展的前提动力，更是社会发展的目的，社会发展不仅要让每个人的创造能力和自身价值都得到充分体现，而且要实现人的全面自由发展。"以人民为中心的发展思想"宣示了人民主体地位的确立，这是马克思主义关于人的本质的理论与实践的双重回归，有力回应了"依靠谁发展、为了谁发展"这一根本的原则问题，彰显了我们党全心全意为人民服务的根本宗旨与以民为本、执政为民的执政理念与社会主义社会的本质要求可以说，坚持以人民为中心的发展思想是马克思主义政治经济学基本原理与中国改革开放的新实践相结合的最新产物，是当代中国马克思主义政治经济学的重要原则。这一原则不仅开拓了马克思主义政治经济学的新境界，也已成为当前与未来我国经济发展实践的指导性原则。

以人民为中心的中国梦思想是我们党90多年革命建设一以贯之的理念主张，是团结带领亿万人民实现中华民族伟大复兴的力量源泉。中国共产党不仅是工人阶级先锋队，更是中国人民和中华民族的先锋队。党的这一性质宗旨决定了无论在什么时候，也不论环境条件、形势和任务如何变化，永远站在人民群众的立场上，为人民群众谋利益这一根本原则是始终不变的。这是党的立党之本，是党的政治品格和政治优势所在。我们党自成立之日起就立下“为天下劳苦大众谋幸福”的坚定誓言。在90多年革命、建设和改革开放进程中，始终坚守与人民同呼吸共命运的群众立场，秉持全心全意为人民服务的根本宗旨，把握群众是真正英雄的历史唯物主义观点，牢记党的根基在人民、血脉在人民、力量在人民。革命战争年代我们之所以能打败国民党反动派，赶走帝国主义列强，最关键的因素就是为人民群众谋利益，特别是解决了4亿中国农民的土地问题。新中国成立以来，我们致力于推动经济社会发展，前后制定和实施了12个五年计划和规划，具体的计划和规划因历史时期的不同而有差异，但以人民为中心的发展思想，把增进人民福祉，促进人的全面发展作为发展的出发点和落脚点则是贯穿其中的主线。改革开放30多年来，我们党团结带领人民群众聚精会神搞建设，一心一意谋发展，综合国力显著增强，人民生活持续改善，国际地位大幅提升，这样的历史进程和巨大的发展成就，充分体现了我们党以人为本、执政为民、造福人民的价值理念，体现了我国社会主义制度的本质和优越性，有力践行了“坚持以人民为中心的发展思想”。历史与现实都充分证明，“坚持以人民为中心的发展思想”是我国经济社会发展能欣欣向荣的法宝。

以人民为中心的中国梦思想是以习近平同志为核心的党中央治国理政的出发点和落脚点。“人民对美好生活的向往，就是我们的奋斗目标。”这是习近平总书记在新一届中央政治局常委同中外记者见面时作出的郑重承诺。把“实现人民的梦”作为根本目的，是我们党的奋斗目标与根本宗旨的体现，中国共产党作为中国的执政党，就是要带领人民把国家建设得更好，让人民生活得更好。中国梦的实现是以保障和改善民生为重点，以维护最广大人民的根本利益，使发展成果更多更公平惠及全体人民为目标，切实解决好人民最关心最直接最现实的利益问题，在学有所教、劳有所得、病有所医、老有所养、住有所居上持续取得新进展。“虽然相对于中国梦来说，每一位国人自己的梦想可能显得过于渺小，但实现每一位国人虽小但珍贵的梦想却正是中国梦的根本要求。”①这就要求我们要全面深化改革，推进社会主义经济、政治、文化、社会、生态文明等领域的建设，进一步夯实中国梦的物质与文化基础。随着我国经济社会的持续发展，人民群众对美好生活的期望值也在不断提升。人们期待各项改革全面推进，期盼经济更有活力、政府更加高效、文化更加繁荣、生活更有保障、社会更加和谐、生态更加优良、权益得到更好维护。我们要时时刻刻倾听人民的新声音、回应人民的新期待，保证每一个公民都有平等发展的权利，维护社会公平正义；要按照人人参与、人人尽力、人人享有的要求，坚守底线、突出重点、完善制度、引导预期，注重机会公平，保障基本民生，打赢扶贫攻坚战，实现全体人民共同迈入全面小康社会。

以人民为中心的中国梦思想是当代中国社会变革的必然要求与发展进步的最大公约数。价值观念的多元化、利益诉求的多样化与社会结构的异质化是社会发展的必然趋势，如何在多元、多样、多变的价值与利益格局中求包容、求共识、求和谐，是当前国家治理现代化迫切要破解的难题。实现中华民族伟大复兴的中国梦，正是顺应了社会发展的新趋势，回应了人民群众对美好幸福生活的新期盼。首先，以人民为中心的中国梦思想的最大特点，就是把国家的追求、民族的向往、人民的期盼融为一体，把国家梦、民族梦、人民梦同每个家庭、每个社会成员的梦紧紧连在一起，把国家、民族的整体利益和社会成员各不相同的具体利益紧紧连在一起，织成了中华民族命运共同体的有机网络。中国梦首先是 13 亿中国人民的共同梦想。实现中华民族的伟大复兴，不是一部分人

① 朱春奎：《中国梦的科学内涵与实现路径》，《人民论坛》2013 年第 13 期。

或某个阶层的梦想，而是全体人民的共同理想；中国梦的实现，也不是成就某个团体或阶层，而是造福全体人民，具有很强的利益包容性、诉求包容性、理想包容性。习近平总书记指出："中国梦的本质是国家富强、民族振兴、人民幸福。"这句话正是对上述思想的精辟概括。其次，以人民为中心的中国梦思想彰显了劳动与创造的价值。实现中国梦，必须牢固树立劳动最光荣、创造最伟大的理念，崇尚劳动、崇尚创造，让全体人民进一步焕发劳动热情、释放创造潜能，通过劳动开创更加美好的生活。坚持以人民为中心的发展思想就要贯彻尊重劳动、尊重知识、尊重人才、尊重创造的重大方针，维护和发展劳动者的利益，保障劳动者的权利，努力让劳动者实现体面劳动、全面发展，为实现中国梦凝聚中国力量。最后，宏伟叙事的国家梦、民族梦，也是"具体而微"的个人梦。习近平总书记在参观《复兴之路》时指出："历史告诉我们，每个人的前途命运都与国家和民族的前途命运紧密相连。国家好、民族好，大家才会好。"中国作为一个历史悠久、体量庞大的泱泱大国，就像是在沧海横流中航行的巨舰，我们每个人都是中国梦之队的成员，是历史进程的参与者、书写者，都应该怀着同舟共济、戮力同心的精神前行，要积极投身这场旷世伟业之中，微涓输沧海，一滴水只有放进大海才能体现它的价值；中国梦为每一个有梦想的人提供了广阔的舞台与空间，只要每个人都把自己的人生理想融入国家、民族的伟大梦想之中，心往一处想，劲往一处使，就能聚沙成塔，凝聚成坚不可摧的中国力量。正因为如此，中国梦提出以后，得到了海内外中华儿女的热烈响应，成为当代中国发展进步、中华民族团结奋斗的最大公约数与激励中国人民奋进的时代最强音。

（三）中国梦是和平、发展、合作、共赢的梦

党的十八大以来，以习近平同志为核心的党中央把握世界发展的大势，顺应时代进步的潮流，高举和平、发展、合作、共赢的旗帜，统筹国内国际两个大局、着眼和平发展、促进民族复兴这条主线，把握我国

发展的重要战略机遇期，为国内和平发展营造更加有利的国际环境，为构建以合作共赢为核心的新型国际关系作出更为积极的努力，展现了负责任大国的道义与担当，赢得了国际社会广泛赞誉。习近平主席在2015年9月28日召开的联合国大会上的重要讲话中指出，“中国将始终做全球发展的贡献者，坚持走共同发展道路，继续奉行互利共赢的开放战略，将自身发展经验和机遇同世界各国分享，欢迎各国搭乘中国发展‘顺风车’，一起来实现共同发展。”这一豪迈的政治宣示充分展现了中国领导人的大国胸襟与中国的大国风度，也以最醒目的方式告诉世界，我们的中国梦是和平、发展、合作、共赢的梦。

和平、发展、合作、共赢的中国梦，是我们党对中华民族优秀文化传统的传承和发展，也是近代以来中国人民从苦难遭遇中得出的必然结论与迫切愿望。回顾历史，我们可以自豪地宣称，中华民族自古就是爱好和平的民族，“兵者凶器”“战者逆德”“争者事之末”是中国文明对战争的一贯态度，“和而不同”“近者悦，远者来”“厚往薄来，怀柔远人”则是中国与外邦交往的基本准则，历史上的中国一度是世界上最强盛的国家，但没有侵略、蹂躏他国的历史记载，我们向来主张国与国之间、不同文明之间能平等交流，相互借鉴，共同进步。近代以来，中国人民深受战火戕害，对战争的苦难更是有着刻骨铭心的记忆，对和平有着孜孜不倦的追求，十分珍惜和平安定的生活。中国人民怕的就是动荡，求的就是稳定，盼的就是天下太平。中国的和平发展道路来之不易，新中国成立以来，特别是改革开放以来，我们党始终高举和平的旗帜，提出并坚持和平共处五项原则，确立奉行独立自主的和平外交政策，向世界作出了永远不称霸、永远不搞扩张的承诺，强调中国始终是维护世界和平的坚定力量，始终恪守以联合国宪章宗旨和原则为核心的国际关系基本准则，主张充分发挥联合国及其安理会在维护和平、缔造和平、建设和平方面的核心作用，坚决反对任何企图颠覆和平国际秩序的行为。正如习近平主席在中法建交50周年纪念大会上所言，“中国这头狮子已经醒了，但这是一只和平的、可亲的、文明的狮子。”

和平、发展、合作、共赢的中国梦是中国对世界的期望。和平发展是时代主题，合作共赢是时代大势。当前，世界上的每一个国家是全球分工体系的组成部分，中国与其他国家、同世界的关系越来越密不可分，中国的发展离不开世界，世界的发展也需要中国。正如习近平总书记所言，“这个世界，各国相互联系、相互依存的程度空前加深，人类生活在同一个地球村里，生活在历史和现实交汇的同一个时空里，越来越成为你中有我、我中有你的命运共同体。”和平之于中国与世界，犹如空气和阳光，受益而不觉，失之则难存，中国人民更是格外珍视和平发展的国际环境，格外珍视发展的重要战略机遇期。“中国梦”的世界性决定了中国未来的每一步发展都需要融入世界，需要世界其他国家的参与，未来的世界秩序不是非此即彼的问题，它必然寄望于世界各国与各文明之间的合作，这不仅意味着中国的问题在世界框架中得到解决，也意味着世界新秩序要融合中国要素，这是一种“一荣俱荣、一损俱损”的连带关系。

和平、发展、合作、共赢的中国梦是中国对世界的承诺。近年来，随着国际力量对比的此消彼长，特别是中国力量的迅速崛起，世界实力版图发生了微妙而深刻的变化，朝着更有利于和平与发展方向迈进。1990 年前后的东欧剧变、柏林墙的倒塌与苏联的解体固然意味着冷战的结束，但冷战思维、霸权思维、零和思维并没有随之终结。毋庸讳言，随着中国综合国力的增强，国际社会出现了各种曲解、误判、猜忌与恐惧，各种版本的“中国威胁论”屡见不鲜，“修昔底德陷阱”之类的论调层出不穷，将中国梦曲解为“扩张梦”“称霸梦”的学说甚嚣尘上，千方百计就中国做文章。习近平主席在接受金砖国家媒体联合采访时明确指出，“现在，国际上有人担心，中国发展起来后会不会也搞霸权主义、欺负别人。这种担心完全没有必要。中国已经多次向国际社会庄严承诺，中国将坚定不移走和平发展道路，永远不称霸，永远不搞扩张。‘君子一言，驷马难追。’我们说话是算数的，实践已经证明中国是说到做到的。我们也希望世界各国都走和平发展道路，共同致力于促进世界和平与发展。”当然，中国走和平发展道路的同时，也希望其他国家也都要走和平发展道路，只有各国都走和平发展道路，各国才能共同发展，国与国才能和平相处，任何国家都不要指望中国会拿自己的核心利益做交易，或者幻想我们会放弃自己的正当权益，更不要指望我们会吞下损害我国主权、安全、发展利益的苦果。习近平主席在博鳌亚洲论坛2013年年会上向与会各国呼吁，“国家无论大小、强弱、贫富，都应该做和平的维护者和促进者，不能这边搭台、那边拆台，而应该相互补台、好戏连台。国际社会应该倡导综合安全、共同安全、合作安全的理念，使我们的地球村成为共谋发展的大舞台，而不是相互角力的竞技场，更不能为一己之私把一个地区乃至世界搞乱。”

和平、发展、合作、共赢的中国梦是中国对世界的责任。中国梦不仅关乎中国的命运，也关系世界的命运，中国的发展，是世界和平力量的壮大，是传递友谊的正能量，为世界带来的是发展机遇而不是威胁。中国人既是讲爱国主义的，也是具有国际视野和国际胸怀的。随着国力不断增强，中国将在力所能及的范围内承担更多国际责任和义务，为人类和平发展的崇高事业作出更大贡献。2013年，习近平主席在访问中亚和东南亚各国的时候，提出了“一带一路”的宏伟构想，这是新时期党中央作出的面向世界的重大战略决策。这一构想是对古代海上、陆地丝绸之路的传承与升华，顺应了现时代欧亚各国发展的愿望，搭建了一个多维度对话交流的世界性平台，能够把沿线各国打造成一个全方位、立体化、网络状、大联通的开放系统，得到了沿线各国的响应。事实证明，中国的“一带一路”不是某一国的“私家小路”，而是各国携手共进的阳光大路，中国设立丝路基金、成立亚洲基础设施投资银行、金砖国家新开发银行等措施，不是要谋求自己的势力范围，而是支持各国共同发展，加强文明借鉴交流，促进世界和平发展。2015年9月，习近平主席在第七十届联合国大会一般性辩论时发表重要讲话时指出，“当今世界，各国相互依存，休戚与共。我们要继承和弘扬联合国宪章的宗旨和原则，构建以合作共赢为核心的新型国际关系，打造人类命运共同体。”“人类命运共同体”的倡议进一步呈现了中国作为世界和平的建设者、全球发展的贡献者与国际秩序维护者的大国风度。打造人类命运共同体，就是要形成和而不同、互为借鉴的文明心态，塑造平等互谅、包容互惠的伙伴关系，建立依法协商、公平正义的治理机制，走出一条“对话而不对抗、结伴而不结盟”的多变全球关系。从“一带一路”到“人类命运共同体”，凸显了中国人民追求“两个一百年”的奋斗目标和中华民族伟大复兴的中国梦，不仅要造福中国人民，而且要造福世界人民的理想。正如习近平主席在会见二十一世纪理事会北京会议外方代表时的谈话中指出，“中国梦与中国人民追求美好生活的梦想是相连的，也是与各国人民追求和平与发展的美好梦想是相通的。”

（四）实现中国梦要坚持“三个必须”

习近平总书记在十二届全国人大一次会议上的重要讲话中指出，实现中国梦必须走中国道路、弘扬中国精神、凝聚中国力量。这“三个必须”高度概括了实现中国梦必须具备的三个要件，为未来中国社会的发展廓清了方向。

实现中国梦必须坚定不移走中国特色社会主义道路。首先，一个民族、一个国家选择什么样的发展道路，直接关系着这个国家的前途和命运，而中国特色社会主义道路是近代中国历史与中国人民的选择。中国特色社会主义道路来之不易，它是对改革开放近40年伟大实践的高度总结、是对中华人民共和国60多年艰辛探索的深刻反思，是对我们党和人民90多年奋斗苦旅的理论升华，是我们党在革命、建设、改革各个历史时期，不断从挫折中觉醒觉悟，不断从胜利走向更大的胜利的真谛，是对近代以来170多年中华民族苦难征程的历史凝练，具有深厚的历史渊源和广泛的现实基础。习近平总书记在《全面贯彻落实党的十八大精神要突出抓好六个方面工作》这篇重要文章中指出，“中国特色社会主义，承载着几代中国共产党人的理想和探索，寄托着无数仁人志士的意愿和期盼，凝聚着千千万万革命先烈的奋斗和牺牲，凝聚着全国各族人民的奋斗和实践，是近代以来中国社会发展的必然选择，是历史和人民的选择。”其次，中国特色社会主义道路是引领中国走向繁荣富强、和谐幸福之路。近40年的改革开放，我国GDP从1978年的3624.1亿元增加到2016年的74.4万亿元，保持年均近10%的增速，总规模已经连续6年占据世界第二位，我国经济持续快速发展，远远高于同期世界经济平均增长速度，在经济持续快速发展的同时，我国的政治、社会民生、法治、生态等各领域都取得了骄人的成绩，城乡居民收入增长30倍以上；10余年的时间构筑起一些西方国家近百年才完成的基本社保网，不到20年里就为全球减贫事业做出超过70%的贡献等，这一切都是坚持中国特色社会主义道路的成果。改革开放是我们党历史上一次伟大的觉醒，正是这次伟大觉醒孕育了新时期从理论到实践的伟大创造。中国特色社会主义道路，既坚持以经济建设为中心，全面推进经济建设、政治建设、文化建设、社会建设、生态文明建设及其他各方面建设；既坚持四项基本原则，坚持改革开放；既不断解放和发展社会生产力，又逐步实现全体人民共同富裕、促进人的全面发展；它是我们全面建设小康社会、加快推进社会主义现代化、实现中华民族伟大复兴的中国梦的必由之路。事实证明，中国特色社会主义是科学社会主义理论逻辑和中国社会发展历史逻辑的辩证统一，是扎根中国大地，反映人民意愿，适应时代要求的科学社会主义。对此，我们要有道路自信、理论自信、制度自信与文化自信，不走封闭僵化的老路，也不走改旗易帜的邪路，坚定不移地沿着正确的中国特色社会主义道路奋勇前进。最后，中国特色社会主义道路是一条与时俱进的道路。世界在变化，中国也在变化，中国特色社会主义也必须随着形势和条件的变化而向前发展。只有不断与时俱进，中国才能充满活力。我们愿意借鉴人类一切文明成果，但不会照抄照搬任何国家的发展模式。中国的改革是中国特色社会主义制度的自我完善和发展。只有走中国人民自己选择的道路，走适合中国国情的道路，最终才能走得通、走得好。习近平总书记指出，“随着中国特色社会主义的不断发展，我们的制度必将越来越成熟，我国的社会主义制度的优越性必将进一步显现，我们的道路必将越走越宽广，我们发展道路对世界的影响必将越来越大。我们要有坚定的道路自信、理论自信、制度自信，真正做到‘千磨万击还坚劲，任尔东西南北风’。”

实现中国梦必须弘扬中国精神。必须用以爱国主义为核心的民族精神和以改革创新为核心的时代精神振奋起全民族的“精气神”。习近平总书记指出，“实现中国梦必须弘扬中国精神。这就是以爱国主义为核心的民族精神，以改革创新为核心的时代精神。这种精神是凝心聚力的兴国之魂、强国之魂。爱国主义始终是把中华民族坚强团结在一起的精神力量，改革创新始终是鞭策我们在改革开放中与时俱进的精神力量。全国各族人民一定要弘扬伟大的民族精神和时代精神，不断增强团结一心的精神纽带、自强不息的精神动力，永远朝气蓬勃迈向未来。”首先，爱国主义是中华文明精神的主旋律。在中华民族源远流长的历史长河中，爱国主义始终是激昂的主旋律，是传统社会的世界观、人生观、价值观的核心要素。“先天下之忧而忧，后天下之乐而乐”的天下胸怀，“位卑未敢忘忧国”的士人道德，“富贵不能淫，贫贱不能移，威武不能屈”的浩然正气，“人生自古谁无死，留取丹心照汗青”“鞠躬尽瘁，死而后已”的献身精神都体现了古代士民爱国主义精神的表现。近代以来，仁人志士更是为了改变中国落后挨打的黯淡国运，为了追求民族独立和人民解放，不惜流血牺牲，充分体现了中华民族爱国主义的精神品格。新中国成立后，“高炉卫士”孟泰、“两弹元勋”邓稼先、“知识分子的杰出代表”蒋筑英、“宁肯一人脏、换来万人净”的时传祥、“宁肯少活20年，拼命也要拿下大油田”的王进喜等一大批先进模范，都是怀着赤子一般的爱国热忱，响应党的号召，带动广大群众自力更生、奋发图强，成为激励各族人民意气风发投身社会主义建设的强大精神力量。其次，改革创新始终是鞭策我们在改革开放中与时俱进的精神力量，是中华民族最深沉的民族禀赋，古人云“苟日新，日日新，又日新”。“中国梦”是人类文明史前所未有的一项崭新的事业，所以在圆梦的过程中，我们随时可能会遇到始料未及的困难、遇到未曾见过的障碍，要有蹚过深水区、踏过地雷阵的思想与本领准备。广大党员干部必须要有危机感，既要努力增强业务本领，不能因循守旧，而要以开拓创新的精神寻找新方法、探索新路径、积累新经验、采取新举措，更要以更大的政治勇气和智慧、更大的政治觉悟和热情，突破制约“中国梦”的思想与利益藩篱，为“中国梦”的实现扫清障碍、铺平道路。历史告诉我们，幸运女神从不眷顾那些因循守旧、安于现状、不思进取、坐享其成的人。新时代的改革者要有敢为人先的锐气，逢山开路、遇河架桥的意志，探索真知、求真务实的态度，为了创新创造而百折不挠，以“天行健，君子以自强不息”的精神勇往直前。习近平总书记在第十八届中央政治局第七次集体学习时的讲话中指出，“我们要坚持以改革创新精神推进党的建设，更好经受住执政考验、改革开放考验、市场经济考验，外部环境考验，更好战胜精神懈怠危险、能力不足危险、脱离群众危险、消极腐败危险，使我们党更好担负起团结带领全国各族人民全面建成小康社会、实现中华民族伟大复兴的重任。”

实现中国梦必须凝聚中国力量。中国力量是中国梦的动力之源。习近平总书记指出，“实现中国梦必须凝聚中国力量。这就是中国各族人民大团结的力量。中国梦是民族的梦，也是每个中国人的梦。只要我们紧密团结，万众一心，为实现共同梦想而奋斗，实现梦想的力量就无比强大，我们每个人为实现自己梦想的努力就拥有广阔的空间。生活在我们伟大祖国和伟大时代的中国人民，共同享有人生出彩的机会，共同享有梦想成真的机会，共同享有同祖国和时代一起成长与进步的机会。有梦想，有机会，有奋斗，一切美好的东西都能够创造出来。全国各族人民一定要牢记使命，心往一处想，劲往一处使，用13亿人的智慧和力量汇集起不可战胜的磅礴力量。”万众一心、众志成城是实现中国梦的力量之基。人民是历史的创造者，群众是真正的英雄，人民群众是中国梦的力量之源。尽管每个人的力量是有限的，但只要万众一心，众志成城，就没有什么克服不了的困难。中华民族伟大复兴是一项光荣而艰巨的历史伟业，它需要一代又一代中国人为之共同努力，必须紧紧依靠全国各族人民，要最大限度调动一切积极因素，最大限度团结一切可以团结的力量，共同致力于实现中华民族伟大复兴的中国梦。因此，要充分尊重人民的首创精神，调动最广大人民的积极性、主动性与创造性，投身这场历史伟业之中。全国广大工人、农民、知识分子，要发挥聪明才智，勤奋工作，积极在经济社会发展中发挥主力军和生力军作用。一切国家机关工作人员，要克己奉公，廉政勤政，关心人民疾苦，为人民办实事。中国人民解放军全体指战员，中国人民武装警察部队全体官兵，要按照听党指挥、能打胜仗、作风优良的强军目标，提高履行使命能力，坚决捍卫国家主权、安全、发展利益，坚决保卫人民生命财产安全。一切非公有制经济人士和其他新的社会阶层人士，要发扬劳动创造精神和创业精神，回馈社会，造福人民，做合格的中国特色社会主义事业的建设者。全国广大青少年，要志存高远，增长知识，锤炼意志，让青春在时代进步中焕发出绚丽的光彩。要巩固和发展最广泛的爱国统一战线，促进政党关系、民族关系、宗教关系、阶层关系的和谐，引导包括港澳台同胞、海外侨胞在内的全体中华儿女共同致力于民族的复兴伟业。

（五）空谈误国、实干兴邦

“空谈误国，实干兴邦”，这是邓小平南方谈话时的著名论断，是习近平总书记在一系列重要讲话中反复强调的道理，这是一个严戒空谈高谈、注重实干实践的自明道理。改革开放近40年来，我们固然取得了巨大的进步，但我们处在社会主义初级阶段与作为世界上最大的发展中国家的基本国情并没有改变，面临的挑战与问题更加严峻复杂，必须清醒认识到，“中国梦”的实现不可能一蹴而就，也不会一帆风顺，在社会主义初级阶段的国情下实现中华民族伟大复兴，在发展中国家的基础上建设四个现代化，在13亿多人口的巨型国家中实现共同富裕，在西方文明主导的世界格局中实现大国的和平崛起，这都是人类历史上闻所未闻的新事物。① 古人云，不积跬步，无以至千里，人世间的一切美好梦想都是通过一点一滴的实干实现的，面对浩浩荡荡的时代潮流，面对人民群众过上更好生活的殷切期待，我们不允许有丝毫的自满与懈怠，必须时刻保持危机意识，再接再厉、一往无前。习近平总书记强调：“这样一个大国，这样多的人民，这么复杂的国情，领导者要深入了解国情，了

① 中央党校中国特色社会主义理论体系研究中心：《“中国梦”：内涵·路径·保障》，《理论动态》2013年第1期。

解人民所思所盼，要有‘如履薄冰，如临深渊’的自觉，要有‘治大国若烹小鲜’的态度，丝毫不敢懈怠，丝毫不敢马虎，必须夙夜在公、勤勉工作。”

必须坚持正确发展观。发展是硬道理，以何种发展理念为指导是前提。党的十八大以来，以习近平同志为核心的党中央以全局视野和历史眼光，勾勒了新时期中国特色社会主义事业的战略布局，描绘了中华民族伟大复兴的中国梦的宏伟蓝图。习近平总书记的治国理政思想，是对改革开放以来我国经济社会发展规律的深刻总结，是对中国特色社会主义理论的丰富与发展，是马克思主义中国化的最新成果，是引领党和人民前进的指路明灯。在新的历史时期与时代条件下，必须认真学习贯彻习近平总书记的治国理政思想，正确应对发展过程中涌现的新情况、新问题、新挑战，解决人民群众最关心、最直接、最现实、最激烈反映的利益问题，特别是要敢于向旧的发展模式的“毒 GDP”“带血 GDP”亮剑，这既是眼前利益与长远利益、局部利益与总体利益的博弈，也是新旧发展理念的博弈，更是各级领导干部是否真正拥护中央供给侧改革、绿色发展等一系列改革精神的试金石。

必须树立正确政绩观。观念指导行动，不同的政绩观造就不同的行为模式。当前，中国改革已经进入攻坚期和深水区，形势复杂严峻，发展进程中仍然面临着许多难啃的硬骨头。面对改革发展稳定的艰巨繁重任务，各级领导干部要树立正确的政绩观。必须承认，当前党内一些同志，特别是领导干部，热衷于造声势、出风头，抓工作不讲实效，追求个人名利，这种错误政绩观在一些地方、一些领域造成了巨大的浪费与恶劣的影响，必须坚决及时地加以纠正，使之回归到正确的观念上来。首先，要把为人民谋利益作为根本出发点和落脚点。为人民谋利益，为人民服务，是马克思主义政党的本质特征。我们党的全部工作和任务，归根结底就是为人民谋利益。广大党员干部必须牢记全心全意为人民服务的根本宗旨，把人民放在心中最高位置，坚持人民立场，尊重人民主体地位，充分发挥广大人民群众积极性、主动性、创造性，不断把为人民造福事业推向前进。其次，要牢记“政贵有恒”。广大党员干部既要大胆开展工作、锐意进取，出现问题的要及时调整和完善，更重要的是，要多做打基础、利长远的事，保持大局稳定和工作的连续性，要有“功成不必在我”的精神，不要换一届领导就兜底翻，更不要为了显示所谓政绩去另搞一套。真正做到一张好的蓝图一干到底，不折腾，不反复，切实干出成效来，经得起历史与人民的检验，真正做到对历史和人民负责。习近平总书记指出，一张好的蓝图，只要是科学的、切合实际的、符合人民愿望的，就要一茬一茬接着干。我们要进一步增强战略自信，保持战略定力，脚踏实地地把科学目标和美好蓝图变为现实。

必须在整个社会上形成劳动最光荣的观念，形成“全民圆梦”的良好氛围。历史源自人民创造，进步倚赖人民推动。广大人民的积极参与、主动作为、创造创新，是成就伟大事业的基本前提和重要基础。催人奋进的时代、前无古人的伟业是每一个劳动者施展才干的广阔舞台。“功崇惟志，业广惟勤。”实现国家富强、民族振兴、人民幸福的中国梦，离不开广大劳动群众的劳动创造，必须树立以辛勤劳动为荣、以好逸恶劳为耻的观念，让一切劳动创造都获得应有的尊重和鼓励，形成劳动最光荣、劳动最崇高、劳动最伟大、劳动最美丽良好风气，激发全体劳动者火热的激情、无穷的创造力，引导每一个劳动者都以高度自觉的主人翁责任感投身于自己的工作岗位，一砖一瓦，加高事业大厦；点滴创造，编织幸福生活，为经济社会发展汇聚起强大的正能量与驱动力。习近平总书记在同全国劳动模范代表座谈时指出，“劳动是财富的源泉，也是幸福的源泉。人世间的美好梦想，只有通过诚实劳动才能实现；发展中的各种难题，只有通过诚实劳动才能破解；生命里的一切辉煌，只有通过诚实劳动才能铸就。劳动创造了中华民族，造就了中华民族的辉煌历史，也必将创造出中华民族的光明未来。‘一勤天下无难事。’必须牢固树立劳动最光荣、劳动最崇高、劳动最伟大、劳动最美丽的观念，让全体人民进一步焕发劳动热情、释放创造潜能，通过劳动创造更加美好的生活。”

必须发扬钉钉子精神的工作作风。发扬钉钉子精神是习近平总书记多次强调的一种工作方法和工作作风，形象生动、通俗易懂，蕴含着深刻的实干哲理。当前我国的改革正处在“滚石上山”“爬坡过坎”的关键时期、拐点时期，要涉险过关，绝非易事，也绝非一朝一夕之功，需要党的各级组织和广大党员干部有锲而不舍的工作韧劲，保持“踏石留印、抓铁有痕”的劲头，瞄准方向、一抓到底，发扬钉钉子的精神，把各项改革事业与群众工作落到实处，一步一个脚印，持之以恒、久久为功，积小胜以成大胜。正如习近平总书记所说的那样，钉钉子往往不是一锤子就能钉好的，而是要一锤一锤接着敲，直到把钉子钉实、钉牢，钉牢一颗再钉下一颗，不断钉下去，必然大有成效。如果东一榔头西一棒子，结果很可能是一颗钉子都钉不上、钉不牢。

“士不可以不弘毅，任重而道远”。170 多年的中国近现代历史，其本质是一部数千年未有的转型与复兴史，我中华至近世亡国灭种之际，国运学风终见复兴，挽狂澜于既倒，救社稷于倾危，这是国家与民族的大幸。回首百年转型与复兴史，可谓波澜壮阔、险象环生，多是可歌可泣的英雄，千疮百孔的悲凉。直到中国共产党成为中国这艘转型巨舰的掌舵者，古老的中华才渐入“晴川历历汉阳树，芳草萋萋鹦鹉洲”的佳境。今天，我们已经到了近代转型的尾声与关键期，行百里者半九十，历史的接力棒传到了我们，我们决不能辜负了这个伟大的时代。这个时代是一切有志于这项伟大事业的人们都可以大有作为的时代，我们应该把个人梦与中国梦紧密联系在一起，自觉把人生理想、家庭幸福融入国家富强、民族复兴的伟业之中，把爱国之情、强国之志、报国之行统一起来，把自己的梦想融入人民实现中国梦的壮阔奋斗之中，把自己的名字写在中华民族伟大复兴的光辉史册之上。我们有决心通过自己的不懈奋斗自立于世界民族之林，没有任何力量可以阻挡我们全民族的共同愿望与前进步伐。江山苍苍，云水泱泱，假以时日，我中华必雨润海内，以理想之新中华屹立于世界之东南。

三、信仰之光不灭

信仰是什么，这个问题是需要反思追问的。简言之，信仰是一种最崇高、最神圣、最深沉的价值追求。一个政党没有信仰，必将失去方向，成为乌合之众；一个国家没有信仰，必将消解，成为一盘散沙；一个人没有信仰，也必将混沌困惑，成为没有主心骨的陀螺。信仰是高楼大厦里的钢筋水泥，具之则耸然矗立、顶风迎雨，缺之则轰然倒塌。简言之，没有信仰，行之不远。

（一）信仰的味道

“信仰是个鸟儿，黎明还是黝黑时，就冲着曙光而讴歌了。”印度大诗人泰戈尔这个比喻，形象地告诉人们，信仰就是一种精神坚守、执着追求和前行动力。对于中国共产党来讲，靠的是什么，靠的就是一种信仰。血雨腥风中，视死如归；雪山草地里，奋力前行；金钱美色前，善保其身，靠的是什么？靠的就是对马克思主义的信仰，对社会主义和共产主义的信念。没有信仰，中国共产党就不会走到今天。从这个意义上说，信仰就是党的生命力。

中国共产党从诞生之日起就把马克思主义写在自己的旗帜上，把实现共产主义确立为最高理想，把马克思主义、共产主义信仰看做是共产党人的命脉和灵魂。革命先贤为何能前赴后继，视死如归，就是因为他们坚信共产主义信仰。邓小平指出：“为什么我们过去能在非常困难的情况下奋斗出来，战胜千难万险使革命胜利呢？就是因为我们有理想，有马克思主义信念，有共产主义信念。”①

信仰就是一种强大的内心动力。翻开中国的历史，人们经常会问，兵强马壮、武器精良的国民党为何打不过小米加步枪的共产党呢？最核心的就是国民党缺乏信仰，共产党甚至每个兵完全是一个思想——共产主义。张学良将军曾说，国民党虽一直高唱信仰三民主义，也向他的党员采取各种方法灌输，而张学良认为：“所谓信仰是从内心发出来的，属于自个儿的……信仰不是旁人给你加上的。”只靠硬性灌输是不能使党员树立起信仰的。“那三民主义，真正的三民主义到底是怎么回事？我可以说多数人不知道。背总理遗嘱，就在那儿背，他的真正彻底的意思在什么地方？谁也没有深刻地研究。”国民党的军队靠“彼此的感情”维系。“彼此的感情并不是指兵啊，是指那军官。兵都是招来、募来的。那勇敢点的，就是带兵的，就是军官。”国民党的军队“都是自保，他投靠谁，也不是对谁倾心……换句话，有奶便是娘。谁给他奶，谁就是娘。谁拉他一把，给他俩钱，给他个官，他就跑谁那去了。今天他帮着你，明天假如那边给他拉一拉，他就跑那边去了。”“根本没有什么国家的思想。”所以国民党军队，包括中央军“都是雇佣兵，少数的人是团结的，多数人是雇佣兵，今天我可以在你这当兵，明天我也可以到别处去当兵。国民党和共产党的不同之点在这。所以我跟蒋先生讲，我们打不过他（们），固然他（们）人少，我们人多，但他（们）团结，我们是盘散沙。”共产党为什么要胜利？张学良说：“主要是共产党、红军信仰他的主义，甚至于每一个兵，完全是一个思想——共产主义，这是第一样；二一样，他们经历了万里长征，剩下的这些人哪，可以说都是精华呀。也不光是他的官，他的兵也是这样子。这可受不了呀！”

信仰就是一种视死如归的精神。“砍头不要紧，只要主义真。杀了夏明翰，还有后来人。”1928 年初，夏明翰告别妻子和刚出生的女儿来到武汉。以野蛮著称的桂系军阀正在大肆搜捕革命者，许多被捕者根本不经审判便被处决。如党的一大代表李汉俊当时已脱党，被桂系军阀捉住

---

① 《邓小平文选》第 3 卷，人民出版社 1993 年版，第 110 页。

后也马上被杀害。面对市面上一片萧条和恐怖，夏明翰全无惧色，仍奔走在各个秘密机关，部署“停止年关暴动”的计划。夏明翰被捕后，连续受到刑讯，他在拷打中只是怒斥审判官。被捕两天后即1928年3月20日的清晨，夏明翰被带到汉口余记里刑场。执行官问他有无遗言，他大喝道：“有，给我纸笔来！”接着，他挥笔写下了“砍头不要紧”的就义诗。这一正气凛然的词句，当时就被人称做热血谱写的革命战歌，激励了无数后人为之奋斗。1930年8月27日，临刑前的几分钟，共产党员裘古怀有感于“每一个同志在就义时都没有任何一点惧怕，他们差不多都是像完成工作一样跨出牢笼的”，匆匆写下《给中国共产党和同志们的遗书》，饱含深情地用“满意”和“遗憾”四个字诠释自己对信仰的理解：“我满意为真理而死！遗憾的是自己过去的工作做得太少，想补救已经来不及了。”

信仰就是为人民服务的甘甜。“百姓谁不爱好官？把泪焦桐成雨。生也沙丘，死也沙丘，父老生死系。暮雪朝霜，毋改英雄意气”。这首《念奴娇》词，描写了党的好干部焦裕禄的为民情怀与英雄本色，也道出了无数人心中优秀共产党人的良好形象与精神风貌。这首词是习近平总书记担任福州市委书记期间填写的，发表在1990年7月16日的《福州晚报》上，深深表达了对焦裕禄同志的崇敬之情。2014年3月，习近平总书记在调研指导兰考县党的群众路线教育实践活动时，深情感怀焦裕禄事迹对一代共产党人的成长影响，深刻阐述焦裕禄精神的丰富内涵和现实意义。他指出，焦裕禄同志是县委书记的榜样，也是全党的榜样，他虽然离开我们50年了，但他的事迹永远为人们传颂，他的精神同井冈山精神、延安精神、雷锋精神等革命传统和伟大精神一样，过去是、现在是、将来仍然是我们党的宝贵精神财富，我们要永远向他学习。

（二）当代中国共产党员，谨防精神的“软骨病”

古往今来，任何一个有所作为的国家，都需要有一个主心骨。有了主心骨，国家就能兴旺、政党就能强大、民族就能振兴，反之，就会一盘散沙、误党误国、陷入衰退。习近平总书记多次强调，理想信念就是共产党人精神上的“钙”，没有理想信念，理想信念不坚定，精神上就会“缺钙”，就会得“软骨病”，就可能导致政治上变质、经济贪婪、道德上堕落、生活上腐化。

为什么许多党员干部，没有倒在敌人的血雨腥风里，而是倒在权钱色的泥坑中？最根本的还是信仰信念动摇或失去。

2015 年 2 月 25 日，中纪委监察部官网在醒目位置推出大型专题栏目《忏悔录》。“每一个贪腐案件背后，都有权力失范的影子；每一份忏悔书中，都藏着自责自恨的懊悔。”中纪委官网上的话引人深思。该专栏首期刊发徐州市政协原副主席张引受贿案透视《变了味的“奖金”》，张引在视频中说：千万不要想利。到一定限度的利，它就是狱，不是贪欲的欲，是监狱的狱。金钱可以换取一切身外之物，但买不来最宝贵的亲情和幸福。任何人不能偏离规矩，如果偏了，就要走歪了。1959 年 2 月出生的张引是江苏涟水人，1976 年 12 月参军入伍，1989 年 10 月转业至徐州市郊区体改办任办事员，曾任徐州市泉山区委组织部副部长，九里区委常委、组织部长，九里区委常委、副区长、区委副书记，泉山区委副书记、区长、区委书记、区人大常委会主任。2012 年 6 月当选政协徐州市第十四届委员会副主席。2014 年 5 月，无锡市中级人民法院以受贿罪、滥用职权罪，判处张引有期徒刑十一年。2001—2012 年张引利用职务便利，为他人谋取利益，先后多次收受他人财物，共计折合人民币 140 余万元。在担任徐州市泉山区委书记期间，违反规定，擅自决定，通过自定项目、重复发放等形式，向区四套班子成员、财政人员等人发放奖金共计 1040 余万元，个人实得 50 余万元。

信仰的缺失，必须会导致迷信的盛行。实际上，在每个时代，迷信都有一种强大的力量。汉文帝为询问鬼神之事，曾半夜把贾谊叫进宫里。唐代诗人李商隐，据此便写了一首名诗，“宣室求贤访逐臣，贾生才调更无伦。可怜夜半虚前席，不问苍生问鬼神。”讽刺的意味极深而出之以唱叹，尤觉情韵悠远。近年来，因为官场迷信，类似官员迷信的“新闻”，屡有耳闻。刘志军受审，他被披露是一个迷信的人，为求“平安”，长期在家烧香拜佛，还在办公室里布置了“靠山石”。一些项目的开工竣工，刘志军甚至都会请“大师”选择黄道吉日。这样的现象在当今科技如此发达的时代，着实令人咋舌。诸如某县委大院门口飞机堵路、某法院供奉辟邪宝剑、某市将骆马湖改名“马上湖”、某西部地区的国家级重点贫困县耗巨资搬运一块被奉为神石的大石头，以寓意“石（时）来运转”……这些被披露出来的迷信事件，都是一些政府官员的手笔。这些官员绝大部分受过高等教育，为何这般见识？法国思想家伏尔泰当年曾经说过：“迷信就是傻子遇到了骗子的结果”，其实这些迷信的官员智商并不低，但一些官场陋习、用人腐败，让他们不再相信个人的正当努力，或者不再仅仅相信个人的正当努力，更相信有一种神秘力量在主宰命运。

信仰的缺失，会导致灵魂的失落。新时期共产党员队伍中，涌现出了孔繁森、郑培民、牛玉儒、任长霞等一大批具有高尚的马克思主义信仰的优秀楷模，党员队伍总体上是好的，但也的确存在一种信仰危机，一些党员干部共产主义信仰动摇、丧失、甚至走向了反面。回想前些年，苏联解体前，国内没有经历大规模的武装冲突和流血事件，悬挂了 74 年的苏共党旗缓缓落下的时候，苏共也没有人去捍卫一个政权最后的尊严。事实上，苏联人民已经对所谓的“共产主义”失去了信仰。这个剧变在一些中国人心里也都升起了一个大大的问号：中国的红旗到底还能扛多久？一些党员由此对世界社会主义的前途产生了疑虑和困惑，有的党员的马克思主义信仰不同程度的动摇了，甚至产生了信仰危机。主要表现在对共产主义理想悲观失望。改革开放后，发展市场经济，有的党员被资本主义的物质文明所迷惑，对社会主义的优越性产生怀疑，对社会主义必然战胜资本主义失去了信心，走向了悲观主义。

信仰的缺失，会导致思想的变异。改革开放以来，国门和窗子打开了，阳光和新鲜空气进来了，同时苍蝇和毒菌也进来了。在意识形态领域，随着各种外来思想观念的涌入，传统的与现代的、进步的与落后的、积极向上的与消极颓废的、正确的与反动的，相互碰撞、磨合、斗争，资本主义反动的腐朽思想甚嚣尘上。在日趋多元化的文化观念面前，一些共产党员的世界观、人生观、价值观在改变，变得越来越信仰资本主义。我们不会忘记，资产阶级自由化思潮，曾经是多么的猖獗，一些党员和领导干部鼓吹全盘西化，栽了跟头，犯了错误。有的到美国考察归来的党员干部，为资本主义大唱赞歌，大谈什么“美国的文明”，说什么“马克思的共产主义理想社会的种种优越性在美国到处可以看到。”他们把共产主义的理想社会混同于资本主义文明。这些党员别说是共产主义信仰，就连爱国主义情怀也没有。还有的党员追求资产阶级腐朽的生活方式，腐败堕落，蜕化变质，丧失马克思列宁主义的信仰，最终沦为人民的罪人。

以上这些表现，虽然发生在少数党员身上，但造成的影响和危害极大。它的存在正在侵蚀着共产主义大厦的根本基础，严重削弱着党的凝聚力、战斗力，严重危害着党的事业的健康发展，严重影响了党在人民群众心目中的形象和威信。习近平总书记在十八届中共中央政治局第一次集体学习时把理想信念比喻成共产党人精神上的“钙”。他说：没有理想信念，理想信念不坚定，精神上就会“缺钙”，就会得“软骨病”。检视一些落马党员干部的腐败轨迹，腐败行为的发生，无一不是把理想信念抛到了九霄云外，“骨头”变软了，最后滑向犯罪的深渊。实践证明，放弃了马列主义理论的学习，放弃了世界观的改造，放弃了党性修养和锻炼，甚至忘记了自己是一个共产党员，这样的人如同断了线的风筝，出了轨的火车，终究行之不远，极易栽倒在泥坑之中——这样的党员是极不合格的，这样的人生也是极其失败的。

（三）共产党员要树立什么样的价值观

中国共产党，是一种高贵信仰；但是共产党员，是不是知道自己应该信什么，是不是真正理解这种信仰，有没有将这种信仰铭刻在心里？这是一个似乎不应该有的问题，但又是确确实实需要每一个党员扪心自问的问题。

共产主义是共产党员的题中应有之义，必须把信仰作为根本，否则就谈不上是共产党员。党章在总纲一开始就明确指出：“中国共产党是中国工人阶级的先锋队，同时是中国人民和中华民族的先锋队，是中国特色社会主义事业的领导核心，代表中国先进生产力的发展要求，代表中国先进文化的前进方向，代表中国最广大人民的根本利益。党的最高理想和最终目标是实现共产主义。”那么，共产党员既然加入了这个政党，就必须信仰共产主义，其他别无选择。这也是保持党的纯洁性的本质所在。不可否认，一些人认为：共产主义既然很遥远，那就成为水中月、镜中花，可望不可即了。其实共产主义不是虚无缥缈、不可捉摸的东西，共产主义信仰一直就在我们身边，是和我们的社会主义事业、个人的理想追求实实在在地结合在一起的。几十年来，我们党的理想的力量和作用，就是活生生地贯穿在党的事业的历史进程中，就是表现在我们工作的现实中，就是体现在广大共产党人的行动中。共产主义信仰是共产党人的政治灵魂，是共产党人经受任何考验的精神支柱。共产党员树立了共产主义信仰和为共产主义事业奋斗终生的远大志向，就会有大视野、宽胸襟、高境界，就会“不畏浮云遮望眼”，做到“任凭风吹浪打，胜似闲庭信步。”

共产党员要牢固树立社会主义理想信念。在当前，存在着这样一些“矛盾”的现实，比如国际社会主义运动遭受到了巨大挫折，而社会主义制度在中国却得到了空前巩固；资本主义世界出现了不少的新变化，而社会主义的中国却“风景这边独好”；西方敌对势力断言社会主义要从世界上灭亡，而中国却向全世界展示了社会主义的无限生机与活力。历史事实告诉我们，社会主义不仅没有终结，反而通过共产党人总结经验、吸取教训，开始朝着健康的方向发展。为什么社会主义能够经受住严峻考验，仍然具有旺盛的生命力？关键在于，社会主义制度适应了先进社会生产力的发展要求，代表了人类社会发展的方向。应该看到，在世界历史的长河中，社会主义的历史毕竟是短暂的，总的说来还处在实践和发展的初期。虽然已经走出了一条光明大道，但前面的路并不都是平坦的，还会有各种可以预料的和难以预料的困难和风险。在这种情况下，要实现我们的共同理想必然是一个漫长的过程，需要进行很长时期的艰苦努力，需要树立必胜的信念和信心。党的十八大后，习近平同志提出和深刻阐述了民族复兴中国梦的重要战略思想，反映了近代以来一代又一代中国人的美好夙愿，进一步揭示了中华民族的历史命运和当代中国的发展走向，指明了全党全国各族人民共同的奋斗目标。在当代中国，打牢全社会的主心骨，要求意识形态领域坚持与时俱进，着眼于中国特色社会主义现代化建设新时期、新阶段的实践，积极推进马克思主义的中国化、本土化、民族化、时代化，引导人们加深对中国特色社会主义和中国梦的理解和认同，增强道路自信、理论自信、制度自信和文化自信。

信仰共产主义就必须坚持共产党的领导。毛泽东在党的七大报告中就指出："中国一切政党的政策及其实践在中国人民中所表现的作用的好坏、大小，归根到底，看它对于中国人民的生产力的发展是否有帮助及其帮助之大小，看它是束缚生产力的，还是解放生产力的。"中国共产党的领导地位是历史形成的，也是人民的选择。现在讲国家的崛起和民族的复兴，也必须依靠共产党的领导。这也是历史的选择。坚持党的领导，首先是要坚持党中央的集中统一领导，这是一条根本的政治规矩。实现"两个一百年"奋斗目标、实现中华民族伟大复兴的中国梦，统筹全面建成小康社会、全面深化改革、全面依法治国、全面从严治党，是前无古人的伟大事业，是艰巨繁重的系统工程，必须加强党中央的集中统一领导，以保证正确方向、形成强大合力。作为共产党员，必须把党的领导作为一条根本原则，始终保持清醒的头脑和坚定的政治立场，坚持以中国特色社会主义理论指导实践，不断增强政治敏锐性和政治鉴别力，自觉提高党的执政意识，维护党的执政安全，能够经得起任何风浪的考验，并不断使自己成长与成熟起来。

要坚持为人民的利益而奋斗，始终把人民的利益放在第一位。焦裕禄同志在兰考县只工作了一年半的时间，却用实际行动铸就了感天动地的焦裕禄精神。当年他亲手栽下的一棵棵幼苗，如今已长成参天大树，在中原大地根深叶茂、茁壮成长，人们亲切地称其为"焦桐"。焦桐是一个时代精神的象征，是伫立在人民心中永远的丰碑。优秀共产党员杨善洲被群众亲切地称为"草帽书记""种树书记""农民书记"，就是因为他视百姓为亲人，宁可自家清贫，也要掏钱为困难群众添置衣物、买种子、买牲口，朴素的行为背后流淌的是大爱的甘泉，体现的是人民至上理念。

共产主义信仰不是空的，而是我们工作、生活的“精神原动力”，只有落在实处，才能体现出强大的生命力，才能在我们的一步一步实践中得到印证和巩固。一方面要把信仰共产主义与社会主义初级阶段的奋斗目标结合起来。党在现阶段的各项路线方针政策，无一不是为了实现共产主义理想而采取的具体步骤和措施。因此，贯彻落实党的路线方针政策就是信仰共产主义的具体体现。另一方面要把信仰共产主义与本职工作、个人思想改造结合起来，做社会主义道德的示范者、诚信风尚的引领者、公平正义的维护者，在本职岗位上创先争优。有的党员或许妄自菲薄，认为自己作用太小，可有可无，于是朝看水东流，暮看日西坠。其实一个人的作用再小，也不会小到忽略不计。普通党员郭明义不就是在小事中做出了大境界吗？如果把我们党的事业比作一条滔滔东流的大河，我们每一个党员就是大河中的一滴水。也许你有机会跃上一朵浪花，在阳光照耀下，反射出瞬间绚丽的光彩；对于许多普通党员来说，或许只能默默地随着大河流淌向东。但是只要我们真正投身到党的改革开放的事业中来，踏踏实实做好现在的工作，一步一个脚印地前进，我们的价值就能得到肯定，生命就能得到升华。

（四）坚决抵御各种错误思潮

社会思潮是社会存在的产物，是一定时期内反映一定阶级、阶层的利益和要求，得到广泛传播并对社会生活产生一定影响和作用的思想倾向、思想潮流。它根源于社会经济政治和文化生活，是与社会结构变迁、社会生活演变和社会阶段发展相伴随的观念性社会现象。就一般规律来说，社会思潮具有较为集中的主题、广为流传的观点、持续不断的作用、一定范围的社会认同和此消彼长的演变过程；就学科领域而言，有政治思潮、经济思潮、文化思潮和哲学思潮等；就社会作用来看，有积极思潮和消极思潮、先进思潮和落后思潮、进步思潮和反动思潮等。

正确的思潮总是推动社会历史前进，错误的思潮总是阻碍社会历史前进。必须从政治高度充分认识社会思潮对我国经济、政治、文化和社会生活带来的深刻影响，努力发挥其积极作用，坚决抑制其消极作用。一是加强对社会思潮的超前预测。为了最大限度地防止错误思潮的形成，减少因工作被动而给社会造成的危害，必须对可能出现的社会思潮作出前瞻性的预测，以防患于未然。看起来眼花缭乱的社会思潮，实际上是社会矛盾特别是社会基本矛盾运动和作用的结果。只有把握了社会矛盾的运动特别是矛盾双方向对立面转化的性质，才能预测社会思潮的变化趋势。这就要求我们以见微知著的洞察力，认真分析当前我国社会矛盾有关方面的变化，揭示社会思潮形成和流传的社会基础，预知可能出现的不良思潮，善于根据某种潜在的思潮苗头来觉察其未来的变化。应把收集的思想理论信息与外在环境和形势联系起来，综合运用历史资料和现实资料，注意发现不同思潮的共同因素和相似现象，预测其相似的发展趋势，为做好引导工作提供正确的方向。二是加强对社会思潮的深入研究。对待思想理论领域的问题，不能搞简单化和绝对化，应坚持具体问题具体分析，开展深入细致的研究工作，重点是研究社会思潮的基本特点、本质内容、表现形式、演变规律及其社会作用等。当前，尤其应加强对当代西方社会思潮的研究和辨析，吸收其合理成分，纠正其偏颇，批判其错误，在各种思想文化相互激荡中坚持与发展马克思主义，建设中国特色社会主义文化。只有全面了解和研究西方社会的哲学与文化理论，才能以我为主、为我所用；只有全面了解和研究现代西方社会思潮，才能加深对现代资本主义的认识，正确把握社会发展规律，增强思想引导工作的针对性和实效性。三是加强对社会思潮的有效疏导。应根据社会思潮的性质，采取不同的措施，引导其沿着健康的轨道前进，向着积极的方向发展。尽管一些社会思潮带有明显的阶级、政党和集团的烙印，但是，相当多的还是思想认识问题。而且，作为社会思潮，往往泥沙俱下，鱼龙混杂，是与非交织在一起。社会思潮的特性决定了处理它的办法只能是说理的方法和讨论的方法。是非要分清，道理要讲透，原则要坚持，方向要坚定。特别应注意严格区分思想认识问题、学术问题和政治问题的界限，坚持用不同的办法解决不同的问题。在疏导的过程中，坚持破中有立、立中有破的原则，大力弘扬时代主旋律，用积极健康的思想去引领多样化的社会思潮。同时，切实加强对思想理论阵地的管理，坚持在解放思想中统一思想，在加强管理中促进繁荣，有效防止思想理论上的噪声、杂音，消除各种错误思潮对经济社会发展和人们思想的消极影响，确保改革开放和社会主义现代化建设顺利进行。

当前，我国改革发展处于关键时期，各种社会问题和社会矛盾也处于集中显露时期，各种思潮层出不穷。特别是人们的社会价值观念日趋多样，正确的与错误的、先进的与落后的思想观念相互交织，思想理论领域的噪声、杂音时有出现，巩固马克思主义指导地位、用一元化指导思想引领多样化社会思潮、进一步加强社会心理引导的任务十分艰巨。建设社会主义核心价值体系，培育和弘扬社会主义核心价值观，就要充分发挥马克思主义的主导和引领作用。“主导”就是坚持和巩固马克思主义在意识形态领域的指导地位，唱响主旋律，掌握主动权，使马克思主义始终成为社会主义意识形态的旗帜和灵魂。“引领”就是坚持用马克思主义的立场、观点、方法分析社会思想的变化进程和不同性质，区别不同情况，采取不同措施，扬长避短，趋利避害，使多样化社会思想朝着健康的轨道发展。当前，我国社会生活发生了巨大变化。改革发展正处于关键时期，经济体制深刻变革，社会结构深刻变动，利益格局深刻调整，思想观念深刻变化。这种空前的社会变革，给社会思想意识带来了相应的变化，各种思想文化相互交织、相互激荡，人们的思想活动具有了更多的独立性、选择性、多变性和差异性，社会意识和社会价值观也呈现出日益多样化的趋势，影响社会和谐的各种矛盾问题都会反映到人们的思想上来，正确的与错误的、先进的与落后的、主流的与非主流的思想观念相互交织，辨别是非的难度加大。面对这些复杂情况，关键是要打牢我们自己的主心骨，最根本的就是要巩固和发展马克思主义的指导地位，不能被错误的思想所迷惑、所误导。只有这样，才能牢牢把握正确的前进方向，打牢全党全国人民团结奋斗的共同思想基础；才能抓住社会主义核心价值体系建设和社会主义核心价值观的根本，掌握马克思主义的指导权、主动权、话语权；才能在尊重差异、包容多样中主导、引领和整合多样化的社会思想，凝聚起全民族奋发向上的精神力量。

社会主义核心价值观充分体现了先进性与广泛性的统一，体现了理想性与现实性的统一，既反映了执政党的核心主张，又充分反映了我国社会各阶层、各群体的利益、愿望与要求，它能够最大限度地体现社会的多元诉求，因而具有强大的整合力和引领力，能够实现对社会思想的引领，能够成为联结各民族、各阶层的精神纽带；它为全体社会成员树立理想信念、确立价值追求、判断行为得失、作出道德选择提供了基本的价值准则和规范，既适应了社会主义市场经济发展的要求，又适应了社会主义先进文化建设的要求，反映了现阶段社会主义思想道德建设的要求，必然成为引领社会思想的主导力量。要在坚持社会主义核心价值体系的主导价值观地位、牢牢把握社会主义先进文化的前进方向这一前提下，尊重差异，包容多样，在尊重差异中扩大社会认同，在包容多样中增进思想共识，最大限度地形成共识、凝聚力量，齐心协力建设中国特色社会主义。必须坚持破中有立、立中有破的原则，用积极健康的思想引领多样化的社会思想，加强对各种社会思想的有效疏导，根据其不同性质采取不同的措施，引导其沿着健康的轨道前进、向着积极的方向发展。

（五）炼就“金刚不坏之身”

理想信念是灯塔，能给人以明确的人生方向和无穷力量。坚定理想信念，坚守共产党人精神追求，始终是共产党人安身立命的根本。对马克思主义的信仰，对社会主义和共产主义的信念，是共产党人的政治灵魂，是共产党人经受住任何考验的精神支柱。理想信念动摇是最危险的动摇。我们党是以共产主义远大理想和中国特色社会主义信念凝聚起来的马克思主义政党，对理想信念的不懈追求和执着坚守始终是我们党的优良传统和政治优势。

党的十八大报告指出：“对马克思主义的信仰，对社会主义和共产主义的信念，是共产党人的政治灵魂，是共产党人经受住任何考验的精神支柱。”理想信念是共产党人的灵魂和特质，是共产党人的精气神。是否拥有马克思主义的信仰和社会主义、共产主义的信念，是区别一个人是否从思想上入党的最重要的标志，是判断一个共产党人思想上是否纯洁的首要标准。

打铁先得自身硬。共产党人硬就硬在我们有着这个崇高的理想信念。理想信念看不见摸不着，但和人的才能、力量相比，它不能不占首位，它决定着人的价值观念、精神状况、作风行动，关系着党员和党组织的纯洁性、先进性，关系着党组织的凝聚力、战斗力，关系着党的执政能力。一句话，理想信念是我们的立身之本，理想信念的坚定，是根本的坚定。理想信念的动摇，则是根本的动摇。

习近平总书记明确提出，“革命理想高于天”，信仰的纯洁是根本的纯洁。这是结合保持共产党员先进性和纯洁性的要求而讲的，不仅对整个党组织的纯洁性来说是有意义的，而且对于党员个人的精神修养来说是十分确切的。思想是导向，是灵魂。如果共产党员思想不纯洁，理想信念不可能坚定，是非认识必然模糊，政治立场很容易动摇。习近平总书记在十八届中共中央政治局第一次集体学习时的讲话中指出：“理想信念就是共产党人精神上的‘钙’，没有理想信念，理想信念不坚定，精神上就会‘缺钙’，就会得‘软骨病’。现实生活中，一些党员、干部出这样那样的问题，说到底是信仰迷茫、精神迷失。”

在新的历史条件下，习近平总书记用“钙”作了生动而确切的比喻，阐述信仰对于人的精神大厦的支撑作用，加深了人们对信仰支撑作用的理解。把理想信念比作人体中的重要元素“钙”，它既形象地说明了理想信念对人的精神世界的决定性作用，在人的精神世界里也有一种“钙”，即理想信念，它左右人的灵魂，激发人的斗志，指导人的行动；同时，它又深刻而全面地概括了理想信念缺失的严重后果：最终“就可能导致政治上变质、经济上贪婪、道德上堕落、生活上腐化”。这是对现实中那些腐败分子共有教训的深刻总结。坚定的理想信念始终是党员干部站稳政治立场、抵御各种诱惑的决定性因素。执政党如果“缺钙”得了“软骨病”，必然导致亡党亡国；个人如果“缺钙”得了“软骨病”，必然招致身败名裂。而执政党乃至中华民族的命运又寄托在每一个个体特别是共产党员身上，因此，习近平总书记强调这个“高于天”的理想信念教育不仅要在党员干部中开展，而且还要面向全体共产党员开展。

共产党人要炼就“金刚不坏之身”，必须用科学理论武装头脑，不断培植自己的精神家园，切实解决好世界观、人生观、价值观这个“总开关”问题。

1. 用科学的理论武装头脑

理论是一个政党的精神旗帜，是一个国家和民族的发展指南。我们党是一个用科学理论孕育催生、用科学理论武装锤炼起来的新型政党，是一个重视理论创新和理论武装的党。加强干部理想信念教育，首先就要深入开展马克思列宁主义、毛泽东思想、邓小平理论、“三个代表”重要思想、科学发展观的教育，尤其要深入学习领会习近平总书记系列重要讲话精神。通过扎实深入的理论武装，使广大干部真正领会贯穿其中的立场观点方法，坚定对马克思主义的信仰，防止在西方宪政民主、“普世价值”“公民社会”等言论的鼓噪下迷失方向，防止在封建迷信和宗教的影响下失去自我。

马克思列宁主义揭示了人类社会历史发展的规律，它的基本原理是正确的，具有强大的生命力。中国共产党人追求的共产主义最高理想，只有在社会主义社会充分发展和高度发达的基础上才能实现。社会主义制度的发展和完善是一个长期的历史过程。坚持马克思列宁主义的基本原理，走中国人民自愿选择的适合中国国情的道路，中国的社会主义事业必将取得最终的胜利。

以毛泽东为主要代表的中国共产党人，把马克思列宁主义的基本原理同中国革命的具体实践结合起来，创立了毛泽东思想。毛泽东思想是马克思列宁主义在中国的运用和发展，是被实践证明了的关于中国革命和建设的正确的理论原则和经验总结，是中国共产党集体智慧的结晶。在毛泽东思想指引下，中国共产党领导全国各族人民，经过长期的反对帝国主义、封建主义、官僚资本主义的革命斗争，取得了新民主主义革命的胜利，建立了人民民主专政的中华人民共和国；新中国成立以后，顺利地进行了社会主义改造，完成了从新民主主义到社会主义的过渡，确立了社会主义基本制度，发展了社会主义的经济、政治和文化。

十一届三中全会以来，以邓小平为主要代表的中国共产党人，总结新中国成立以来正反两方面的经验，解放思想，实事求是，实现全党工作中心向经济建设的转移，实行改革开放，开辟了社会主义事业发展的新时期，逐步形成了建设中国特色社会主义的路线、方针、政策，阐明了在中国建设社会主义、巩固和发展社会主义的基本问题，创立了邓小平理论。邓小平理论是马克思列宁主义的基本原理同当代中国实践和时代特征相结合的产物，是毛泽东思想在新的历史条件下的继承和发展，是马克思主义在中国发展的新阶段，是当代中国的马克思主义，是中国共产党集体智慧的结晶，引导着我国社会主义现代化事业不断前进。

十三届四中全会以来，以江泽民同志为主要代表的中国共产党人，在建设中国特色社会主义的实践中，加深了对什么是社会主义、怎样建设社会主义和建设什么样的党、怎样建设党的认识，积累了治党治国新的宝贵经验，形成了“三个代表”重要思想。“三个代表”重要思想是对马克思列宁主义、毛泽东思想、邓小平理论的继承和发展，反映了当代世界和中国的发展变化对党和国家工作的新要求，是加强和改进党的建设、推进我国社会主义自我完善和发展的强大理论武器，是中国共产党集体智慧的结晶，是党必须长期坚持的指导思想。始终做到“三个代表”，是我们党的立党之本、执政之基、力量之源。

党的十六大以来，以胡锦涛同志为主要代表的中国共产党人，坚持以邓小平理论和“三个代表”重要思想为指导，根据新的发展要求，深刻认识和回答了新形势下实现什么样的发展、怎样发展等重大问题，形成了以人为本、全面协调可持续的科学发展观。科学发展观，是同马克思列宁主义、毛泽东思想、邓小平理论、“三个代表”重要思想既一脉相承又与时俱进的科学理论，是马克思主义关于发展的世界观和方法论的集中体现，是马克思主义中国化最新成果，是中国共产党集体智慧的结晶，是发展中国特色社会主义必须坚持和贯彻的指导思想。

党的十八大以来，以习近平同志为核心的党中央，深入贯彻党的十八大精神，高举中国特色社会主义伟大旗帜，以邓小平理论、“三个代表”重要思想、科学发展观为指导，统筹国内国际两个大局，统筹伟大事业伟大工程，以中国梦凝聚力量，以抓改革激发活力，以改作风振奋人心，励精图治、攻坚克难，带领全党全国各族人民取得新成就、形成新风气、开创新局面，得到了广大干部群众的衷心拥护和国际社会的高度评价。

在党的十八大以来治国理政新的实践中，习近平总书记发表了一系列重要讲话。讲话围绕坚持和发展中国特色社会主义、实现中华民族伟大复兴的中国梦，围绕推进经济建设、政治建设、文化建设、社会建设、生态文明建设，围绕推进国防和军队建设、祖国统一、外交工作等，围绕从严管党治党、全面提高党的建设科学化水平，提出许多富有创见的新思想新观点新论断新要求，深刻回答了新形势下党和国家发展的一系列重大理论和现实问题，深入阐释了党的十八大精神，进一步升华了我们党对中国特色社会主义规律和马克思主义执政党建设规律的认识。讲话内涵丰富、思想深邃、博大精深，是新一届中央领导集体执政理念、工作思路和信念意志的集中反映，是坚持和发展中国特色社会主义的最新理论成果，为我们在新的历史起点上实现新的奋斗目标提供了科学指南和基本遵循。

2. 明辨是非，增强道路自信，理论自信，制度自信，文化自信

2016 年 7 月 1 日，习近平总书记在庆祝中国共产党成立 95 周年大会上提出：“坚持不忘初心，继续前进，就是要坚持中国特色社会主义道路自信、理论自信、制度自信和文化自信”。“四个自信”的表述自此应运而生。“四个自信”，即道路自信、理论自信、制度自信和文化自信。其中，道路自信、理论自信、制度自信曾在 2012 年 11 月由时任中共中央总书记胡锦涛在十八大报告中作为“三个自信”提出。三个自信的提出明确了党和人民对中国特色社会主义的坚定信念。“四个自信”与“三个自信”相比增加了文化自信，体现了在中国特色社会主义的建设中文

化的重要性。“四个自信”也因此成为“三个自信”的坚实基础和持续保障。

道路自信是中华民族伟大复兴的根本力量。从鸦片战争开始，“灾难深重、国运衰微”的烙印就打在了中国近代历史上。此后的一系列变革与革命尽管给中国带来了各种各样的理念，但在一番热闹之后，历史依然徘徊于泥淖。走什么路？举什么旗？仍然是困扰中国人民的重要难题。社会主义道路成为共产党人要坚持的奋斗目标。新中国成立后，以毛泽东为核心的党的第一代领导集体进行了社会主义改造。在这期间，中国取得了巨大的成就，也走了许多不必要的弯路，国家富强、民主和谐的中国梦远未实现。此后，以邓小平为核心的党中央第二代领导集体从“什么是社会主义，怎样建设社会主义”的问题出发，否定封闭僵化的老路和资产阶级自由化的邪路，走出了一条改革开放的正确道路。党的十八大以来，以习近平同志为核心的党中央继续坚持走中国特色社会主义的道路，以党的基本路线作为国家的生命线、人民的幸福线。不断推进“两个一百年”奋斗目标的实现，使中华民族迎来了伟大复兴的光明前景。可以看出，中国特色社会主义道路不仅承载着几代中国人民的理想与探索，而且凝聚着亿万人的奋斗与牺牲。历史和现实都有力的证明：中国特色社会主义道路是实现中国社会主义现代化的必由之路，是实现中华民族伟大复兴的根本力量。

理论自信是中华民族伟大复兴的指导力量。理论源于实践又高于实践，并用来指导实践。社会主义革命以马克思主义为思想武器，它诞生于19世纪的德国，在经过各国的革命实践后被证明也适用于东方落后民族，因此为中国革命事业找到了出路。中国共产党以马克思主义为自身的指导理论绝不动摇，这实质上就体现了中国共产党在理论上的极大自信。此外，马克思主义虽开辟了通往真理的道路，但没有终结真理，它提供的是方法而不是教条。改革开放30余年来，中国共产党坚持把马克思主义基本原理与中国的具体实际相结合，不断推进马克思主义的中国化。从理论上讲，中国特色社会主义理论体系就是马克思主义中国化与时俱进的产物。这一产物适应中国的新情况，指引着中华民族向更加美好的未来前进。

制度自信是中华民族伟大复兴的保障力量。新中国成立以来，中国共产党领导和团结各族人民群众完成了社会主义革命，确立了社会主义制度，进行了社会主义建设，奠定了当代中国一切发展进步的制度基础。改革开放以来，中国共产党又团结带领各族人民，确立了中国特色社会主义制度。中国特色社会主义制度包括根本层面政治制度、基本层面政治制度、具体层面的制度以及中国特色社会主义法律体系。有了这些良好的制度设计，社会主义各项事业才得以平稳运行。当然，制度设计不可能一劳永逸，随着经济社会的发展，制度也会日益进步与完善，进而为中华民族的伟大复兴提供根本的保障力量。

文化自信是中华民族伟大复兴的精神力量。文化自信的力量源自拥有五千多年历史的中华民族优秀文化。从历史上看，中华文明延续千年从未中断，积淀了中华民族最核心的精神内涵，对维护中国团结统一的政治局面，巩固中国多民族和合一体的大家庭发挥了十分重要的作用。此外，革命文化是中国人民在特定历史时期，在长期革命的实践中形成的。在不同革命时期，培育了不同的革命文化，例如苏区精神、井冈山精神、长征精神、西柏坡精神等。这些文化激励着中国革命事业的进步，是保障中国革命胜利的精神支撑。最后，社会主义先进文化立足当代，以马克思主义指导思想为核心，是当代中国的新文化。它把社会主义核心价值观作为基础，弘扬以爱国主义为核心的民族精神和以改革开放为核心的时代精神，深化文化体制改革，促进文化产业的全面繁荣与发展。为实现中华民族伟大复兴的中国梦提供精神动力和智力支撑。

一个民族赖以生存和发展的力量源泉是民族的自信心。在庆祝中国共产党成立95周年大会上，习近平总书记提出了“四个自信”，第一次将坚持文化自信与坚持道路自信、理论自信、制度自信并置，“四个自信”的提出是中国共产党在治国理政上的理念创新，这对中国共产党在新时期坚定自身的信念，创造美好的生活，实现中华民族伟大复兴具有重大的理论和现实意义。

四、贯彻治国理政的主线

回望中国近代以来的历史脉络，我们可以清楚看到：开拓伟大事业，必须在不懈实践中准确判断大势；实现宏伟蓝图，必须科学制定符合人民愿望的行动纲领。

党的十八大后，中国将举什么旗，走什么路，坚持什么主义？万众瞩目。

2012 年 11 月 15 日，人民大会堂东大厅，新一届中央政治局常委同中外记者见面。习近平总书记庄严承诺：人民对美好生活的向往，就是我们的奋斗目标。要使我们党始终成为中国特色社会主义事业的坚强领导核心。

党的十八大以来，以习近平同志为核心的党中央审时度势，提出了一系列治国理政的新理念新思想新战略。这些“新”，是理解十八大以来中国治理、中国叙事、中国实践的重要密匙。说一千道一万，这些“新”归结为一点，都是为了坚持和发展中国特色社会主义，也对中国特色社会主义的坚持和发展。进一步讲，坚持和发展中国特色社会主义就是以习近平同志为核心的党中央治国理政的主线。

（一）中国特色社会主义“成长记”

中国特色社会主义有一个孕育、诞生和成长的过程。

以毛泽东为核心的党的第一代中央领导集体，为新时期开创中国特色社会主义提供了宝贵经验、理论准备、物质基础。以邓小平为核心的党的第二代中央领导集体，成功开创了中国特色社会主义。以江泽民同志为核心的党的第三代中央领导集体，成功把中国特色社会主义推向21世纪。新世纪新阶段，以胡锦涛同志为总书记的党中央，成功在新的历史起点上坚持和发展了中国特色社会主义。党的十八大以来，以习近平同志为核心的党中央治国理政新理念新思想新战略续写了中国特色社会主义的华丽篇章。

1. 改革开放前的探索与准备

新中国成立后，我们党在迅速医治战争创伤、恢复国民经济的基础上，不失时机提出了过渡时期总路线，顺利完成了由新民主主义革命向社会主义革命的转变。社会主义基本制度的确立，实现了中国历史上最深刻的社会变革，为当代中国一切发展进步奠定了根本政治前提和制度基础。

1956年，社会主义基本制度确立以后，如何在中国建设社会主义，是党面临的崭新课题。为找到一条适合中国情况的社会主义建设道路，我们党进行了艰苦探索。刚开始，我们只能学习苏联经验，但在实践中我们党很快就察觉到苏联模式的局限，提出要以苏为鉴，独立探索适合中国国情的社会主义建设道路。毛泽东发表的《论十大关系》《关于正确处理人民内部矛盾的问题》等重要著作，集中反映了我们党在这个时期对建设社会主义的新认识，也初步形成了把我国建设成为一个强大的社会主义国家的战略思想。

在后来的实践中，由于党在指导思想上“左”的错误，很多关于社会主义建设的正确思想没有得到贯彻落实，甚至发生了“文化大革命”那样的全局性、长时间的严重错误，使我们党在探索社会主义历程中遭到严重挫折。

尽管探索艰辛坎坷，但在此过程中形成的理论成果、取得的成就、积累的经验，为探索建设中国特色社会主义的道路奠定了坚实的理论和实践基础。

历史的长河静观时往往风平浪静，只有蓦然回首，才能体会它的波澜壮阔。

2. 改革开放后的开创与发展

在结束“文化大革命”，党和国家面临向何处去的重大历史关头，我们党顺应时代要求和人民期待，以巨大的政治勇气和理论勇气推进改革开放。1978 年召开的党的十一届三中全会，重新确立解放思想、实事求是的思想路线，作出了把党和国家工作重心转移到经济建设上来、实行改革开放的历史性决策，实现了具有深远意义的伟大转折。

1982 年 9 月 1 日至 11 日，中国共产党第十二次全国代表大会在北京隆重举行。邓小平在大会开幕词中，提出了“把马克思主义普遍真理同我国的具体实际结合起来，走自己的道路，建设有中国特色的社会主义”的崭新命题。

实际上，“中国特色的社会主义”这个说法在 1981 年 7 月邓小平会见著名武侠小说家、香港《明报》社长查良镛（金庸）先生时就提出来了。查良镛先生对邓小平一直非常敬佩。“文革”期间，邓小平被下放到江西农村，查良镛在《明报》上为邓小平打抱不平，强烈抨击“文革”的不合理。1981 年 7 月 18 日，邓小平以中共中央副主席的身份在人民大会堂单独会见了查良镛先生。在谈到社会主义建设问题时，邓小平问：“查先生，世界上有多少种社会主义？”查良镛先生说：“我想自从法国的傅立叶、圣西门，英国的欧文首先提出社会主义理论以来，世界上已有许多种社会主义。邓副主席，请您指教。”邓小平笑了笑说：“我看世界上的社会主义，总有 100 多种吧”，“没有定规么，中国要走中国特色的社会主义道路。”

党的十二大以后，“中国特色社会主义”这个基本命题就成为我们党和国家全部工作的主题，成为贯穿历次党代会报告的一条主线。从党的十三大到十八大，这六次党代会报告的总题目中都有“中国特色社会主义”这八个大字。

经过实践探索，邓小平第一次比较系统地初步回答了在中国这样的经济文化比较落后的国家如何建设社会主义、如何巩固和发展社会主义的一系列基本问题，创立了邓小平理论，成功开创了中国特色社会主义。

中国特色社会主义道路的成功开创，打开了我国社会主义现代化建设的新局面。党的十三届四中全会以后，以江泽民同志为核心的党的第三代中央领导集体，在国内外形势十分复杂、世界社会主义出现严重曲折的严峻考验面前捍卫了中国特色社会主义，形成了“三个代表”重要思想，成功把中国特色社会主义推向21世纪。新世纪新阶段，以胡锦涛同志为总书记的党中央，强调坚持以人为本、全面协调可持续发展，形成了科学发展观，成功在新的历史起点上坚持和发展了中国特色社会主义。

党的十八大以来，以习近平同志为核心的党中央，带领全国各族人民，既着眼于我们的鲜明特色和显著优势，又以发展的观点对待社会主义，不断有所发现、有所创造，不断丰富和推进中国特色社会主义，续写了中国特色社会主义的华丽篇章。

总之，在改革开放中建设中国特色社会主义，开创中国特色社会主义道路，成为我们党新时期全部理论和实践的主题。

3. 改革开放前后社会主义探索的关系

一切向前走，都不能忘记走过的路；走得再远、走到再光辉的未来，也不能忘记走过的过去。

我们党领导人民进行社会主义建设，经历改革开放前后两个历史时期。这是两个既相互联系又有重大区别的时期，本质上都是我们党领导人民进行社会主义建设的实践探索。

习近平总书记指出，如果没有1978年我们党果断作出进行改革开放的决定并坚定不移向前推进，社会主义中国就不可能有今天这样的大好局面。如果没有1949年建立新中国并进行社会主义革命和建设并积累了重要的思想、物质、制度条件和经验，改革开放也难以顺利推进；虽然这两个历史时期在进行社会主义建设的思想指导、方针政策、实际工作上有很大差别，但两者决不是彼此割裂的，更不是根本对立的。我们不能用今天的时代条件、发展水平、认识水平去要求前人，不能苛求前人干出只有后人才能干出的业绩来。不能用改革开放后的历史时期否定改革开放前的历史时期，也不能用改革开放前的历史时期否定改革开放后的历史时期。

马克思早就说过："人们自己创造自己的历史，但是他们并不是随心所欲地创造，并不是在他们自己选定的条件下创造，而是在直接碰到的、既定的、从过去承继下来的条件下创造。"[①] 正确认识改革开放前后两个历史时期的社会主义实践探索的关系，不只是一个如何认识历史问题，更主要的是一个政治问题。我们既不能割断历史，也不能虚无历史，而是要坚持做到社会主义革命和建设的成就决不能否定、改革开放和社会主义现代化建设的方向决不能动摇。

（二）中国特色社会主义"速画像"

理想有多远，就能走多远。视野有多大，发展空间就有多大。旗帜的作用在于力量整合，有了旗帜，就会有思想统一，就会有万众一心。中国特色社会主义，是中国共产党和中国人民团结的旗帜、奋进的旗帜、胜利的旗帜，是当代中国发展进步的根本方向。中国特色社会主义，是科学社会主义理论逻辑和中国社会发展历史逻辑的辩证统一，是近代以来中国社会发展的必然选择。中国特色社会主义有多个"侧面"，其内涵丰富，我们可以从其不同侧面来理解，来为其"画像"。

1. 中国特色社会主义的四大构件

2012 年 11 月 17 日，习近平总书记在主持十八届中央政治局第一次集体学习时强调，党的十八大阐明了中国特色社会主义道路、中国特色社会主义理论体系、中国特色社会主义制度的科学内涵及其相互联系，强调：中国特色社会主义道路是实现途径，中国特色社会主义理论体系是行动指南，中国特色社会主义制度是根本保障，三者统一于中国特色社会主义伟大实践。

2016 年 7 月，在庆祝中国共产党成立 95 周年大会上的讲话中，习近

---

① 《马克思恩格斯选集》第 1 卷，人民出版社 2012 年版，第 669 页。

平总书记进一步指出："全党要坚定道路自信、理论自信、制度自信、文化自信"，这就将"三个自信"拓展为"四个自信"。党的十八届六中全会明确提出："坚持中国特色社会主义道路、中国特色社会主义理论体系、中国特色社会主义制度、中国特色社会主义文化"。将中国特色社会主义文化纳入中国特色社会主义基本结构之中，拓展深化了中国特色社会主义基本内涵。由此我们认为，除了作为"当代中国发展进步的根本旗帜"以外，中国特色社会主义有四大构件，包括中国特色社会主义道路、中国特色社会主义理论体系、中国特色社会主义制度、中国特色社会主义文化。

第一，中国特色社会主义道路，就是在中国共产党领导下，立足基本国情，以经济建设为中心，坚持四项基本原则，坚持改革开放，解放和发展社会生产力，建设社会主义市场经济、社会主义民主政治、社会主义先进文化、社会主义和谐社会、社会主义生态文明，促进人的全面发展，逐步实现全体人民共同富裕，建设富强民主文明和谐的社会主义现代化国家。党的十八大报告中的这一表述，与党的十七大报告的相关表述相比较，引人注目地增加了三个内容：一是"社会主义生态文明"；二是"促进人的全面发展"；三是"逐步实现全体人民共同富裕"。

道路问题是关系党的事业兴衰成败第一位的问题，道路就是党的生命。中国特色社会主义道路，是实现我国社会主义现代化的必由之路，是创造人民美好生活的必由之路。中国特色社会主义道路，既坚持以经济建设为中心，又全面推进经济建设、政治建设、文化建设、社会建设、生态文明建设以及其他各方面建设；既坚持四项基本原则，又坚持改革开放；既不断解放和发展社会生产力，又逐步实现全体人民共同富裕、促进人的全面发展。

把坚持马克思主义基本原理同推进马克思主义中国化结合起来，把社会主义基本制度同发展市场经济结合起来，中国特色社会主义道路，不仅全面突破了传统社会主义模式，也破除了现代化的"西方想象"。这条道路既不是"传统的"，也不是"外来的"，更不是"西化的"，而是我们"独创的"，是一条人间正道。只有这条道路而没有别的道路，能够引领中国进步、实现人民福祉。

第二，中国特色社会主义理论体系，就是包括邓小平理论、“三个代表”重要思想、科学发展观等在内的科学理论体系，是对马克思列宁主义、毛泽东思想的坚持和发展。

理论的生命力，很大程度上取决于它能否成为一个时代的思想旗帜，中国特色社会主义理论体系依据我国改革开放和社会主义现代化建设的实际，系统回答了在中国这样一个发展中大国建设什么样的社会主义、怎样建设社会主义，建设什么样的党、怎样建设党，实现什么样的发展、怎样发展等一系列重大理论和实践问题，创造性地提出了一系列具有内在联系的基本理论、基本观点和基本方法，形成了一套完整的理论体系。

党的事业每一步发展都呼唤着理论创新，党的理论每一次创新都推动着党的事业进入一个新的天地。中国特色社会主义理论体系，是改革开放以来我们成功实践的理论结晶，也凝结着改革开放前我们实践探索的心血和成果。

第三，中国特色社会主义制度，就是人民代表大会制度的根本政治制度，中国共产党领导的多党合作和政治协商制度、民族区域自治制度以及基层群众自治制度等基本政治制度，中国特色社会主义法律体系，公有制为主体、多种所有制经济共同发展的基本经济制度，以及建立在这些制度基础上的经济体制、政治体制、文化体制、社会体制等各项具体制度。

中国特色社会主义制度，坚持把根本政治制度、基本政治制度同基本经济制度以及各方面体制机制等具体制度有机结合起来，坚持把国家层面民主制度同基层民主制度有机结合起来，坚持把党的领导、人民当家作主、依法治国有机结合起来，符合我国国情，集中体现了中国特色社会主义的特点和优势，是中国发展进步的根本制度保障。只有把中国特色社会主义理论、中国特色社会主义道路经验转化为中国特色社会主义制度，才能从根本上保障国家统一、民族团结、社会和谐，保障各族人民的根本利益，保障我们的事业胜利前进。

我们要坚持以实践基础上的理论创新推动制度创新，坚持和完善现有制度，从实际出发，及时制定一些新的制度，构建系统完备、科学规范、运行有效的制度体系，使各方面制度更加成熟更加定型，为夺取中国特色社会主义新胜利提供更加有效的制度保障。

第四，中国特色社会主义文化，是以马克思主义为指导，以培育有理想、有道德、有文化、有纪律的公民为目标，发展面向现代化、面向世界、面向未来的，民族的科学的大众的社会主义文化。中国特色社会主义文化是社会主义有机统一体中的重要组成部分，是社会主义的重要特征，是社会主义现代化建设的重要目标和保证，也是综合国力的重要标志。

习近平总书记指出，在5000多年文明发展中孕育的中华优秀传统文化，在党和人民伟大斗争中孕育的革命文化和社会主义先进文化，积淀着中华民族最深层的精神追求，代表着中华民族独特的精神标识。

因此，中国特色社会主义文化，以中华优秀传统文化为根基，以马克思主义为指导，以社会主义核心价值观为灵魂，以社会主义先进文化为主体内容和本质特征，吸收人类文明的优秀成果，是中华民族团结奋进的强大精神动力。

马克思曾经指出，社会生活中存在着两种生产力——物质方面的生产力和精神方面的生产力。没有文明的继承和发展，没有文化的弘扬和繁荣，就没有中华民族伟大复兴的中国梦的实现。

2. 中国特色社会主义的总依据、总布局和总任务

建设中国特色社会主义，总依据是社会主义初级阶段，总布局是五位一体，总任务是实现社会主义现代化和中华民族伟大复兴。

第一，关于中国特色社会主义的总依据。对基本国情和所处历史阶段的清醒判断认识，是提出科学理论、制定正确路线方针政策的基本依据。社会主义初级阶段具有两个层面的含义：从社会性质上说，我国已经是社会主义社会，具备了社会主义社会的基本特征，我国正在进行的社会主义各方面建设，必须坚持而不能离开社会主义社会这一方向；从发展阶段来讲，我国依然处于生产不发达、经济落后的初级阶段，在实

践中必须从初级阶段出发而不能超越这个阶段。“总依据”的提出，是对建设社会主义正反两方面经验的深刻总结，是对当代中国坚定不移地走中国特色社会主义道路的庄严昭示，是实现全面建成小康社会宏伟目标的根本保障。

强调总依据，是因为社会主义初级阶段是当代中国的最大国情、最大实际。我们在任何情况下都要牢牢把握这个最大国情，推进任何方面的改革发展都要牢牢立足这个最大实际。不仅在经济建设中要始终立足初级阶段，而且在政治建设、文化建设、社会建设、生态文明建设中也要始终牢记初级阶段；不仅在经济总量低时要立足初级阶段，而且在经济总量提高后仍然要牢记初级阶段；不仅在谋划长远发展时要立足初级阶段，而且在日常工作中也要牢记初级阶段。

第二，关于中国特色社会主义的总布局。改革开放初期，根据实践中出现的新问题，党中央明确提出，社会主义不但要有高度的物质文明，还要建设高度的精神文明，“两个文明”一起抓。1986 年，党的十二届六中全会首次提出以经济建设为中心，坚定不移地进行经济体制改革、坚定不移地进行政治体制改革、坚定不移地加强精神文明建设的总体布局，这一“三位一体”总体布局从党的十三大一直延续到十六大。党的十六届六中全会提出构建社会主义和谐社会的重大任务，总体布局拓展为“四位一体”，增加了社会建设。党的十八大提出生态文明建设。至此，总体布局又拓展为“五位一体”。

强调总布局，是因为中国特色社会主义是全面发展的社会主义。我们要牢牢抓好党执政兴国的第一要务，始终代表中国先进生产力的发展要求，坚持以经济建设为中心，在经济不断发展的基础上，协调推进政治建设、文化建设、社会建设、生态文明建设以及其他各方面建设。这是我们党对社会主义建设规律在实践和认识上不断深化的重要成果。我们要按照这个总布局，促进现代化建设各方面相协调，促进生产关系与生产力、上层建筑与经济基础相协调。

第三，关于中国特色社会主义的总任务。建设中国特色社会主义，总任务是实现社会主义现代化和中华民族伟大复兴。在中国共产党成立一百年时全面建成小康社会，在新中国成立一百年时建成富强民主文明和谐的社会主义现代化国家。

强调总任务，是因为实现民族复兴、国家富强、人民幸福，这是中国共产党建党立党、治国理政的根本任务，也是各族人民的历史愿望。按照现代化建设“三步走”的战略部署，建设富强民主文明和谐的社会主义现代化国家，是我们党和国家在整个社会主义初级阶段的奋斗目标。我们党的庄严使命、改革开放的根本目的、我们国家的奋斗目标，都聚焦于这个总任务、归结于这个总任务。我们要紧紧扭住这个总任务，一代一代锲而不舍干下去。

牢牢把握建设中国特色社会主义的总任务，关键是要始终坚持党的基本路线。党在社会主义初级阶段的基本路线，是我们党深刻总结社会主义建设经验教训得出的科学结论。党的基本路线的核心是“一个中心”“两个基本点”，它对于我们实现社会主义现代化和中华民族伟大复兴具有至关重要的意义。

（三）理解中国社会主义特色的“四维度”

一个国家，只有正确认识自己的历史，才能在现实奔腾的浪潮中把握方向；一个民族，只有正确理解自己的道路，才能在不断的社会变革中走向进步。

中国特色社会主义“特”在哪里？中国具有独特的文化传统、独特的历史命运、独特的基本国情，注定了中国发展必然走适合自己特点的道路。中国特色社会主义特就特在其道路、理论体系、制度、文化的内在联系上，特就特在这四者统一于中国特色社会主义伟大实践上。中国特色社会主义的“特色”，主要包括实践特色、理论特色、民族特色、时代特色。我们理解中国特色社会主义的“特色”，可以从以下四个维度。

1. 价值维度

任何一条科学的社会发展道路，或者说任何一条符合人类社会发展规律、发展趋势和发展潮流的道路，必然既具有真理性，又具有价值性，必须以人为本，以最广大人民群众的根本利益为价值追求。

近代中国，山河破碎，民生凋敝。在太平天国、洋务运动、戊戌变法、辛亥革命和各种各样的主义救亡图存失败后，毛泽东得出结论说："绝对的自由主义、无政府主义，以及德莫克拉西主义，依我现在之看法，都只认为理论上说得好听，事实上是做不到的。"几十年后，英国元帅蒙哥马利 1960 年访问中国后这样说："毛泽东的哲学非常简单，就是人民起决定作用。"

中国特色社会主义是一条社会主义的而非别的什么道路。历史之所以最终选择了马克思主义、选择了中国共产党，就在于马克思主义是代表最广大人民群众根本利益的思想体系，是真理性与价值性相统一的思想理论。中国共产党成立后，从我国新民主主义革命追求的"独立、自由、民主、统一、富强"的建国目标，到中华人民共和国成立后提出实现"四个现代化"，再到"建设富强民主文明和谐的社会主义现代化国家"的奋斗目标；从"为人民服务"，到"三个有利于"，再到"三个代表"重要思想；从我们党提出"立党为公、执政为民"的执政理念，到"人民对美好生活的向往，就是我们的奋斗目标"，以人为本、执政为民是检验党一切执政活动的最高标准，都深刻地体现了中国特色社会主义道路选择的价值维度。

我们党 90 多年来之所以得到人民拥护和支持，从根本上说，就是因为能代表中国最广大人民根本利益，就是坚持群众是真正的英雄，尊重人民首创精神，最广泛动员和组织人民投身到党领导的伟大事业中来。

可以说，没有始终如一的坚定选择，没有来自于人民、植根于人民、服务于人民的坚定信念，就不可能于无光的暗夜中开辟出一条崭新的道路，就不可能创造与过去全然不同的历史，就不可能把中国人民的自由幸福推向一个前所未有的高度。在前进征途上，只要我们党始终坚持人民利益高于一切，紧紧依靠人民，就能永远立于不败之地。

2. 国情维度

马克思说，极为相似的事情，但在不同的历史环境中出现就引起完全不同的结果。

五千年的文明古国、百余年的屈辱历史、六十多年的沧桑巨变……过去和现在，如何集合那万千点滴，在百转千回中汇成一个民族顽强生长的脉络？

中国特色社会主义的理论与实践，浓缩了1840年以来中华民族的辛酸史、血泪史、抗争史，浓缩了中国共产党成立近百年来的探索史、奋斗史、创造史。中国特色社会主义之所以能在中国结出硕果，在于它深刻地体现了历史的选择、人民的选择，是近代以来中国历史发展的必然抉择。

中国具有悠久的历史、深厚的文化，具有连续的古老文明。这样一个国家要实现现代化，具有无可比拟的优势，也有不可避免的包袱。中国古老文明的要素，意味着有着深厚文化传统，有着丰厚历史资源，但同时又贫穷落后，这是中华民族实现现代化与其他国家的最大差别。我们发展中国特色社会主义，正是正视我国发展面临的这种艰巨任务和复杂格局，正视我国发展面临的严峻挑战和深层矛盾，深入发掘建设中国特色社会主义的历史文化资源和五千年文明优势，并在此基础上把马克思主义基本原理同中国实际和时代特征结合起来，独立自主选择的结果。

因此，我们在推进任何方面的改革发展都要牢牢立足社会主义初级阶段这个最大实际，不断深化对中国特色社会主义道路国情要素的认识，深化对中国特色社会主义的规律性认识。

比如，我们搞改革开放，是社会主义的自我发展和自我完善；我们发展市场经济，是社会主义的市场经济，而不是资本主义的市场经济。不同的道路，必然导致不同的结果。我们绝不能丢弃马克思主义指导思想和科学社会主义基本原理，丢弃了就不是社会主义。

3. 世界维度

“世界潮流，浩浩荡荡，顺之则昌，逆之则亡。”中国特色社会主义建设，本质上是对中国现代化道路的探索，又是对西方现代化的超越。这是从西方发达国家现代化道路中不断取其精华去其糟粕，从中国现代化历程中不断总结经验的过程。

近现代以来，随着世界历史的迅速推进，实现一个民族和国家的现代化，是一个国家走向民族独立和国家富强的必然选择，是人类社会发展不可阻挡的历史潮流。尽管直至今日，人们对现代化的具体内涵还有不同认识，但从农业社会向工业社会转变，从传统社会向现代社会转变，是不同民族、不同国家、不同地区的共同目标，是社会历史进程中不可逆转的世界潮流。

和其他国家一样，我国的现代化，必然要经历一个工业化、信息化、城镇化，以及整个国家现代化的进程。我们党在新民主主义革命时期就提出了“实现工业化”的奋斗目标，新中国成立后又提出了实现“四个现代化”的奋斗目标，改革开放后进一步提出了“建设社会主义现代化强国”的奋斗目标，党的十八大更加全面地提出了“坚持走中国特色新型工业化、信息化、城镇化、农业现代化道路”，既积极顺应了现代化发展的潮流和一般规律，又体现了我国实现现代化的特殊规律。

坚定不移走中国特色社会主义道路既是我们深刻的历史经验总结，也反映了当代世界各国的经验教训。苏联解体、东欧剧变，是传统僵化的社会主义的悲剧。

与社会主义的苏联模式相比，中国社会主义的特色表现在，在经济体制上，苏联为政府集中管理经济和配置资源的行政命令体制，中国实行社会主义市场经济体制；与苏联模式高度集权和集中的政治体制不同，中国特色社会主义实行社会主义民主和法治，不断健全民主制度，丰富民主形式，拓宽民主渠道，建设社会主义法治国家；不同于苏联模式的文化专制体制，中国特色社会主义采取在坚持马克思主义主流意识形态前提下保证文化多样性发展的体制；在社会体制上，不同于苏联模式的垄断控制体制，中国大力开展社会建设，培育和规范各类社会组织，构建有利于社会和谐的管理与运行机制。

中国共产党坚持从中国国情出发，既不走封闭僵化的老路，也不走改旗易帜的邪路，历经挫折而确立的中国特色社会主义，不仅开辟了国家富强、人民幸福的发展大道，而且日益在世界上展示其巨大优越性。

应该说，这是一条世界上独一无二的现代化道路。

在世界的横轴上，古老的中国在全球化时代逐渐确立起了自身的坐标。因此，坚定不移地走中国特色社会主义道路，不仅是实现民族复兴、人民幸福的历史要求，也必然是对人类文明进步的独特而巨大的贡献。

4. 实践维度

一个国家实行什么样的主义，关键要看这个主义能否解决这个国家面临的历史性课题。在中华民族积贫积弱、任人宰割的时期，各种主义和思潮“你方唱罢我登场”，但都没能解决中国的前途和命运问题，是马克思列宁主义、毛泽东思想引导中国人民走出了漫漫长夜、建立了新中国，是中国特色社会主义使中国快速发展起来了。

歌德说，奇迹是信仰最宠爱的孩子。在实践中，20 世纪 80 年代以来，我们适时启动和加快对外开放进程，改变了过去的封闭发展格局；让一部分人和一部分地区先富起来和先发展起来，形成了差异化、差序化的发展格局；适时推动社会部门与公共部门的建设，社会领域迅速发展并开始承担社会整合和维护社会公平职能的局面；逐渐从外延式、粗放式发展向内涵式、集约式发展转变，经济发展开始更多地依赖于技术进步和劳动生产率的提高。

终于，我国经济实力、综合国力大幅提升，人民生活显著改善，国际地位空前提高，目前经济总量跃居世界第二，成功实现从低收入国家向中等收入国家的跨越。

这样的实践、这样的巨变，在人类发展史上都是罕见的。实践雄辩地证明：中国特色社会主义这条路，走得通、走得对、走得好。

可以说，中国人民在中国共产党的带领下，演绎了民族史册上自强不息的传奇。我们用实干、苦干加巧干，将近代以来的苦难和落后、几代人的迷茫和彷徨，甩进了历史的烟尘中。

总之，我们国家在改革开放和社会主义现代化建设新时期能够快速发展，人民生活能够明显改善，综合国力和国际影响力能够显著提高，最根本的是我们始终坚持走中国特色社会主义。这已经成为全党和全国人民的共识。

（四）继续写好这篇“大文章”

责任重于泰山，事业任重道远。中国特色社会主义是不断发展、不断前进的，需要一代又一代中国共产党人带领人民接续奋斗。习近平总书记指出：“坚持和发展中国特色社会主义是一篇大文章，邓小平同志为它确定了基本思路和基本原则，以江泽民同志为核心的党的第三代中央领导集体、以胡锦涛同志为总书记的党中央在这篇大文章上都写下了精彩的篇章。现在，我们这一代共产党人的任务，就是继续把这篇大文章写下去。”① 这是以习近平同志为核心的党中央作出的庄严宣示。

1. 坚持和完善理论体系

没有科学的理论，就没有科学的实践。中国特色社会主义理论体系是坚持和发展中国特色社会主义的行动指南，是指导改革开放伟大实践的强大思想武器，回答了人类文明发展的一般规律、社会主义发展的一般规律和共产党执政的规律，是马克思主义与中国具体实践结合的理论结晶。

中国特色社会主义理论体系是在改革开放近 40 年的接力探索中开创、形成和发展起来的，深刻体现了我们党为解决时代提出的新课题、科学认识和正确应对国际国内形势发展变化的理论思考。

坚持以中国特色社会主义理论体系为指导，一个很重要的问题就是要坚持社会主义初级阶段理论和党的基本路线。要客观地正确地认识我国现阶段的发展水平，牢牢立足社会主义初级阶段这个最大实际。党的基本路线就是依据这样的基本国情得出的最根本的理论判断，坚持中国特色社会主义的根本方向，最重要的就是始终坚持党在社会主义初级阶

---

① 习近平：《在新进中央委员会的委员、候补委学习贯彻党的十八大精神研讨班开班式上的讲话》（2013 年 1 月 5 日）。

段的基本路线不动摇。

党的十八大以来，以习近平同志为核心的党中央高举中国特色社会主义旗帜，强调“不忘初心”，坚持社会主义的本质。针对有些人把中国特色社会主义误解为是有中国特色的资本主义、国家资本主义、权贵资本主义，习近平总书记强调指出：科学社会主义基本原则不能丢，丢了就不是社会主义。习近平总书记在经济、政治、文化、社会等领域，旗帜鲜明地强调要坚持科学社会主义的基本原则：在经济领域，强调要坚持公有制地位不能动摇，必须走共同富裕道路，必须坚持马克思主义政治经济学的基本原理和方法论；在政治领域，强调坚持中国共产党的领导地位和马克思主义的指导地位不能动摇；在文化领域，强调要坚守社会主义核心价值观；在社会领域，强调要注重保障民生，使人民共享社会发展成果。

坚持和完善中国特色社会主义理论体系，马克思列宁主义、毛泽东思想一定不能丢，丢了就丧失根本。同时，我们一定要以我国改革开放和现代化建设的实际问题、以我们正在做的事情为中心，着眼于马克思主义理论的运用，着眼于对实际问题的理论思考，着眼于新的实践和新的发展，不断推动中国特色社会主义理论体系向前发展。

2. 解决好道路上的热点难点问题

走什么样的路，关乎党的命脉，关乎国家前途、民族命运、人民幸福。中国特色社会主义道路是中华民族崛起、人民幸福的必由之路。政治学家约瑟夫·奈认为，“中国的经济增长不仅让发展中国家获益巨大……更重要的是将来，中国倡导的政治价值观、社会发展模式和对外政策，会进一步在世界公众中产生共鸣和影响力”。

我们不走封闭僵化的老路，也不走改旗易帜的邪路，只有坚定不移走中国特色社会主义道路，才能为中国力量开拓更为广阔的发展前景，才能团结带领全党和全国各族人民，汇聚起万众一心、众志成城的强大合力，跨越“中等收入陷阱”之困，全面建成小康社会、实现民族伟大复兴。

近40年来，我们用改革的办法解决党和国家事业发展中的一系列问题，坚持和发展了中国特色社会主义。今天，国际国内环境发生了巨大变化，党和国家面对问题的规模和解决的难度一点也不比改革开放之初小。只有解决好我们面临的各种新问题，才能继续将中国特色社会主义伟大事业推向前进。否则，就可能导致中国特色社会主义停滞不前，甚至会导致过去多年改革的成就前功尽弃。概括起来说，我们需要着力解决的主要是发展和公正两大问题。

发展是硬道理，这是社会主义必须坚持的一条根本要求。这些年，人民群众对我们走的这条道路很赞成，其中一个重要原因就是生产发展了、人民生活水平提高了。我国是拥有13亿多人口的发展中大国，仍处于并将长期处于社会主义初级阶段，发展仍是解决所有问题的关键。

公平正义，是中国共产党的一贯主张，是中国特色社会主义的内在要求。当前，公平正义问题已经成为当前中国社会诸多矛盾的交汇点，成为广大群众关注度很高的问题。为此，必须大力解放和发展生产力，把蛋糕做大，为实现更高层次的公平正义创造坚实的物质基础；必须加紧建设对社会公平正义具有重大作用的制度，逐步建立以权利公平、机会公平、规则公平为主要内容的社会公平保障体系，让每个人都享有梦想成真的可能；必须坚持完善按劳分配为主体、多种分配方式并存的分配制度，解决好收入差距过大的问题。

3. 在完善制度上下工夫

经过新中国成立60多年特别是改革开放近40年的不懈探索，中国特色社会主义制度集中体现了中国特色社会主义的特点和优势，但还不够完善，必须随着党和国家事业发展而不断完善。

党的十八大强调，要把制度建设摆在突出位置，充分发挥我国社会主义政治制度优越性。2014年2月，习近平总书记在省部级主要领导干部学习贯彻党的十八届三中全会精神全面深化改革专题研讨班上指出："邓小平同志在南方谈话中说：'恐怕再有三十年的时间，我们才会在各方面形成一整套更加成熟、更加定型的制度。在这个制度下的方针、政策，也将更加定型化。’”

要坚持中国特色社会主义制度建设方向不动摇，坚持把根本政治制度、基本政治制度同基本经济制度以及各方面体制机制等具体制度有机结合起来，坚持把国家层面民主制度同基层民主制度有机结合起来，坚持把党的领导、人民当家作主、依法治国有机结合起来。

要坚持改革的社会主义方向，推进社会主义制度自我完善和发展。党的十八届三中全会提出了完善和发展中国特色社会主义制度、推进国家治理体系和治理能力现代化的全面深化改革的总目标，并提出了推进各领域体制改革的具体目标，即：紧紧围绕使市场在资源配置中起决定性作用深化经济体制改革；紧紧围绕坚持党的领导、人民当家作主、依法治国有机统一深化政治体制改革；紧紧围绕建设社会主义核心价值体系、社会主义文化强国深化文化体制改革；紧紧围绕更好保障和改善民生、促进社会公平正义深化社会体制改革；紧紧围绕建设美丽中国深化生态文明体制改革；紧紧围绕提高科学执政、民主执政、依法执政水平深化党的建设制度改革。上述六个领域体制改革的战略目标、战略重点和主攻方向，为我们党完善中国特色社会主义制度、不断优化治国理政体系指明了方向。

4. 充分发挥文化巨能量

文化是一个民族的精神高地、价值体系、科学创造，流通于民族和人民的血脉之中，是构成国家软实力的核心。新形势下，要更加充分发挥中国特色社会主义文化的巨能量，提供走好新的长征路的强大精神力量。

建设中国特色社会主义文化，必须坚定“四个自信”。我们对中国特色社会主义的自信，来源于实践、来源于人民、来源于真理。习近平总书记指出：“当今世界，要说哪个政党、哪个国家、哪个民族能够自信的话，那中国共产党、中华人民共和国、中华民族是最有理由自信的。”要在深入把握中国特色社会主义科学性和真理性的基础上，坚定道路自信、理论自信、制度自信、文化自信，敢于战胜前进道路上的一切困难和挑战，不断开创中国特色社会主义事业新局面，不断交出坚持和发展中国特色社会主义的合格答卷。

建设中国特色社会主义文化，必须繁荣发展哲学社会科学。在中国特色社会主义文化领域，哲学社会科学具有基础性统领性贯通性的作用，它为文化建设提供理论论证、决策支撑、方法工具。进入21世纪的人类世界，建设中国特色社会主义，实现“两个一百年”奋斗目标和中华民族伟大复兴的中国梦，新的历史条件下党领导的治国理政，等等，这些具有无比丰富多样性、深刻复杂性、变革创新性的历史进程和社会实践，都更加迫切需要思想导航、理论支持、精神激励、决策论证、方法革新，也就是更加迫切需要与民族复兴由大向强相协调的哲学社会科学复兴。

建设中国特色社会主义文化，必须坚持“二为”方向和“双百”方针。坚持“二为”方向，是社会主义本质对文化建设的内在要求，是社会主义文化建设必须担当的社会责任，必须坚持文化发展源于人民、为了人民、属于人民，坚持文化建设服务于整个社会主义事业，服务于社会主义的巩固和发展。坚持“双百”方针，有利于营造一种生动活泼、民主团结、宽松和谐的学术氛围，促进学术研究中不同观点的自由讨论，促进艺术创作中不同风格的自由发展，使广大文艺工作者的一切才华都有展示舞台，一切创造都有实现空间，一切贡献都能得到社会尊重，最大限度地焕发创新激情和创造活力。

建设中国特色社会主义文化，必须继续大力推进文化体制改革，推动社会主义文化大发展大繁荣。一切妨碍文化发展的思想观念都要坚决冲破，一切束缚文化发展的做法和规定都要坚决改变，一切影响文化发展的体制弊端都要坚决革除。

先秦诸子、汉唐气象、宋明风韵……五千年文脉涵养出泱泱中华。早在19世纪，马克思便预言：在各国经济走向世界经济的过程中，文化生产也将走向世界性。我们乐见，一种伟大的文化历经盛衰荣辱的磨难，在复兴之路上正扬帆起航。

5. 确保党始终成为伟大事业的坚强领导核心

改革开放近40年来，我们党永不停滞的开拓创新，启动了改革开放的新时代，带动了经济、政治、文化、社会各个领域相应的变革，最后各种因素形成合力，共同塑造了我国现代化波澜壮阔的画卷。

可以说，中国特色社会主义是党在新时期的理论主题和实践主题，党的领导是中国特色社会主义最本质特征和中国特色社会主义制度最重要优势。新形势下，我们要继续努力，确保党始终成为中国特色社会主义事业的坚强领导核心。

毫无疑问，伴随着中国的崛起，今天的中国共产党已经成为世界关注的一个焦点，对它的钦佩、赞誉、惊叹固然不胜枚举，对它的怀疑、担忧、攻击也时有耳闻。当前，我们加强和改进党的建设面临“四大考验”“四种危险”，落实党要管党、从严治党的任务比以往任何时候都更为繁重更为紧迫，要全面从严治党，把纪律和规矩挺在前面；全党要坚定理想信念，坚守共产党人精神追求，坚定对马克思主义的信仰，对社会主义和共产主义的信念，矢志不渝为实现中国特色社会主义共同理想和共产主义远大理想而奋斗；要密切党群、干群关系，保持同人民群众的血肉联系；反对腐败、建设廉洁政治，保持党的肌体健康，要旗帜鲜明地反对腐败，坚持“老虎”和“苍蝇”一起打，做到科学有效地防治腐败，努力实现干部清正、政府清廉、政治清明，永葆共产党人清正廉洁的政治本色。

“多少事，从来急；天地转，光阴迫。一万年太久，只争朝夕。”形势的发展、事业的开拓、人民的期待，都要求我们不断提高党的领导水平和执政水平、提高拒腐防变和抵御风险能力，使我们党在世界形势深刻变化的历史进程中始终走在时代前列，在应对国内外各种风险和考验的历史进程中始终成为全国人民的主心骨，在坚持和发展中国特色社会主义的历史进程中始终成为坚强领导核心。

“历尽天华成此景，人间万事出艰辛”。过去，我们照搬过本本，也模仿过别人，有过迷茫，也有过挫折。中国特色社会主义，不是从天上掉下来的，而是中国共产党人带领全国各族人民在不懈探索和艰苦奋斗中一步一个脚印踏出来的。我们要虚心学习借鉴人类社会创造的一切文明成果，但不能数典忘祖，不能照抄照搬别国的发展模式。中国特色社会主义这条道儿，我们看准了、认定了，必须坚定不移走下去，不为任何风险所惧，不为任何干扰所惑，真正做到“千磨万击还坚劲，任尔东西南北风”。

五、经略中国

“先谋于局，后谋于略，略从局出”，是中华民族进行战略谋划的一个优良传统。党的十八大以来，以习近平同志为核心的党中央抓大事、议大事、干大事，经略中国，统筹推进“五位一体”总体布局，协调推进“四个全面”战略布局，取得了令人瞩目的重大进展，胜利完成“十二五”规划所确定的主要目标和重大任务，指标完成率为历次五年规划最高。从国际视角看，中国经济实力、科技实力、国防实力、国际影响力，特别是综合国力又上了一个大台阶。开辟了治国理政新境界，开创了党和国家事业发展新局面。

（一）统筹推进“五位一体”总体布局

1. 经济建设取得巨大成就

党的十八大以来，在世界经济深度调整、增长低迷，全球贸易持续低迷、逆全球化更加明显（指进出口商品服务占 GDP 比重持续下降），主要经济体走势分化的大背景下，以习近平同志为核心的党中央牢牢把握经济发展主动权，主动适应经济发展新常态，妥善应对重大风险挑战，保持经济运行总体平稳，实现中高速增长，迈向中高端水平，经济建设取得了世所瞩目的成就。

（1）保持战略定力和战略眼光，中国经济实现中高速。

党的十八大以来，我国经济处于“三期叠加”和深层次矛盾凸显阶段，面临结构调整压力、资源环境约束压力、支撑增长的需求乏力等因素，潜在增长速度下降。面对“速度情结”和“换挡焦虑”，党中央始终以战略的平常心，在保持经济平稳运行的情况下，坚持不懈地推动经济发展提质增效升级，先后创新实施区间调控、定向调控和相机调控，努力做到调速不减势，量增质更优。

——2016 年提前实现 GDP 翻两番的目标，中国 GDP 占世界总量比重从 2010 年的 13.95% 提高至 2015 年的 17.19%，提高了 3.24 个百分点，平均每年提高 0.65 个百分点。

——中国进出口商品与服务额占世界总量比重从 2010 年的 7.98% 提高至 2015 年的 10.67%，在美国之后排第二位。如果仅算进出口商品贸易额，中国已经于 2013 年超过美国居世界第一位，对世界经济复苏作出重要贡献。

美国《时代》周刊评论说：“中国经济增速在放慢，但是增长水平仍然让所有发达国家艳羡。”

（2）明确发展大逻辑，中国经济迈向中高端。

党的十八大之后，2014 年中央经济工作会议提出，认识新常态，适应新常态，引领新常态，是当前和今后一个时期我国经济发展的大逻辑。2015 年中央经济工作会议又提出，推进供给侧结构性改革，是适应和引领经济发展新常态的重大创新，是适应我国经济发展新常态的必然要求。从经济新常态到供给侧改革，再到创新、协调、绿色、开放、共享的发展理念，党中央坚持用新理念破解发展难题，开创发展新局面。

——“十二五”期间，我国第三产业占国内生产总值比重超过第二产业，最终消费对经济增长的贡献率明显上升，信息消费、电子商务、物流快递等蓬勃发展。

——“十二五”期间，我国以区域发展总体战略为基础，推进“一带一路”建设、京津冀协同发展、长江经济带建设，为经济保持中高速增长培育了广阔的区域发展新空间。

（3）结构转型升级，打赢攻坚之役。

党的十八大以来，从东部率先企稳向好到中西部爬坡过坎，结构调整棋局正在华夏大地上展开；从高技术产业蓬勃发展到服务业走势强劲，结构调整不断激发新动力、打造新引擎；从简政放权到商事制度改革，中国经济土壤正在发生质的变化。中国经济结构调整取得重大进展。面对中国经济发展进入新常态的特点，中央及时确立供给侧结构性改革，作为今后发展的主线。

——中国已经提前实现2020年基本工业化目标，从工业主导时代进入服务业主导时代（这一转变，是迈向发达经济体的重要特征）：居民消费率明显提高（从2010年的35.9%提高至2015年的38.5%，平均每年提高0.52个百分点）；第三产业增加值比重超过了50%，年均提高1.26个百分点，也超过了第二产业比重（40.5%）。

——城乡居民收入持续上升，且相对差距不断缩小，从2010年的3.23倍缩小至2015年的2.73倍；各地区人均GDP持续上升，且差异系数持续缩小，从2010年的50.6%缩小至2015年的43.0%，是新中国成立以来最低的；全国居民收入基尼系数持续下降，从2010年的0.481下降至2015年的0.462，年平均趋同化为0.80%。

上述指标都提前实现了党的十六大报告提出的到2020年“工农差别、城乡差别和地区差别扩大的趋势逐步扭转”的目标，也为全面建成惠及十几亿人口的小康社会奠定了重要基础。

（4）开放融合，大格局赢得新空间。

党的十八大以来，我国统筹国内国际两个大局、两个市场和两种资源，打造横贯东中西、联结南北方的对外经济走廊，努力培育国际合作和竞争新优势，把“一带一路”战略作为开放的总抓手和新引擎，助推我国外向型经济水平稳步提升。

——“十二五”期间，我国货物出口年均增长6.5%，占全球份额从2010年的10.4%提升到2015年的约13.2%，明显快于全球主要经济体；

——“十二五”期间，我国累计实际使用外资预计达到6200亿美元，比“十一五”期间增长30%以上，第三产业实际利用外资占比提高到60%以上；

——截至2015年底，我国与“一带一路”相关国家贸易额约占进出口总额的四分之一，投资建设了50多个境外经贸合作区，承包工程项目突破3000个。

商务部部长高虎城说："我国已经成为名副其实的经贸大国，正在稳步迈向经贸强国。"①

2015年12月23日，匈牙利至塞尔维亚铁路塞尔维亚段正式启动，这一铁路项目由中国铁路总公司牵头组成的中国企业联合体承建，中国铁路走出去取得又一重大成果。就在这一年，中泰铁路、雅万高铁等全部采用中国技术、中国标准、中国装备的境外铁路项目纷纷启动，中国对外开放竞争的新优势正在生成。

党的十八大以来，我国装备制造业持续快速发展，产业规模、技术水平和国际竞争力大幅提升，国际产能和装备制造合作步伐加快，集群式、抱团式走出去增多，涌现了一批大型投资合作项目。"十二五"前4年，我国制造业对外投资累计达324.9亿美元，占同期对外投资总额的8.3%，海外装备制造企业达到2000余家。

更为重要的是，在亚太经合组织、二十国集团、联合国、金砖国家峰会、中非合作论坛等国际舞台，随着一个个中国方案、中国建议的提出，世界看待中国经济的态度发生质变，中国成为推动全球经济治理的重要力量。

2. 政治建设稳步推进

党的十八大以来，新一届党中央政治局领导集体坚持顶层设计和具体实践相结合，充分发挥社会主义政治制度的优越性，积极借鉴人类政治文明有益成果，把制度建设摆在突出的位置，坚持和完善人民代表大会制度、社会主义协商民主制度，完善中国特色社会主义法律体系，维护社会公平正义，各方面制度更加成熟、更加定型，国家治理体系和治理能力现代化取得重大进展，社会主义民主的制度创新、制度质量、制度优势、制度竞争力和影响力日益凸显，中国特色社会主义政治发展道

① 赵超：《治国理政新实践新成就行稳致远，驶向新航程——党的十八大以来我国经济发展成就综述》，《人民日报》2016年1月31日。

路越走越宽广。

（1）健全民主制度，丰富民主形式。

2013年，全国两会。2987名“同票同权”选举出的十二届全国人大代表开始履行代表的神圣职责。首次实行城乡按相同人口比例选举人大代表是十二届全国人大代表选举的最大特点。在十二届全国人大代表中，来自一线的工人和农民代表达到401名，占代表总数的13.4%，比上届增长5%；而党政领导干部代表比例则进一步降低了近7个百分点。

党的十八大报告指出，要支持和保证人民通过人民代表大会行使国家权力，这是加强社会主义民主政治建设的根本任务，也是推进政治体制改革的迫切要求。专题询问国家财政科技资金分配与使用情况，开展对义务教育法、行政复议法等一系列法律的执法检查，加强人大预算决议监督听取财政部通报……

党的十八大以来，全国人大及其常委会依法行使立法、监督、决定、任免等职权，加强了对“一府两院”的监督，充分发挥国家权力机关的重要作用。

（2）在建立健全选举民主制度的同时，我国协商民主也得到发展。

全国政协通过定期邀请各界别委员座谈交流，听取意见和建议，让座谈会成为沟通思想、增进共识、协调关系、凝心聚力的协商平台。有关专家指出，把中国特色选举民主同社会主义协商民主相结合，将有利于健全民主制度、丰富民主形式，扩大社会主义民主，发展社会主义政治文明，为实现最广泛的人民民主确立正确方向。

（3）群众参与基层事务管理和监督成为必然。

在贵州省凤冈县，2353个村民小组成立了“民主议事会”。“民主议事会”围绕群众的“自己事”，形成了相关的意见、建议6000余条，其中实施了4000余条，1000多起矛盾被化解在基层。

基层民主直接关系到广大人民群众的切身权利，是民主政治的基础。党的十八大报告指出，要健全基层党组织领导的充满活力的基层群众自治机制，扩大有序参与，更多地吸收城乡居民参与基层事务的管理。

党的十八大以来，通过基层党组织领导的基层群众自治机制，人民群众直接行使民主权利，在城乡社区治理、基层公共事务和公益事业中依法自我管理、自我服务、自我教育、自我监督，并对干部实行民主监督。人民群众在基层事务中以制度化的方式参与到管理和监督中，已经成为必然的发展态势。

（4）民主法治进步为社会发展提供良好法制环境。

法治是发展社会主义政治文明的重要标志。党的十八大以来，立法机关完善科学立法、执法机关推进依法行政、司法机关坚持公正司法，建设社会主义法治国家的步伐不断加快。

修改立法法、职业教育法、食品安全法、大气污染防治法、预算法、红十字会法……2013 年 10 月 30 日，全国人大常委会立法工作会上，十二届全国人大常委会任期内拟提请审议的 47 件立法项目公之于众。

3. 文化建设

文化是民族的血脉，是人民的精神家园。党的十八大以来，以习近平同志为核心的党中央高度重视文化建设，坚持社会主义先进文化前进方向，树立高度的文化自觉和文化自信，对文化改革发展作出一系列重要论述，提出许多新思想、新观点、新要求。各地各有关部门认真贯彻中央部署，全面深化文化体制改革，始终坚持把社会效益放在首位，创新公共文化服务运行机制，为中国梦凝聚起强大的精神文化力量。

（1）“两个效益”统一：把牢社会主义先进文化前进方向。

习近平总书记指出：“在推进文化体制改革、繁荣发展文化事业和文化产业的过程中，要把握好意识形态属性和产业属性、社会效益和经济效益的关系，始终坚持社会主义先进文化前进方向，始终把社会效益放在首位。无论改什么、怎么改，导向不能改，阵地不能丢。”“一部好的作品，应该是把社会效益放在首位，同时也应该是社会效益和经济效益相统一的作品。文艺不能当市场的奴隶，不要沾满了铜臭气。”①

2015 年 9 月，中办、国办印发了《关于推动国有文化企业把社会效

① 李慧：《迈向社会主义文化强国——十八大以来文化建设和文化体制改革综述》，《光明日报》2016 年 1 月 5 日。

益放在首位、实现社会效益和经济效益相统一的指导意见》，把实现"双效统一"作为制度固化于企业发展过程中，为形成体现文化企业特点、符合现代企业制度要求的资产组织形式和经营管理模式奠定了坚实基础。

（2）全面深化文化体制改革：激发全民族文化创造活力。

伴随2016年的新年钟声，2015年全国电影票房出炉：440.69亿元，同比增幅高达48.7%，是2011年以来票房涨幅最大的一年。电影市场繁荣的背后，是不断深化的文化体制改革，是文化市场活力的全面释放，是全民族文化创造力的持续高涨。

党的十八大以来，以习近平同志为核心的党中央对文化体制改革的重视前所未有，文化体制改革的战略部署前所未有。开展以简政放权为最大特点的新一轮改革，加快转变文化行政部门职能，使市场在资源配置中起决定性作用和更好发挥政府作用；不断建立健全文化市场体系，鼓励各类市场主体公平竞争、优胜劣汰，促进文化资源在全国范围内流动；不断深化文化金融合作，文化企业跨地区、跨行业、跨所有制并购重组持续升温，文化产业迎来了资本市场的春天。

5年来，全民族的文化创造活力全面迸发。文化产业占GDP的比重从2010年的2.75%升至2014年的3.76%，在成为国民经济支柱性产业道路上迈出坚实步伐；体育、旅游、影视动漫等产业异军突起，2015年旅游产业对GDP综合贡献超10%；2016年，文化企业并购166起，并购规模近1500亿元，同比增长50%……

一个个数字浓缩着中国人日益丰富的精神文化生活。作为国民经济新的增长点，文化产业正为转方式、调结构增添亮色。

（3）创新公共文化服务：更广更好地惠及人民群众。

党的十八大以来，以习近平同志为核心的党中央对完善公共文化服务体系的部署紧锣密鼓。十八大提出要加快推进文化惠民工程，推动公共文化服务设施向社会免费开放；十八届三中全会提出"建立健全现代公共文化服务体系"；十八届四中全会提出，要制定公共文化服务保障法；2015年初，中办、国办印发《关于加快构建现代公共文化服务体系的意见》，对现代公共文化服务体系建设进行了顶层设计。

在这些精神指引下，各地以标准化、均等化为目标，坚持政府主导、重心下移、共建共享。5 年来，“文化民生”风生水起，日益完善的公共文化服务体系正在更广更深地惠及人民群众。内蒙古实施“数字文化走进蒙古包”工程，惠及农牧民 10 万余人；安徽“农民文化乐园”根据群众意愿，统一采购文艺演出送到村；浙江建成农村文化礼堂 3000 多家，打造农村文化综合体……近年来各地公共文化服务体系建设的新景象，正是党中央创新公共文化服务体系和模式的生动写照。

2015 年，广播节目综合人口覆盖率达到 98.17%；电视节目综合人口覆盖率达到 98.77%，有线电视实际用户达到 2.36 亿户，占全国家庭总户数的 54.6%；电视制作时间达到 352 万小时；全国电影银幕达到 3.16 万块，居世界第二位，电影票房收入达到 441 亿元，居世界第二位；全国图书总数已高达 47.6 万种，新出版 26.0 万种，总印数达 86.6 亿册；期刊超过 1 万种，总印数达 28.8 亿册；报纸达到 1906 种，总印数达 430 亿份；全国公共图书馆、文化馆（站）、博物馆服务人次达到近 20 亿；2016 年我国文化及其相关产业增加值达到 2.39 万亿元，占 GDP 比重约 3.76%。上述数据都显示了中国正在不断加强文化建设、文化创新、文化繁荣，正在成为社会主义文化强国，比以往任何时候都更具文化自觉、文化自信、文化自强。

4. 社会建设取得突出成就

党的十八大报告中指出：“加强社会建设，是社会和谐稳定的重要保证。”民生，是人民安居乐业的基础；平安，是社会发展繁荣的保障。在经济快速发展的同时，社会建设“短板”现象凸显，成为中国“现代化瓶颈”之一。

党的十八大以来，党和政府从维护最广大人民根本利益的高度，加快健全基本公共服务体系，加强和创新社会管理，推动社会主义和谐社会建设，在改善民生和创新管理中加快社会体制改革，社会建设步伐明显提速。

（1）民生问题无小事，一枝一叶总关情。

党的十八大以来，在经济下行压力加大的情况下，党中央坚持民生优先，从百姓最关心、最直接、最现实的问题改起，统筹经济社会发展，加快推进社会体制改革，把工作着力点放在解决群众医疗、教育、户籍、社会保障等人民群众最关心最直接最现实的利益问题上，民生事业持续改善，民生保障网越织越牢。

五年稳扎稳打，民生福祉大幅提升。“十二五”期间，国家财政的“钱袋子”更多向民生倾斜，公共服务体系基本建立、覆盖面持续扩大，城镇新增就业4500万人的目标提前完成，城乡居民人均可支配收入以年均9.5%的增速跑赢国内生产总值增幅，全国农村累积减贫5000余万人，相当于一个中等国家的人口总量。城镇保障性安居工程建设和棚户区改造有力推进。全国城镇保障性安居工程累计建成超过1800万套。人民生活水平和质量加快提高，向人民交出了一份暖心的民生成绩单。

（2）夯实民生基础推进改革。

党的十八大以来，国家统一了城乡居民基本养老保险制度，提高“新农合”筹资水平，全面启动机关事业单位养老保险制度改革，覆盖城乡居民的社会保障体系不断健全，保障水平稳步提高。

四川内江市东兴区杨家镇王家庵村村民周立新，不久前第一次以农民身份办理了企业职工养老保险。周立新说：“以前由于户籍的限制，只能参加新型农村养老保险。这下好了，以后能多拿不少钱。”像周立新一样，现在内江市的很多农民都受益于内江市今年实施的统筹城乡养老保险方案。这个方案打破了户籍壁垒，让城乡养老开始并轨。

（3）管理寓于服务化解矛盾。

浙江宁波市海曙区不久前开通了“81890”公共服务平台，56个党政机关部门参与，800多家服务企业加盟，无偿为市民提供全天候、全方位、全程式信息服务，把千家万户居民的服务需求与成百上千服务主体有机对接起来。

从加强和创新社会管理入手，从源头上满足群众需求，尽可能防止和减少社会矛盾、社会问题产生，才能使社会更加和谐。

江苏淮安市在“阳光信访”系统中设立人民建议征集功能，常州市戚墅堰区建成集“网格化管理、信息化运作、集约化服务”为一体的特殊人群服务管理中心，吉林省的综治协管员、为民服务代办员达3.8万多人……有了“千里眼、顺风耳”，职能部门也从“被动服从”转变为“积极参与”，从“推着跑”变成“主动靠”。

打造综合社会服务管理平台，培育综合性社会组织，构建矛盾纠纷“大调解”工作体系，利用互联网、微博、微信搭建民意沟通新渠道……一大批服务群众、突出实效的经验成果不断涌现。

管理寓于服务之中。社会管理把“服务”放在第一位，通过完善的服务体系实现社会管理功能。目前，党委领导、政府负责、社会协同、公众参与、法治保障的社会管理体制正在进一步形成。

5. 生态文明建设取得显著成效

“我们既要绿水青山，也要金山银山。”“绿水青山就是金山银山。”党的十八大以来，以习近平同志为核心的党中央，从中国特色社会主义事业“五位一体”总布局的战略高度，从实现中华民族伟大复兴中国梦的历史维度，大力推进生态文明建设，引领中华民族永续发展。

（1）密集推出生态文明建设的顶层设计与战略部署。

“不谋万世者，不足谋一时”。面对环境污染严重、生态系统退化、资源约束趋紧的严峻形势，以习近平同志为核心的党中央遵循发展规律，顺应人民期待，彰显执政担当，将建设生态文明、推进绿色发展视为关系人民福祉、关乎民族未来的长远大计，融入治国理政宏伟蓝图。十八届三中全会提出加快建立系统完整的生态文明制度体系；十八届四中全会要求用严格的法律制度保护生态环境。十八届五中全会，提出“五大发展理念”，将绿色发展作为“十三五”乃至更长时期经济社会发展的一个重要理念，成为党关于生态文明建设、社会主义现代化建设规律性认识的最新成果。2015年5月，中共中央、国务院发布《关于加快推进生态文明建设的意见》，这是继党的十八大和十八届三中、四中全会对生态文明建设作出顶层设计后，中央对生态文明建设的一次全面部署。《意见》首次提出"绿色化"概念，并将其与新型工业化、城镇化、信息化、农业现代化并列，赋予了生态文明建设新的内涵，明确了建设美丽中国的实践路径。2015 年 9 月，《生态文明体制改革总体方案》印发，明确提出到 2010 年，构建起由自然资源资产产权制度等八项制度构成的生态文明制度体系，推进生态文明领域国家治理体系和治理能力现代化，努力走向社会主义生态文明新时代。这些顶层设计与战略部署，超越和扬弃了旧的发展方式和发展模式，生态文明、绿色发展日益成为人们的共识，引领社会各界形成新的发展观、政绩观和新的生产生活方式。

（2）实行最严格的制度、更严厉的法治，为生态文明建设提供可靠保障。

党的十八大以来，一系列法律、法规、政策、措施陆续发布实施，重拳出击，为绿色发展"保驾护航"。

政绩考核，去除"GDP 紧箍咒"，清晰地指向绿色低碳。十八届三中全会明确要求"纠正单纯以经济增长速度评定政绩的偏向"。2013 年中组部印发《关于改进地方党政领导班子和领导干部政绩考核工作的通知》，规定各类考核考察不能仅仅把地区生产总值及增长率作为政绩评价的主要指标，要求加大资源消耗、环境保护等指标的权重。2015 年出台的《党政领导干部生态环境损害责任追究办法（试行）》，强调显性责任即时惩戒，隐性责任终身追究，让各级领导干部耳畔警钟长鸣。

2015 年元旦开始实施的新《环保法》被誉为"史上最严"。"公益诉讼""按日计罚""查封扣押"等撒手锏，成为沉重打击环境违法者的有力武器。

2015 年 1 月 21 日，备受关注的江苏泰州"天价"环境公益诉讼案尘埃落定。最高人民法院裁定驳回泰州一家企业的再审申请，被告企业被要求赔偿环境修复费用 1.6 亿余元的审判结果维持不变。社会各界拍手称快：新《环保法》确实有钢牙利齿！

据环保部统计，到 2015 年 11 月底，全国实施按日连续处罚案件 611 件，实施查封、扣押案件 3697 件，实施限产、停产案件 2511 件；环保与司法部门通力合作，移送涉嫌环境污染犯罪案件 1478 件。

（3）持之以恒、久久为功。

“小康全面不全面，生态环境质量是关键。”党的十八大以来，我们党贯彻落实创新、协调、绿色、开放、共享的发展理念，持之以恒地推进生态文明建设，取得了显著成效。主要污染物持续减少，“十二五”规划提出的4项主要污染物排放量下降约束性指标全部超额完成，其中，化学需氧量减少量完成率为161.3%，二氧化硫为225.0%，氨氮为130.0%，氮氧化合物为186.0%，已经实现了经济增长与主要污染物排放的彻底脱钩；我国单位GDP二氧化碳排放量下降了20%，完成率为117.6%，碳排放增长率迅速下降，从2011年的8.0%下降至2014年的0.18%，且提前达到碳排放高峰，2015年首次出现负增长，为-0.1%。森林发展取得重要进展，开展大规模国土绿化行动，“十二五”时期，我国森林覆盖率从20.36%提高至21.66%，森林面积达到2.08亿公顷，人工林面积继续居世界首位，森林蓄积量达到151亿立方米，超额完成原定143亿立方米目标。生态主体功能区逐步健全，国家实施《大气污染防治行动计划》（“大气十条”）、《水污染防治行动计划》（“水十条”）、《土壤污染防治行动计划》（“土十条”），开展前所未有的环境治理，这是中国绿色发展取得重大进展的最好时期。[①]

（二）协调推进“四个全面”战略布局

党的十八大以来，以习近平同志为核心的党中央从坚持和发展中国特色社会主义全局出发，立足中国发展实际，坚持问题导向，逐步形成并积极推进全面建成小康社会、全面深化改革、全面依法治国、全面从严治党的战略布局。“四个全面”战略布局，确立了新的历史条件下党和国家各项工作的战略目标和战略举措，是我们党在新形势下治国理政的总方略，是事关党和国家长远发展的总战略，为实现“两个一百年”奋斗目标、实现中华民族伟大复兴的中国梦提供了重要保障。

---

① 刘毅、孙秀艳：《党的十八大以来加强生态文明建设述评》，《人民日报》2016年2月15日。

1. 全面建成小康社会

小康，是一个充满传统文化色彩的概念。

"民亦劳止，汔可小康。"小康一词出自《诗经》，其意为老百姓终日劳作不止，最大的希望就是过上小康的生活。几千年，中国人盼小康、奔小康的梦想从未停止。

改革开放之初，邓小平首先用小康来诠释中国式现代化，明确提出到20世纪末"在中国建立一个小康社会"的奋斗目标。在全党全国各族人民努力下，这个目标在20世纪末如期实现，人民生活总体上达到了小康水平。

在这个基础上，党的十六大提出21世纪头20年全面建设惠及十几亿人口的更高水平的小康社会的奋斗目标。我们党扭住这个奋斗目标，一茬接着一茬干，一棒接着一棒跑，全面建设小康社会取得了显著成绩。

党的十八大以来，以习近平同志为核心的党中央围绕全面建成小康社会提出了一系列新思想、新论断、新要求，准确把握当代中国实际，科学回答了全面建成小康社会面临的诸多重大问题。

"最艰巨最繁重的任务在农村、特别是在贫困地区""小康不小康，关键看老乡""一个民族都不能少""不能丢了农村这一头""决不能让一个苏区老区掉队"……这一系列论断，充分体现了我们党把13亿多人全部带入全面小康的坚定决心。

（1）经济保持中高速增长。

党的十八大以来，在经济发展进入新常态的背景下，我们党认识、适应、引领经济发展新常态，加快转变经济发展方式，使主要经济指标平衡协调，发展空间格局得到优化，投资效率和企业效率明显上升，工业化和信息化融合发展水平进一步提高，产业迈向中高端水平，先进制造业加快发展，新产业新业态不断成长，服务业比重进一步上升，消费对经济增长贡献明显加大，促进经济转型升级、迈向中高端水平。

（2）人民生活水平和质量普遍提高。

立国之道，惟在富民。党的十八大以来，我国在经济平稳增长基础上，不断提高居民收入，健全就业、教育、文化、社保、医疗、住房等公共服务体系，着力解决群众最关心最直接最现实的利益问题，人民有更多的获得感。

（3）国民素质和社会文明程度显著提高。

党的十八大以来，我们党在抓好物质文明建设的同时，大力加强精神文明建设，让中国梦和社会主义核心价值观更加深入人心，爱国主义、集体主义、社会主义思想广泛弘扬，向上向善、诚信互助的社会风尚更加浓厚，人民思想道德素质、科学文化素质、健康素质明显提高，全社会法治意识不断增强，公共文化服务体系基本建成，文化产业成为国民经济支柱性产业，中华文化影响持续扩大。

（4）生态环境质量总体改善。

党的十八大以来，我们党针对当前依然严峻的生态环境形势，把生态环境质量总体改善作为重要目标大力度加以推进，推动形成绿色发展方式和生活方式，大幅提高能源资源开发利用效率，有效控制能源和水资源消耗、建设用地、碳排放总量，大幅减少主要污染物排放总量，基本形成主体功能区布局和生态安全屏障。

（5）各方面制度更加成熟更加定型。

党的十八大以来，按照以习近平同志为核心的党中央的战略规划，我们党通过全面深化改革、进一步扩大开放，革除体制机制弊端，使国家治理体系和治理能力现代化取得重大进展，各领域基础性制度体系基本形成，各方面制度更加成熟更加定型。

2. 全面深化改革

在“四个全面”战略布局中，全面建成小康社会是战略目标，全面深化改革、全面依法治国、全面从严治党是战略举措。其中，全面深化改革位列三大战略举措之首，是落实“四个全面”的强大动力和关键一招。改革开放是当代中国最鲜明的特征。党的十八大以来，党中央站在全局和历史的高度，明确了全面深化改革的战略布局，形成了全面深化改革的重要战略思想。一系列重点领域改革有序推进、成效显著，经济增长潜能有序释放，发展空间更加广阔。

（1）从最期盼的领域，最突出的问题入手全面深化改革。

革除沉疴，从发展最突出的问题改起；冲破藩篱，从群众最期盼的领域改起。这样的价值排序，让全社会感受到实实在在的成果，最大限度凝聚改革正能量。

党的十八届三中全会之前，一位意大利专栏作家撰文写道："中国目前正处在一个邓小平在 1978 年末中共十一届三中全会召开时所面临的那种十字路口"，"习近平可能是几十年来面临最严峻挑战的一位中国领导人"。

从过剩产能的关停与转型，到油价、药价、水价的"新价格闯关"；从"跑断腿"的办事流程、"我妈是我妈"的奇葩证明，到 5000 多万贫困人口，改革可谓"正入万山圈子里，一山放过一山拦"。从哪里入手、在哪里切入，考验着改革智慧，更体现着价值排序。

"改革是由问题倒逼而产生，又在不断解决问题中而深化"；

"善于从群众关注的焦点、百姓生活的难点中寻找改革切入点"；

"改革要从群众最期盼的领域改起，从制约经济社会发展最突出的问题改起"……党中央规划的改革路径，可谓思路明确、逻辑清晰。

（2）以理论创新为指引，以制度创新为保障全面深化改革。

党的十八大以来的近 5 年时间里，全面深化改革行动之迅速、态度之果敢，"让国内外大吃一惊"；步子之大、效果之实，也打消了很多人的观望犹疑。从中央到地方，从东南沿海到西部内陆，从中心城市到广大乡村，中国的改革于爬坡过坎中闯关夺隘，于激流险滩中奋楫向前。

2016 年 7 月 28 日下午 3 点，许多人的手机响起，各个新闻客户端陆续推来相同的消息——出租车改革和网约车新政方案出台，明确"网约车合法"。6000 多条社会建议、数十次论证会议、七部门联合立法……中国用了 280 多个日夜，以极其耐心的良性互动，破解出租车领域的世界性难题，成为全球第一个全面承认网约车合法化的国家。中国人的出行方式，迎来新技术、新制度造就的新改善。

利益协调之难、措施谋划之细，出租车改革，仅仅是中国改革一个小小的切面。

（3）“让人民群众有更多获得感”全面深化改革。

有这样一幅漫画，描绘当前中国的改革：不同群体各执一端，进行着一场多方角力的拔河，而绳子的交汇点上，系着“改革共识”的小旗。的确，与改革大幕初启时相比，本轮改革有着更为复杂的语境。如果说过去30多年的改革是“帕累托改进”，绝大多数人能从中受益；那么，今天的改革已成为“卡尔多改进”，利益增进和利益调整并存，难免经历阵痛、面临矛盾。

人们的改革期待，水涨船高。钱包鼓了，对“分配不公”的关注就更多了；吃饱穿暖了，对生活质量的要求就更高了；有学上了，对教育资源不均衡现状的不满日益凸显；能自由流动了，打破城乡和城市之间户籍壁垒的呼声愈发迫切……这是过去改革的成果，也是未来改革的方向。

公众的利益诉求，多元多样。涨不涨价、征不征税，基于同样的事实，不同群体往往得出截然相反的结论；市容要整洁，小贩要生计，市民要便利，城管改革共识难求；经济发展调结构、去产能，但如果企业关门、员工下岗，必然影响一部分人的生活与发展……这是改革的方程式，也是改革的必答题。

中流击水，唯勇者进。党的十八大以来，全面深化改革再出发。从启动之年的全面播种、次第开花，到关键之年的全面发力、纵深推进，再到攻坚之年的多点突破、协调平衡……以习近平同志为核心的党中央夯基垒台、立柱架梁，开出一剂剂破除顽瘴痼疾的良方，驾驭和引领着全面深化改革的航程。

“让人民群众有更多获得感”；

“给人民群众带来实实在在的获得感”。

“让人民群众不断有获得感”……随着一系列具有标志性、关键性、引领性的改革措施落地生根，公众的“获得感”，民生的“升级版”，给新一轮“改革赶考”打出了高分。

这是保障利益的“获得感”。户籍制度改革、公立医院改革、城乡养老并轨、"全面二孩"、加大农村教育投入、打破"一考定终身"……惠及民生的改革举措密集出台、强势推进，看得见、摸得着的变化，让百姓感受到实实在在的好处。就业计划任务年年超额完成，居民收入增速稳稳跑赢 GDP，3 项医保覆盖超过 13 亿人口，保障性安居工程总开工量达到 3915 万套……每一个数字背后，都是发展出题目、改革做文章。

这是激发活力的"获得感"。从"零门槛"注册公司到"三证合一、一照一码"，商事制度改革让今年上半年全国新设市场主体 783.8 万户，同比增长 13.2%，平均每天新登记 4 万户，其中企业 1.4 万户；"政府购买服务"、PPP（政府和社会资本合作模式）等热词不断涌现，政府借力市场弥补养老、医疗等公共服务缺口，满足百姓需求与提供发展空间，共赢格局初显……各项改革，激发了蕴藏于人民之中的改革伟力，让一切活力竞相迸发。①

3. 全面推进依法治国

党的十八大以来，以习近平为核心的党中央努力发展社会主义民主，积极建设社会主义法治，加快落实依法治国基本方略，不断提高依法执政能力水平，全面推进科学立法、严格执法、公正司法、全民守法进程，以宪法为核心的中国特色社会主义法律体系不断完善，法治政府建设加快进行，司法体制改革稳步推进，全社会法治观念明显增强。为在新的历史条件下完善和发展中国特色社会主义制度、协调推进"四个全面"战略布局奠定坚实基础、提供重要保障。

运用法治思维和法治方式深化改革、推动发展，是我国长期探索形成的治国方略和强国战略。党的十八大以来，新一届党中央全面推进这一方略，对依法治国进行全面系统的顶层设计。党的十八届四中全会决定对依法治国的重大理论和实践问题作出思考和安排，针对诸多现实问题提出富有改革创新精神的新观点新举措，为国家富强奠定了法律层面的框架基础。

---

① 姜赟、张铁、杨健：《十八大以来全面深化改革：给公众带来满满"获得感"》，《人民日报》2016 年 10 月 7 日。

要实现经济发展、政治清明、文化昌盛、社会和谐、生态良好，必须秉持法律这个准绳、用好法治这个方式，把党和国家工作纳入法治化轨道，努力实现各项工作法治化。从宣示“任何人都没有法律之外的绝对权力”，到强调“努力让人民群众在每一个司法案件中都能感受到公平正义”；从提出“把权力关进制度的笼子里”，到要求“领导干部要做尊法学法守法用法的模范”……党的十八大以来，以习近平同志为核心的党中央崇尚法治、践行法治，形成一系列建设法治中国的新理念，把全面依法治国纳入“四个全面”战略布局，为当代中国发展进步找到了有效方式，有力指导推进了国家治理体系和治理能力现代化。

（1）在新的起点上，法治建设的格局清晰成型。

完备的法律规范体系、高效的法治实施体系、严密的法治监督体系、有力的法治保障体系和完善的党内法规体系，“五大体系”共同构筑起法治体系这一法治建设“骨架”。

“五大体系”是一个有机统一的整体——法律规范体系是前提和基础，法律实施体系是生命，法治监督体系是关键，法治保障体系是屏障，党内法规体系是核心。坚持依法治国、依法执政、依法行政共同推进，坚持法治国家、法治政府、法治社会一体建设……法治领域各项工作协调开展、同频共振。一批良法、善法密集出台，科学民主立法成果丰硕；法治政府建设路径明晰、开局稳健，促进执法水平持续提升；司法体制改革深入推进，司法的公正、权威为更多人所感知；牢牢抓住领导干部这一“关键少数”，推动遵法守法日益成为全民共同行动……

（2）依法治国各个环节改革创新、攻坚克难。

系统推进依法治国的布局，深刻揭示了全面依法治国的规律。在一个共产党领导下的处于社会主义初级阶段的大国，法治建设不可能是局部的，也不可能是单方面的，党、国家、社会在法治建设方面要相互作用、相互促进。

（3）在新的起点上，法治信仰的基石更加牢固。

党的十八大以来，民生立法步伐加快，消费者权益保护法、行政诉讼法、环境保护法、大气污染防治法、立法法、安全生产法、广告法、食品安全法等多部法律得到修改。立法工作也更加注重公众参与，法律草案、重大决定按照法定程序向社会公布征求意见，同时注重通过听证会、网站信息公布、微博微信平台等多种形式调动公众参与的积极性。

劳动保障、婚姻家庭、食品药品、教育医疗等多个民生领域得到依法治理，群众合法权益得到更严密的维护和保障，法治观念进一步深入人心；呼格案、陈满案等一批冤错案依法得到纠正，法治力量进一步彰显；一大批基层矛盾纠纷纳入法治轨道并妥善解决，“办事依法、遇事找法、解决问题用法、化解矛盾靠法”的氛围进一步形成；社会信用体系建设步伐不断加快，全社会厉行法治、诚信守法的积极性主动性进一步增强……

4. 全面推进从严治党

从严治党是党始终坚持的一大优良传统，也是党做好一切工作的重要保障。党的十八大以来，以习近平同志为核心的党中央，围绕“打铁还需自身硬”的庄严承诺，以作风建设为突破口，以党的群众路线教育实践活动为抓手，以反腐倡廉为动力，紧紧围绕全面从严治党这个主线，科学回答了“怎样管好党、治好党”这一时代主题，开辟了马克思主义政党学说中国化的新境界。

作为强国征程上的领导力量，党的队伍的强弱、境界的高低、能力的大小直接关系征程成败。党的十八大以来，以习近平同志为核心的新一届党中央大力加强党的建设，全面从严治党，上任伊始就制定实施了八项规定，同时扎实开展党的群众路线教育实践活动和“三严三实”专题教育。《纪律处分条例》和《廉洁自律准则》的印发，更为广大党员领导干部从正反两方面树立了看得见、摸得着的行为标尺。

党的十八大以来，新一届党中央优化党的干部工作，进一步完善干部选拔和考核机制。《党政领导干部选拔任用工作条例》（2014 年修订版）着重破解“GDP 决定论”“带病提拔”“能上不能下”等问题。《干部教育培训工作条例》集中整治超职数配备、“裸官”、申报材料不实、干部档案造假等突出问题。

党的十八大以来，新一届党中央加强反腐倡廉建设，强化党委（党组）主体责任和纪委（纪检组）监督责任，依纪依法严惩腐败。上百名副省级及以上官员被查处，周永康、薄熙来、令计划、徐才厚、苏荣等被惩办。其中，巡视工作发挥重要作用。修订后的《巡视工作条例》为该项工作提供了确实可行的制度支撑。

党的十八大以来，新一届党中央集中清理党内法规，制定党内法规建设规划。截至2014年11月，322件中央党内法规和规范性文件被废止、369件被宣布失效，继续有效的487件中42件需适时修改。党内法规和规范性文件集中清理工作全部完成。《中央党内法规制定工作五年规划纲要（2013—2017年）》，更是第一次提出党内法规制定工作的五年规划，这些正一步步优化着强国路上的坚强领导队伍。

十八届六中全会修订的《关于新形势下党内政治生活的若干准则》和《中国共产党党内监督条例》，明确要求中央政治局、中央政治局常委会定期研究部署在全党开展学习教育，使党内教育活动常态化。在全面从严治党的路上，作风建设和反腐败交织进行，无论作风建设，还是反腐败，新一届中央都意识到，光“一阵风”肯定不行。党的十八大之后，作为从严治党的一个手段，中央加大“建章立制”的力度，将一些习惯性做法上升到党内“制度”加以固化。

2015年10月，中共中央印发了《中国共产党廉洁自律准则》，明确了道德高线，强调要把严守政治纪律和政治规矩永远排在首要位置。同样是在2015年10月，中共中央政治局审议通过了《中国共产党纪律处分条例》，开列“负面清单”，划出了党组织和党员不可触碰的硬杠杠，树立了纪律底线。这份《中国共产党纪律处分条例》，将十八大以来严明政治纪律和政治规矩等从严治党的实践成果制度化、常态化，被不少党建专家称为“改革开放以来最全、最严党纪”。

据统计，几年来，中央出台或修订的党内法规至少55部，包括党章1部、准则1部、条例9部、规则6部、规定21部、办法9部、细则8部，占现行150多部中央党内法规的1/3以上。

通过深入落实中央八项规定、“老虎”“苍蝇”一起打、反腐败体制机制改革、巡视利剑震慑、反腐败国际追逃追赃等“组合拳”，实现了政治生态的初步重建，反腐败斗争压倒性态势已经显现。从2013年至2016年9月期间，全国各级纪检监察机关共立案101.8万件，对101万违纪党员干部给予了党纪政纪处分，创下了历史纪录。不过，他们仅占全体党员的1.2%，占全国总人口的万分之七，得罪了这100万人，却换来8800多万党员党心、13亿多人民民心，这是值得的。

党的十八大以来，以习近平同志为核心的党中央严厉惩治腐败、净化党内政治生态，是深得党心、军心、民心的，也证明了我们党有强烈政治意愿和决心全面从严治党，也有能力和办法“吐故纳新”，即增强自我净化、自我完善、自我革新、自我提高能力。

“潮平两岸阔，风正一帆悬”。党的十八大以来，以习近平同志为核心的党中央提出了一系列新思想新战略，大手笔经略中国，统筹推进“五位一体”社会主义现代化建设总体布局，协调推进“四个全面”战略布局，奠定了许多带有根本性基础性的框架，综合国力上了一个大台阶。我们党在世界变革的大棋局中精准确定中国的定位和走势，运筹帷幄，展现了新形势下治国理政的大格局、大战略，使我国前所未有地接近实现中华民族伟大复兴中国梦这个宏伟目标，前所未有地走进世界舞台中心！

六、全面深化改革的四梁八柱

往事逝未远，回望正当时。

站在新的历史起点，当我们深情地回望十八大以来党和国家五年伟大实践的时候，不难发现，刚刚过去的五年，是全党、全军、全国各族人民在以习近平同志为核心的党中央领导下，勠力同心，锐意进取，按照“四个全面”战略布局、遵循五大发展理念、全面推进中国特色社会主义“五位一体”总体布局和协调推进全面从严治党伟大工程的5年；是党和国家各项事业取得全面进步和重大发展，中华民族伟大复兴的宏伟目标更坚实地向前推进的5年；更是中国大步走进世界舞台中央、赢得举世瞩目、世人赞许的5年。

树高千尺皆有根，江河入海皆有源。5年来，我们之所以能够取得这一举世瞩目的伟大成就，重要原因之一，就是以习近平同志为核心的党中央牢牢扭住改革这一解决中国一切问题的总开关，通过“全面深化改革”的二次出发，搭建起全面深化改革的四梁八柱，用新动能开拓出民族伟大复兴的新空间。

（一）只争朝夕谋新篇——顶层设计深化改革路线图

当历史的时针指向2012年，中国改革开放的伟业已经风驰电掣般地走过了34个春秋，在取得巨大成就的同时，也到了攻坚拔寨的关键期、浪遏飞舟的深水区。我们的事业要想再向前推进一大步，出色地完成党的十八大确定的“两个一百年”奋斗目标，改革——这一推动当代中国发展与进步的内在动力，必须告别过去那种“摸着石头过河”的初始探索，跃上科学的顶层设计与坚实的底层推进相结合的新阶段，从整体的全局的和战略的高度将全面改革深化到一个新的更高境界，以适应十八大以来以习近平同志为核心的党中央治国理政新理念新思想新战略的整体需求。

1. 筚路蓝缕，艰辛开拓全面深化改革新局面

过去的5年，同以往中国共产党全国代表大会的会议周期相比，“其作始也简，其将毕也必巨”。站在全面深化改革新的历史起点，“同过去相比，中国改革的广度和深度都大大拓展了”。“容易的、皆大欢喜的改革已经完成了”“剩下的都是难啃的硬骨头”。因此，要想开拓全面深化改革的新局面，完成党的十八大确定的两个百年奋斗目标，必须拿出比以往更大的决心和勇气，迈出比以往更坚定稳健的步伐，做出比以往更有力度和创新的改革举措，唯有如此，才能迎来中华民族伟大复兴的新局面。因此，5年来，以习近平同志为核心的党中央历经磨难、奋发前进，领导中华民族经历了一个砥砺奋进的5年，一个筚路蓝缕、以启山林的奋斗者足迹在广袤的中华大地上写下了浓墨重彩的一笔。

5年来，面对复杂局面，以习近平同志为核心的党中央带领全党全军全国各族人民，以全面深化改革总揽战略全局，以“四个全面”战略布局把握发展大势，以伟大工程迎接伟大斗争，以伟大奋斗开拓伟大事业，在改革发展稳定、内政外交国防、治党治国治军等方面取得了一系列具有重大现实意义和深远历史意义的成就，重要领域和关键环节改革取得突破性进展，全面建成小康社会决战决胜迈出坚实步伐，治国理政现代化开辟出全新征程。在此期间，从“两个一百年”奋斗目标的提出到“中国梦”的引领；从“五位一体”总体布局到“四个全面”战略布局；从贯彻稳中求进工作总基调到把握经济发展新常态；从五大发展理念到坚持以推进供给侧结构性改革为主线；从以“抓铁有痕”的决心根治腐败到以“偏向虎山行”的勇气力促改革；从“能打仗、打胜仗”为指引最大魄力推动国防军队改革到“举旗定向”连续召开文艺、新闻舆论、哲学社会科学等系列工作座谈会；从全面小康路上“一个都不能

少”的庄严承诺到以人民为中心理念的深刻阐发；再从人类命运共同体的建构到“一带一路”的倡议与实施，习近平总书记治国理政思想科学体系的新理念新战略新思想不断完善，一次马克思主义基本原理与当代中国现代化建设具体实际相结合的历史性新飞跃正在完成，中国特色社会主义理论体系由此注入了崭新的时代内涵和鲜明的个人特色。

回望即将过去的5年，我们有一个深切的体会：正是以习近平同志为核心的党中央解放思想，敢于创新，奋力开拓，以抓铁有痕、踏石留印的决心，以功成不必在我的勇气，以夙夜在公不辱使命的工作，勇敢地承载起中国发展的历史担当，秉持改革创新的智慧勇气，肩负亿万人民的期待重托，才将中华民族伟大复兴的伟业不断向前推进，夺取一个又一个新的伟大胜利。5年的时光，近2000个日夜，怎两个“艰辛”二字可以概括了得！

2. 只争朝夕，加紧设计全面深化改革路线图

“我们的责任，就是要团结带领全党全国各族人民，接过历史的接力棒，继续为实现中华民族伟大复兴而努力奋斗，使中华民族更加坚强有力地自立于世界民族之林，为人类作出新的更大的贡献”。[①] 这是刚刚当选为中共中央总书记的习近平面对500多名中外记者的郑重承诺。全面建成小康社会，实现中华民族伟大复兴，时不我待，重任在肩，只有以只争朝夕的忘我精神，夙夜在公，励精图治，解放思想，求真务实，才能科学地勾画出全面深化改革的“路线图”，引领我们的党和国家走出攻坚克难的“深水区”，迎来民族发展振兴的“新天地”。

为此，近5年来，以习近平同志为核心的党中央坚决用好决定当代中国命运的“关键一招”——全面深化改革，不断凝聚起奋进的前行动力，一幅全面深化改革的路线图徐徐清晰地展现在世人面前：

党的十八届三中全会通过的《中共中央关于全面深化改革若干重大问题的决定》指出，改革开放是党在新的时代条件下带领全国各族人民

---

① 习近平：《在十八届中央政治局常委与中外记者见面时的讲话》（2012年11月15日）。

进行的新的伟大革命，是当代中国最鲜明的特色。事实证明，改革开放是决定当代中国命运的关键抉择，是党和人民事业大踏步赶上时代的重要法宝。在新的历史起点上全面深化改革，必须高举中国特色社会主义伟大旗帜，以马克思列宁主义、毛泽东思想、邓小平理论、“三个代表”重要思想、科学发展观为指导，深入学习贯彻习近平总书记系列重要讲话精神，坚定信心，凝聚共识，统筹谋划，协同推进。全面深化改革的总目标是完善和发展中国特色社会主义制度，推进国家治理体系和治理能力现代化。全面深化改革的整体思路和构想是，紧紧围绕使市场在资源配置中起决定性作用深化经济体制改革；紧紧围绕坚持党的领导、人民当家作主、依法治国有机统一深化政治体制改革；紧紧围绕建设社会主义核心价值体系、社会主义文化强国深化文化体制改革；紧紧围绕更好保障和改善民生、促进社会公平正义深化社会体制改革；紧紧围绕建设美丽中国深化生态文明体制改革；紧紧围绕提高科学执政、民主执政、依法执政水平深化党的建设制度改革。围绕中国特色社会主义“五位一体”的总体布局，针对治党治国治军、内政外交国防，全面深化改革的“路线图”向我们全方位展示了 15 大领域 336 项改革谋划和具体举措，一个上启党的十一届三中全会以来改革开放上篇，下通实现中华民族伟大复兴“中国梦”下篇的全面深化改革蓝图已经绘就。

这是一个面对新常态、针对新矛盾、总结新实践、做出新安排的总体战略设计，是我们党和国家到 2020 年全面深化改革的“时间表”“路线图”，是以习近平同志为核心的党中央关于全面深化改革的顶层设计、整体谋划，是 30 多年来已有改革理念与实践的“升级版”。这一全面深化改革的“路线图”，充分彰显了以习近平同志为核心的党中央全面深化改革的整体思维、全局观念和战略部署，为全面深化改革奠定了坚实的理论指针和正确的实践指引。

3. 夯土筑基，科学搭建全面深化改革总架构

完善和发展中国特色社会主义制度，推进国家治理体系和治理能力现代化，这是党的十八届三中全会明确提出的全面深化改革的总目标，

也是一段时期内党和国家的中心工作和奋斗目标。这是一个由一系列改革领域、改革举措和改革目标构成的事关全面深化改革的总体架构，是关于全面深化改革的系统完备、科学规范、运行有效的整体战略安排。因此，要想真正将全面深化改革的战略设计切实落到实处，必须在坚持科学地顶层设计的同时，夯土筑基，构筑起坚实有效的基层实践，实现顶层设计和底层推动的良性互动。为此，党的十八大以来的5年间，以习近平同志为核心的党中央，锐意进取，攻坚克难，全面深化改革的“四梁八柱”拔地而起，全面深化改革的大逻辑、大框架日渐清晰。

全面深化改革，必须立足于我国长期处于社会主义初级阶段这个最大实际，坚持发展仍是解决我国所有问题的关键这个重大战略判断，以经济建设为中心，发挥经济体制改革牵引作用，推动生产关系同生产力、上层建筑同经济基础相适应，推动经济社会持续健康发展。经济体制改革是全面深化改革的重点，核心问题是处理好政府和市场的关系，使市场在资源配置中起决定性作用和更好发挥政府作用。要坚持和完善公有制为主体、多种所有制经济共同发展的基本经济制度，完善产权保护制度，积极发展混合所有制经济，支持非公有制经济健康发展。要加快完善现代市场体系，建设统一开放、竞争有序的市场体系。要建立公平开放透明的市场规则，完善金融市场体系，深化科技体制改革。要加快转变政府职能，形成科学的宏观调控，有效的政府治理，优化政府组织结构。要深化财税体制改革，改进预算管理制度，完善税收制度，建立事权和支出责任相适应的制度。要健全城乡发展一体化体制机制，形成以工促农、以城带乡、工农互惠、城乡一体的新型工农城乡关系。要构建开放型经济新体制，加快自由贸易区建设，推进丝绸之路经济带、海上丝绸之路建设，形成全方位开放新格局。要加强社会主义民主政治制度建设，保证人民当家作主。要推进法治中国建设，深化行政执法体制改革，健全司法权力运行机制。要强化权力运行制约和监督体系，形成科学有效的权力制约和协调机制。要推进文化体制机制创新，建设社会主义文化强国，增强国家文化软实力。要推进社会事业改革创新，加快社会事业改革，解决好人民最关心最直接最现实的利益问题，努力为社会提供多样化服务，更好满足人民需求。要创新社会治理体制，增强社会发展活力，提高社会治理水平，全面推进平安中国建设。要加快生态文明制度建设，建设美丽中国。要深化国防和军队改革，构建中国特色现代军事力量体系。要加强和改善党对全面深化改革的领导，建设学习型、服务型、创新型的马克思主义执政党，提高党的领导水平和执政能力，确保改革取得成功。

党的十八大以来的 5 年间，全面深化改革以前所未有的节奏和力度向前推进。截至 2017 年 6 月，中央全面深化改革领导小组已召开过 35 次会议，审议通过 305 份文件，涉及全面深化改革的方方面面。全面深化改革已“不是推进一个领域改革，也不是推进几个领域改革，而是推进所有领域改革”。在事关我国社会主义现代化建设的经济、政治、文化、社会、生态文明体制和党的建设的方方面面，改革正在向纵深全面推进，主要领域“四梁八柱”性改革已基本出台，国企、财税、司法等标志性、关键领域改革已率先取得突破，全面深化改革的“夯基垒台”“立柱架梁”工作已经完成，主体框架已经搭建起来，党的十八届三中全会确定的涉及 15 大领域、336 项重要改革举措已出台具体行动方案，一场威武雄壮足以改变中国、影响世界的全面深化改革大剧正在中国大地恢宏上演。

（二）新理念新目标新思想新战略——撑起全面深化改革四根栋梁

伟大的事业需要伟大的政党来领导，伟大的政党需要伟大的理论来武装，伟大的武装需要伟大的建构来充实。举凡古今中外，欲成就大事业者，必先“利其器”，安定“四梁八柱”，谋划好事业发展的总体战略。全面深化改革事关全面建成小康社会奋斗目标的实现，事关中华民族伟大复兴的“中国梦”，是一项关乎党和国家民族命运的伟大工程，必须在科学清晰、系统全面的顶层设计下稳步实施，才能建构起壮丽辉煌、坚不可摧的社会主义改革大厦。因此，如何摆布全面深化改革的战略部署，搭建起全面深化改革的四根栋梁以支撑全面深化改革的战略空间，就成为能否推进全面深化改革重要且关键的环节。

1. 以人民为中心——全面深化改革的价值追求

立时代之潮头，全面深化改革，一个最直接最现实的问题就是改革“为了谁”、改革“依靠谁”、改革的成果“归于谁”，对全面深化改革的目的性追问和价值性诉求，是全面深化改革的出发点和落脚点。为此，习近平同志在当选为总书记的第一天，就开宗明义地向全党、全国人民和世人宣告：“人民对美好生活的向往，就是我们的奋斗目标”。

5 年间，在周密部署全面深化改革的每一次战略举措中，习近平总书记始终都把“人民拥护不拥护、赞成不赞成、高兴不高兴、答应不答应”作为判定改革成败的根本标准，“不断提高领导、谋划、推动、落实改革的能力和水平，切实做到人民有所呼、改革有所应。”在全面深化改革的过程中，习近平总书记始终“把以人民为中心的发展思想体现在经济社会发展各个环节，做到老百姓关心什么、期盼什么，改革就要抓住什么、推进什么，通过改革给人民群众带来更多获得感。”① 要“让人民群众感受到实实在在的改革成效，引导广大干部群众共同为改革想招、一起为改革发力。”②

之所以把“以人民为中心”作为全面深化改革的价值追求，这是由我们党的性质和宗旨决定的，是由全面深化改革的事业本身的基本属性决定的，更是中国共产党人全面深化改革的不懈追求。坚持以人民为中心的发展思想，就是坚持了人民群众是推动社会历史发展根本力量的马克思主义基本观点，“这是马克思主义政治经济学的根本立场。”所以，以人民为中心是全面深化改革的逻辑起点，更是推进改革理论创新的价值基点。党的十八大以来，以习近平同志为核心的党中央正是始终把“让人民过上好日子”的信念铭刻心间，百姓关心期盼什么，党中央就重视关注什么，改革就抓紧推进什么。民之所望，改革所向。人民被以

---

① 习近平：《中央全面深化改革领导小组第二十三次会议》（2016 年 4 月 18 日）。

② 习近平：《中央全面深化改革领导小组第四次会议》（2014 年 8 月 18 日）。

习近平同志为核心的党中央放在了心中最高位置，以人民为中心的发展理念从来没有“停留在口头上、止步于思想环节，而要体现在经济社会发展各个环节”。所以，全面深化改革也只有唤起并凝聚亿万民众团结奋进的澎湃力量，才能喷薄而出，滚滚向前，不可阻挡。

2. 民族复兴的中国梦——全面深化改革的奋斗目标

在中国特色社会主义现代化国家建设过程中，全面深化改革是内在动力，是决定我们事业和奋斗目标能否如期实现的关键环节。但是，要想使内存于广大人民群众之中的无穷力量像变魔法一样呼唤出来，制定并形成一个能够凝聚共识、奋发有为的工作目标就显得非常必要和重要。全面建成小康社会，实现中华民族伟大复兴的中国梦，是我国社会主义现代化的阶段性目标，也是全面深化改革的奋斗目标，对当前和今后一段时期的全面深化改革具有战略统领和目标牵引作用。

全面深化改革之所以要把全面建成小康社会和实现中华民族伟大复兴列为奋斗目标，就是因为它是我们党和人民近百年来苦苦为之奋斗的理想，事关中国人民的福祉，事关中华民族的未来。回望历史和现实，所谓中国梦，实际上就是现代化的一种中国式表达。因为实现现代化不仅包含了中华民族伟大复兴的精神实质，而且包含了国家富强、民族振兴、人民幸福的时代主题。说到底，中华民族伟大复兴不是要恢复到历史上哪一个曾经鼎盛的朝代，而是要实现近代以来中国人民一直孜孜以求的现代化目标。这一现代化目标不仅是全党、全国人民为之奋斗的，更是全面深化改革所追求的。全面深化改革只有以民族复兴的中国梦为目标，才能够凝心聚力，汇聚起全民族奋进的复兴力量，团结和动员全民族的每一个成员为之去奋斗、拼搏和奉献；实现中华民族伟大复兴的中国梦只有以全面深化改革为动力，才能坚定地走好中国道路，弘扬中国精神，凝聚中国力量，为中国梦的最终实现注入气势磅礴的无穷力量。

由此可见，全面建成小康社会是民族复兴的基础性工程，是实现中国梦的阶段性目标，实现中华民族伟大复兴的中国梦是千百年来中华民族孜孜以求的梦想，是“三步走”战略的最后目标，在全面深化改革的战略谋划中占有极其重要的地位，起着目标引领的关键作用。我们必须准确把握“四个全面”战略布局，科学认识全面建成小康社会与其他“三个全面”的内在关联，正确处理全面深化改革的动力与实现中华民族伟大复兴目标之间的关系，使奋斗目标既积极稳妥又奋发有为，使发展动力既强劲澎湃又持续恒久，在全面深化改革的伟大事业中实现中华民族伟大复兴的中国梦。

3. 五大发展理念——全面深化改革的行为指针

全面深化改革，一靠“改什么”，二靠“怎么改”。当“改什么”的改革对象一经确立，“怎么改”的改革方法就具有了决定性意义。如何在千头万绪、百结千缠的错杂繁杂改革中“杀出一条血路”，直抵成功的彼岸，创新、协调、绿色、开放、共享的“五大发展理念”就成为“关系我国发展全局的一场深刻变革”。

五大发展理念之所以成为全面深化改革的行为指针，一个根本的原因是，新的时代境遇需要新的发展实践，新的发展实践呼唤新的发展理念。以习近平同志为核心的党中央，着眼于中华民族伟大复兴的中国梦，着眼于推进全面深化改革的伟大实践，适时提出了创新、协调、绿色、开放、共享五大发展理念，由此开启并引领了我国经济社会发展理念的一场崭新变革。

第一，创新发展能够突破动力“瓶颈”。长期以来，我国经济社会发展在增长动力方面存在的突出问题是：发展方式粗放，创新能力不强，部分行业产能严重过剩，经济社会发展的某些领域出现了动力不足的“瓶颈”。尽管其中的原因是多方面的，但社会发展的创新能力不强，推动社会发展的内在动力未能得到全面释放，无疑是其中的主要原因之一。因此，创新发展恰好针对问题存在的时弊，着力推动观念和行为、体制和机制的创新，把发展的基点放在创新上，努力形成促进创新的体制架构，塑造更多依靠创新驱动、更多发挥先发优势的引领型发展，激活我国社会发展的新动能。第二，协调发展能够促进社会均衡。全面深化改革，一系列结构性难题就在于发展的不平衡、不协调、不可持续问题突出，特别是经济与社会、区域之间、城乡之间、三大产业之间、物质文明与精神文明之间、国家软实力与硬实力之间仍然存在显著的矛盾。因此，协调发展，就是要坚持区域协同、城乡一体、物质文明精神文明并重、经济建设国防建设融合，在协调发展中拓宽发展空间，在加强薄弱领域中增强发展后劲，促进社会发展的整体性和全面性，矫正社会发展的不平衡性。第三，绿色发展能够缓解资源约束。当前我国发展在支持性要素构成上存在的突出问题是：资源约束趋紧，生态环境恶化趋势尚未得到根本扭转，不少区域、行业出现了较为严重的生态环境恶化和资源能源匮乏。因此，坚持绿色发展，就是要坚持绿色富国，绿色惠民，为人民提供更多优质生态产品，推动形成绿色发展方式和生活方式，协同推进人民富裕、国家富强、中国美丽，确保社会发展的永续性。第四，开放发展能够规避全球风险。在我国经济深度融入世界经济趋势的同时如何保持自主发展，如何处理好社会的内生发展与外援条件，如何应对社会发展的世界历史境遇。这就要求我们科学统筹国内国际两个大局，既要积极融入世界发展趋势，分享人类先进文明成果，又要自觉坚持发展的自主性，规避全球发展风险，实施开放发展，提升当代中国经济社会发展的国际性，营造社会发展的全球境遇，建构社会发展的内生与外援的联动机制。第五，共享发展能够激发主体力量。在全面深化改革的过程中，我们还必须面对基本公共服务供给不足，收入分配、财产占有的差距较大，消除贫困任务艰巨，人民群众的获得感和幸福感仍有待提升等一系列问题。解决上述问题的关键，还是在于坚持人民主体地位，做到共享发展。按照人人参与、人人尽力、人人享有的要求，坚守底线，突出重点，完善制度，引导预期，注重机会公平，保障基本民生，实现全体人民共同迈入全面小康社会。

由此可见，五大发展理念是适应和引领当代中国发展新常态的新发展观，是能够科学指导全面深化改革新的发展实践，合理应对发展新常态，有效解决发展新问题，推动全面深化改革预定目标实现的科学行动指南。

（三）“五位一体”与“三大治项”——夯实全面深化改革八大支柱

2016 年底中央经济工作会议对全面深化改革的进展做出这样一个清晰判断，那就是，主要领域“四梁八柱”性改革基本出台，对外开放布局进一步完善，全面深化改革的主体框架已基本搭建完成，剩下的就是怎样在已经搭好的舞台上跳舞，“撸起袖子加油干”。

全面深化改革“四梁八柱”的说法，本是源于中国古代传统建筑的一种结构，靠四根梁和八根柱子支撑起整个建筑。由此，“四梁八柱”也就代表了整个建筑的主要结构。如果说“四梁”代表的是整个建筑的空间和境界，那么，“八柱”则决定着整个建筑的纵深和格局。“如果把全面深化改革比作建造大厦的话，头 3 年是夯基垒台、选材备料、立柱架梁的 3 年，今年要力争把主体框架搭建起来。这是一个重要的阶段性目标。这个阶段性目标达到了，实现全面深化改革总目标就迈出了坚实的一大步。”正如习近平总书记所说，从党的十八届三中全会召开到 2016 年底，全面深化改革的顶层设计和底层规划基本上都已出台，国有企业、财税金融、科技创新、土地制度、对外开放、文化教育、司法公开、环境保护、养老就业、医药卫生、党建纪检等主要领域“四梁八柱”性改革已全面铺开，三中全会确定的涉及 15 大领域、330 多项重要改革举措都已细化为具体方案，全面深化改革已是“开弓没有回头箭，我们将继续坚定不移实现改革目标，风雨无阻，勇往直前。”于是，就让我们踏着历史的脚步，再一次去追寻 5 年来那搭建全面深化改革“四梁八柱”的伟大施工吧！

1. 扬市场之威，全面推进供给侧结构性改革

党的十八大以来，全面深化改革最重要的观念变革无疑是确立市场在资源配置中起决定性作用的思想，全面深化改革最切实的举动无疑是全面推进供给侧结构性改革。围绕使市场在资源配置中起决定性作用，深化经济体制改革，加快推进供给侧结构性改革，坚持和完善基本经济

制度，加快完善现代市场体系、宏观调控体系、开放型经济体系，加快转变经济发展方式，加快建设创新型国家，推动经济更有效率、更加公平、更可持续发展，就成为经济领域推进全面深化改革“四梁八柱”性改革的核心内容。

经济体制改革是全面深化改革的重点，核心问题是处理好政府和市场的关系，使市场在资源配置中起决定性作用和更好发挥政府作用。我们必须充分认识到，市场决定资源配置是市场经济的一般规律，健全社会主义市场经济体制必须遵循这条规律，着力解决市场体系不完善、政府干预过多和监管不到位等问题。必须积极稳妥地从广度和深度上推进市场化改革，大幅度减少政府对资源的直接配置，推动资源配置依据市场规则、市场价格、市场竞争实现效益最大化和效率最优化。

在我国经济社会发展进入新常态的背景下，充分发挥市场对资源配置的决定性作用，全面深化改革，一个重要而现实的选择就是深入推进供给侧结构性改革，努力实现中国经济社会发展有质量、有效益、有速度的可持续增长。要充分认识到，深入推进供给侧结构性改革是当前我国经济发展必须抓紧抓好的一件大事。推进供给侧结构性改革，是以习近平同志为核心的党中央适应和引领经济发展新常态的重大创新，是我国经济发展进入新常态的必然选择，是经济发展新常态下我国宏观经济管理必须确立的战略思路。针对新常态所表现出的速度变化、结构优化、动力转换三大特点，我们必须解决供给结构不能适应需求结构变化的突出矛盾，从供给侧发力，以改革创新促进产品和服务质量提高，增强供给结构对需求结构的适应性，以优质供给激发并满足人民群众日益增长的物质文化需要。因此，深入推进供给侧结构性改革，必须加减相伴，破立并举。简政放权、结构调整、改革创新，去产能、去库存、去杠杆、降成本、补短板，增强供给体系的适应性和灵活性，提高全要素生产率。

同时，我们必须还认识到，供给侧结构性改革是一项艰巨复杂的系统工程，虽然已经取得一定成效，但不可能一步到位、一蹴而就。随着改革深入，完成任务将愈加艰难。当前和今后一段时间，我们要深入推进“三去一降一补”，深入推进农业供给侧结构性改革，着力振兴实体经济，促进房地产市场平稳健康发展等重点任务，严格按照中央部署，抓住难点，闯过关口，坚定不移把供给侧结构性改革向前推进，以供给侧结构性改革的全面胜利带动经济体制改革不断向纵深发展，直至建立富有生机充满活力的社会主义市场经济体制。

2. 乘人民之力，全面推进依法治国

以人民为中心是马克思主义唯物史观的基本思想，是我们党根本宗旨和执政理念的集中体现，是社会主义制度的本质特征，也是中国特色社会主义道路的价值取向，更是全面深化改革的出发点和落脚点。“我们要随时随刻倾听人民呼声、回应人民期待，保证人民平等参与、平等发展权利，维护社会公平正义，在学有所教、劳有所得、病有所医、老有所养、住有所居上持续取得新进展，不断实现好、维护好、发展好最广大人民根本利益”。①

全面深化改革，在本质上是人民群众自己的事业，其强大动力来自人民群众，其深厚基础也存在于人民群众。因此，党领导的全面深化改革事业一个突出特点，就是始终把坚持以人民为中心贯穿于全面深化改革的全过程，体现在全面深化改革的各个方面。具体来说，就是要保障人民的权利，把实现和维护人民利益放在首位，顺应人民的愿望和要求，以保障和改善民生为重点，切实保障人民群众的经济、政治、文化、社会和生态权益，使人民群众得到应该得到的、看得见的物质利益，有更多的获得感。要关注人民的呼声，以人民是否受益、是否满意作为检验各项工作成败得失的根本尺度。要关心人的价值、权益和自由，不断满足人们的多样性需要，积极回应人们在物质文化需要方面出现的升级和个性化趋向，以及在生态环境、社会安全、身心健康等方面产生的新需要，不断满足人民大众的新期待。

当然，全面深化改革免不掉要对人们的物质利益重新进行分化调整。如何让每一个人拥有更多的改革获得感，权利利益都能够得到很好的体

① 习近平：《在第十二届全国人民代表大会第一次会议上的讲话》（2013 年 3 月 17 日）。

现和保证，这就必须借助法律的武器，全面推进依法治国，建设社会主义法治国家。党的十八届四中全会通过的《中共中央关于全面推进依法治国若干重大问题的决定》指出，中国特色社会主义民主政治的基本特征就是党的领导、人民当家作主和依法治国的有机统一。全面推进依法治国，总目标是建设中国特色社会主义法治体系，建设社会主义法治国家。我们要通过全面依法治国、依法执政、依法行政的共同推进，坚持法治国家、法治政府、法治社会一体建设。要不断深化司法体制改革，加快建设公正高效权威的社会主义司法制度，维护人民权益，让人民群众在每一个司法案件中都感受到公平正义。要全面维护宪法法律权威，深化行政执法体制改革，确保依法独立公正行使审判权检察权，健全司法权力运行机制，完善人权司法保障制度，健全国家司法救助制度，完善法律援助制度。只要我们全面推进依法治国，加快建设社会主义法治国家，人民群众的根本利益就不可能被侵犯，全面深化改革也就有了更加坚实的法治保障。

3. 夯文化之基，全面推动文化自信

文化是历史的投影，是浸润在民族历史深处最强大的软实力。全面深化改革，必须建立与改革相适应的先进文化，通过文化的力量来包容、滋润和激发全面深化改革的动能。正如习近平总书记所说的那样："文化自信是更基本、更深沉、更持久的力量。""文化自信，是更基础、更广泛、更深厚的自信。"我们要全面深化改革，夺取全面深化改革和社会主义现代化建设的全面胜利，就必须加强社会主义先进文化建设，全面推进社会主义先进文化自信。

对一个国家和民族来说，文化自信是民众对祖国文化传统和核心价值的一种充分肯定。它积淀着民族文化的基因与精神，寄寓着人民的选择和愿望，连接着国家的历史和未来。因此，文化自信既包括对国家发展路径和发展理念的积极认同，也包括对国家政治体制和运行机制的真诚拥护，更饱蕴对自身文化根基和未来发展前景的信心和期待。在全面深化改革的进程中，我们之所以要树立和增强文化自信，就是要检讨和

消除文化自卑心理，牢固树立对中国特色社会主义的理论自信、制度自信和道路自信，牢固树立对全面深化改革必定取得成功的事业自信，牢固树立对全面建成小康社会和实现中华民族伟大复兴中国梦一定能够实现的目标自信。如果说中国经济社会的快速发展和民族振兴的壮丽图景，意味着我们在国际竞争的长跑队伍中逐渐追赶上第一方阵，给了我们对自己的道路、制度和理论选择以充足的自信理由，那么源远流长的中华优秀传统文化，改革创新的时代文化，和中国共产党领导创建的先进文化，则以其悠久厚重的历史、博大精深的内涵和开放自信的气度，赋予我们对全面深化改革的文化自信以深厚底蕴和坚忍定力。我们以自己近40年推进改革开放的成功经验和巨大成就，积累起有效破解各种复杂问题的丰富智慧、宝贵经验和坚毅精神，这不仅为我们今天理解、接受和消化世界各国的改革文化练就了博采众长的胸襟和才干，更赋予了我们驾驭改革的深广视野和推进改革的过人睿识，完全可以以纵横捭阖的手段和沉着从容的心态应对全面深化改革过程中的各种危机与挑战。

诗书传承的社会主义先进文化，其魅力就在于它给了我们全面深化改革的行动自觉，以及以文化为依托而取得全面深化改革成功的文化自信。我们要坚持社会主义先进文化的前进方向，坚持中国特色社会主义先进文化的发展道路，培育和践行社会主义核心价值观，巩固马克思主义在意识形态领域的指导地位，巩固全党全国各族人民团结奋斗的共同思想基础。要进一步完善文化管理体制改革，按照政企分开、政事分开原则，推动政府部门由办文化向管文化转变，推动党政部门与其所属的文化企事业单位进一步理顺关系。要健全坚持正确舆论导向的体制机制，形成正面引导和依法管理相结合的网络舆论工作格局。要建立健全现代文化市场体系，完善文化市场准入和退出机制，鼓励各类市场主体公平竞争、优胜劣汰，促进文化资源在全国范围内流动。要构建现代公共文化服务体系，建立公共文化服务体系建设协调机制，统筹服务设施网络建设，促进基本公共文化服务标准化、均等化。要提高文化开放水平，坚持政府主导、企业主体、市场运作、社会参与，扩大对外文化交流，积极吸收借鉴国外一切优秀文化成果，切实维护国家文化安全，加强国际传播能力和对外话语体系建设，推动中华文化走向世界。

4. 合社会之道，全面创新社会治理

在全面深化改革的进程中全面创新社会治理，一个重要的原因是，社会建设是各种社会关系的集合，是全面深化改革的载体。只有搞好社会建设，全面深化改革才会有坚实的依托，才能在社会建设的基础上稳步有序地开展下去。否则，离开了社会建设，全面深化改革就成了无源之水、无本之木，犹如雨打的浮萍，随波逐流，缺少了坚实的根基，也就根本不可能深化和推进。

从人类追求社会建设的已有实践看，实现社会和谐，建设美好社会，是人类孜孜以求的一个社会理想。古往今来，人类社会发展史上，相继产生过许许多多有关社会和谐的美好理想，不少思想家也都把社会和谐看作是人类社会应有的进步状态。在建设中国特色社会主义的伟大实践中，中国共产党也明确提出构建社会主义和谐社会的鲜明主张，并将社会和谐视为中国特色社会主义的本质属性，把促进社会和谐作为坚持和发展中国特色社会主义的基本要求，从理论与实践相结合的战略高度提升了人类对社会和谐的理想追求，也使促进社会和谐成为全面深化改革鲜明的价值取向。

合社会发展之道，全面创新社会治理，就是用新的理念、新的方式化解各种新矛盾，解决各种新问题。巩固改革发展的成果，推动经济社会全面发展进步。这既是全面建成小康社会的重要内容，也是全面深化改革的重要前提。按照党的十八大提出的“把坚持促进社会和谐明确作为在新的历史条件下夺取中国特色社会主义新胜利的一个基本要求”，我们要把创新社会治理既看作目标又看作过程。作为目标，它同全面建成小康社会、同实现中华民族伟大复兴的中国梦是一致的，也是党执政为民的永久追求；作为过程，它有其阶段性，是一个化解矛盾、解决问题的持续进程，不可能一劳永逸；作为现实任务，它以解决人民群众最关心、最直接、最现实的利益问题为重点，全面推进社会治理体制机制创新。

创新社会治理，必须着眼于维护最广大人民根本利益，最大限度增加和谐因素，增强社会发展活力，提高社会治理水平，全面推进平安中国建设，维护国家安全，确保人民安居乐业、社会安定有序。要改进社会治理方式，坚持系统治理，加强党委领导，发挥政府主导作用，鼓励和支持社会各方面参与，实现政府治理和社会自我调节、居民自治良性互动。要激发社会组织活力，正确处理政府和社会关系，加快实施政社分开，推进社会组织明确权责、依法自治、发挥作用。要创新有效预防和化解社会矛盾的体制机制，健全重大决策社会稳定风险评估机制。要健全公共安全体系，形成完善统一权威的食品药品安全监管机构，建立最严格的覆盖全过程的监管制度，建立食品原产地可追溯制度和质量标识制度，保障食品药品安全，加大依法管理网络力度，加快完善互联网管理领导体制，确保国家网络和信息安全。

5. 守自然之规，全面推进生态文明建设

“走向生态文明新时代，建设美丽中国，是实现中华民族伟大复兴的中国梦的重要内容。”“把生态文明建设融入经济建设、政治建设、文化建设、社会建设各方面和全过程，形成节约资源、保护环境的空间格局、产业结构、生产方式、生活方式，为子孙后代留下天蓝、地绿、水清的生产生活环境。”[①] 习近平总书记掷地有声的话语深刻揭示了全面深化改革与加大生态文明建设之间的内在统一。自然是人类社会存在和发展的基础，为人类提供基本生活资料和生产资料，是人类社会存在和发展的基础保障和物质支撑。全面深化改革也是为了改变和消除经济社会发展中存在的各种问题障碍，让社会发展的更顺畅、人们生活得更美好。从这个意义上说，全面深化改革和大力保护自然的目的是一致的、方向是统一的、方式方法是高度契合的。

因此，全面深化改革的过程，就是建设社会主义生态文明的过程。

① 习近平：《致生态文明贵阳国际论坛2013年年会的贺信》（2013年7月18日）。

我们要树立尊重自然、“天人合一”的核心理念。只有尊重自然，才能顺应自然，进而保护自然。要树立绿水青山就是金山银山的发展理念，美好的自然生态环境是我们创造各种社会财富、分享财富成果的基础与前提，生态幸福也是我们创造人类美好幸福生活、实现人的自由全面发展的牢固基石。离开了绿水青山的良好生态，金山银山的创造既无可能性与必要性，也无真正价值与意义。要保护森林、湖泊、草原、河流、绿地、海洋、生物多样性等自然生态，走绿色发展道路，努力向低碳、环境友好、资源高效利用和可循环的经济增长方式转型，建设天蓝、地绿、水净的美好家园。

全面深化改革，守自然之规，就必须不断加大生态文明建设的力度。因为在人与自然的关系中，人类是一个具有能动性、创造性和目的性的自觉主体，人类可以正确认识自然界，适度利用自然界，并通过对自然界的实践干预来设定和实现自己的目的，最终解决人与人的矛盾和人与自然的矛盾，实现人与人的和谐和人与自然的和谐发展。因此，在生态文明建设中，我们以先进的理念和创造性思想智慧来科学谋划、理性设计和创造性构建系统完整的生态文明制度体系，健全自然资源资产产权制度和用途管制制度，对水流、森林、山岭、草原、荒地、滩涂等自然生态空间进行统一确权登记，形成归属清晰、权责明确、监管有效的自然资源资产产权制度。要划定生态保护红线，坚定不移实施主体功能区制度，建立国土空间开发保护制度，严格按照主体功能区定位推动发展，建立国家公园体制。要建立生态环境损害责任终身追究制，实行资源有偿使用制度和生态补偿制度，加快自然资源及其产品价格改革，全面反映市场供求、资源稀缺程度、生态环境损害成本和修复效益。要改革生态环境保护管理体制，建立和完善严格监管所有污染物排放的环境保护管理制度，独立进行环境监管和行政执法，要完善污染物排放许可制，实行企事业单位污染物排放总量控制制度，对造成生态环境损害的责任者严格实行赔偿制度，依法追究刑事责任，以此规范、引导和调节人自身的行为与活动，求取各方利益的“最大公约数”，不断增强老百姓的“获得感”，让建设美丽中国的美好愿景终成客观现实。

6. 治党，打造全面深化改革的领导力量

中国共产党是中国特色社会主义事业的领导核心，是引导和决定当代中国政治走向和发展道路的根本政治力量。所以，“办好中国的事情，关键在党，关键在党要管党、从严治党。”能不能更好地全面深化改革，关键在于党的领导，关键在于从严治党，把中国共产党建设成为成功驾驭全面深化改革的领导核心，不断提高中国共产党驾驭全面深化改革的能力和领导全面深化改革的水平。

因此，为了更好地领导全面深化改革，保证改革的社会主义方向，在全面深化改革的过程中加强和改善党的领导，党的十八大以来，以习近平同志为核心的党中央高度重视加强党的建设，把全面从严治党作为新的伟大工程摆在各项工作的首位，切实抓紧抓实抓好，通过加强党的思想建设、政治建设、组织建设、作风建设和反腐倡廉建设，建设学习型、服务型、创新型的马克思主义执政党，全面提高党的领导水平和执政能力，确保全面深化改革取得成功。为了将党打造成为领导全面深化改革的领导核心，全党同志要把思想和行动统一到中央关于全面深化改革重大决策部署上来，充分发扬党内民主，坚决维护中央权威，保证政令畅通，坚定不移实现中央改革决策部署，要不断提高领导班子和领导干部推动改革能力，引导广大党员积极投身全面深化改革事业，发扬“钉钉子”精神，抓铁有痕、踏石留印，为全面深化改革做出积极贡献。要坚持党的群众路线，建立社会参与机制，充分发挥人民群众积极性、主动性、创造性，充分发挥工会、共青团、妇联等人民团体作用，齐心协力推进全面深化改革。要鼓励地方、基层和群众大胆探索，加强重大改革试点工作，及时总结经验，宽容改革失误，加强宣传和舆论引导，为全面深化改革营造良好社会环境。

可以肯定地说，党的十八大至今的5年间，全面深化改革之所以蹄疾步稳、精彩迭出、硕果喜人，一个根本性的原因就是党的建设高屋建瓴、领导有力。以习近平同志为核心的党中央牢牢把准全面深化改革的前进方向，从“坚持和完善党的领导，是党和国家的根本所在、命脉所

在，是全国各族人民的利益所在、幸福所在”的初心出发，加强党的建设的力度前所未有，改善党的领导的措施前所未有，惩治腐败、从严治党的程度前所未有。从“八项规定”的出台到一系列党内法规条例的制定，从群众路线教育实践活动的开展到“两学一做”常态化，从对焦裕禄的深情讲述到对“七个有之”的猛击一掌，从抓“关键少数”到遍及每个党员干部，从跳出“历史周期律”的雄心到“功成不必在我”的胸怀……党的十八大以来，习近平总书记以深沉的忧思、强烈的使命、勇敢的担当和超人的智慧，全面从严治党，思想建党、制度管党、依宪执政，以上率下正风肃纪，严字当头敢管善治，用巡视派驻、机制创新、法规建设，构筑起一道道制度的“防火墙”；用科学理论、优秀文化、良好家风，建立起一座座理想信念的精神家园；用群众路线教育实践活动、“三严三实”专题教育、“两学一做”学习教育，营造出风清气正的政治生态，党的建设出现了前所未有的喜人局面。应该说，党的十八大以来，全面深化改革之所以能够按照既定的方向、目标和规划顺利推进，呈现出前所未有的好势头，党的领导至关重要，党的建设居功至伟。只有全面从严治党，不断提高党领导和驾驭全面深化改革的能力水平，全面深化改革才会有坚实可靠的领导保障，改革才能沿着既定的“路线图”“时间表”扎实稳步地推进下去。

7. 治国，谋求更高层面全面深化改革的现代化

近年来，一首歌曲以其优美的旋律、隽永的歌词风靡大江南北。歌中唱到：“一玉口中国，一瓦顶成家，都说国很大，其实一个家，一心装满国，一手撑起家，家是最小国，国是千万家……”饱含哲学意蕴的歌词，深刻道出了久孕中国人心中的家国情怀。是的，国家对于一个人究竟意味着什么？是国土？是人民？是文化？还是政府？是拥有共同语言、文化、种族、血统、领土、政府或者历史的社会群体，还是一定范围内的人群所形成的共同体形式？也许都不是，也许也就是。但是，歌词通过触动我们内心最柔软的那个部分，再一次告诉我们，只有有了国、有了家、有了国家，才有依附于国家的一切。因此，只要实现了国家治理

的现代化，也就实现了全面深化改革的现代化，并且是更高层面、更大范围的改革现代化。由此可见，全面深化改革既是治国理政的重要内容，也是国家治理现代化的重要标志。搞好国家治理现代化自然会提升全面深化改革的层次和境界，而搞好全面深化改革也必然有助于国家治理现代化，二者相辅相成、相得益彰，共同成为中国共产党不懈的奋斗目标和永远的责任担当。

当然，在新的历史条件下，谋求为全面深化改革创设更好的环境、条件和空间，最直接、最现实的选择就是在坚持和完善中国特色社会主义制度的基础上实现国家治理体系和治理能力的现代化。不可否认，国家治理是伴随着人类社会国家的诞生而出现的，国家治理体系和治理能力是一个国家制度和制度执行能力的集中体现，不同的国家治理体系和治理能力决定着不同的国家治理绩效。对于当下的中国来说，国家治理是有确定内容的，这就是在中国共产党的领导下，坚定不移地走中国特色社会主义道路，坚定不移地发展中国特色社会主义理论，坚定不移地坚持中国特色社会主义制度，坚定不移地弘扬中国特色社会主义文化自信。既不走僵化教条的老路，也不走改旗易帜的邪路，只能走坚持和完善中国特色社会主义制度基础上的国家治理现代化道路。这样的道路选择是适应社会发展新要求和人民群众新期待的必然结果，全面体现了中国特色社会主义现代化在制度层面的基本要求，主要体现为经济治理要活、政治治理要稳、文化治理要正、社会治理要善、生态治理要美、党的治理要严等诸多方面。

同时，我们还必须注意到，中国共产党领导的国家治理现代化，是在中国历史传承、文化传统、经济社会发展的基础上“长期发展、渐进改进、内生性演化”的结果。它既是对我国既往现代化建设成功经验的理论总结，也是对新形势下我国经济社会发展所面临问题和挑战的主动回应，既是坚持和发展中国特色社会主义的必然要求，也是实现社会主义现代化的题中应有之义。在国家治理的历史来源方面，必然立足中国，面向现实，不可能完全照搬照抄别人的治理模式；在国家治理的基本制度方面，必然选择中国特色社会主义制度；在国家治理的手段和工具方面，必然选择社会主义与市场经济的有机结合，选择人民当家作主，选择多党合作，选择协商民主，选择社会主义先进文化，选择构建社会主义和谐社会，选择建设社会主义生态文明；在国家治理达成的目标方面，必然将全面建成小康社会、实现中华民族伟大复兴的中国梦作为治理的发展目标。所以，与一般国家治理相比，中国的国家治理现代化具有三大突出特点：第一，中国共产党主导，即中国共产党作为执政党的治理；第二，人民主体，即人民群众当家作主，是治理的主体力量；第三，社会主义方向，即坚持中国特色社会主义理论、道路、制度和文化的四位一体。正是从这个意义上说，国家治理现代化的实现必然为全面深化改革开辟无限广阔的空间、大展身手的舞台、持续不竭的动力和精彩纷呈的内容，国家治理现代化也必然会在全面深化改革的有力推动下登台阶、上水平、提档次，共同迈向美丽新世界。

8. 治军，为全面深化改革铸就坚强柱石

当时间停留在 2014 年 3 月 15 日，中央军委深化国防和军队改革领导小组第一次全体会议。身兼中央军委深化国防和军队改革领导小组组长的习近平在会上发表重要讲话。习近平总书记指出：“国防和军队改革是全面改革的重要组成部分，也是全面深化改革的重要标志”。[①] 应该说，习近平总书记的一句话，道出了治军与全面深化改革关系的一切。那就是说，深化国防和军队改革不仅是全面深化改革的重要内容，同时也是全面深化改革的重要标志，全面深化改革以深化国防和军队改革为抓手，深化国防和军队改革以全面深化改革为依托，全面深化改革为深化国防和军队改革提供动能与空间，深化国防和军队改革为全面深化改革提供保障与柱石，二者相互统一、相互促进，共同成为党领导人民治国理政的重要组成部分。

立足全面深化改革的大视角，如何通过深化国防和军队改革为全面深化改革创造条件、开辟道路和铸就柱石，5 年来的实践告诉我们，以

① 习近平：《在中央军委深化国防和军队改革领导小组第一次全体会议上的讲话》（2014 年 3 月 15 日）。

习近平同志为核心的党中央是这样谋划和操作的：全面实施改革强军战略，坚定不移走中国特色强军之路。深化国防和军队改革是实现中国梦、强军梦的时代要求，是强军兴军的必由之路，也是决定军队未来的关键一招。所以，我们要动员全党全军和全国各方面力量，坚定信心、凝聚意志，把思想和行动统一到中央和军委的决策部署上来，形成强大的深化国防和军队改革的合力。要充分认识到，深化国防和军队改革是中国特色社会主义军事制度自我完善和发展，是为了更好发挥中国特色社会主义军事制度的优势。要牢牢把握能打仗、打胜仗这个聚焦点，坚持以军事斗争准备为龙头，坚持问题导向，把改革主攻方向放在军事斗争准备的重点难点问题上，放在战斗力建设的薄弱环节上。要牢牢把握军队组织形态现代化这个指向，深入推进领导指挥体制、力量结构、政策制度等方面改革，为建设巩固国防和强大军队提供有力制度支撑。

党对军队的绝对领导，人民军队永远忠于党，全心全意为人民服务，这是我军的建军原则和建军宗旨，必须毫不动摇地加以坚持。在深化国防和军队改革过程中，我们必须以马克思列宁主义、毛泽东思想、邓小平理论、“三个代表”重要思想、科学发展观为指导，深入学习贯彻习近平总书记系列重要讲话精神，按照“四个全面”战略布局要求，以党在新形势下的强军目标为引领，贯彻新形势下军事战略方针，全面实施改革强军战略，着力解决制约国防和军队建设的体制性障碍、结构性矛盾、政策性问题，推进军队组织形态现代化，进一步解放和发展战斗力，进一步解放和增强军队活力，建设同我国国际地位相称、同国家安全和发展利益相适应的巩固国防和强大军队，为实现“两个一百年”奋斗目标、实现中华民族伟大复兴的中国梦提供坚强力量保证。建设一支听党指挥、能打胜仗、作风优良的人民军队，是党在新形势下的强军目标。实现强军目标是一项具有很强开拓性的事业，面临大量新情况新问题，必须勇于探索、大胆创新、锐意改革。要以逢山开路、遇河架桥的精神，坚决推进军队各项改革，用新的理念、新的视野、新的方法、新的标准推进军事斗争准备和各项建设，推动深化国防和军队改革的强军战略不断取得新进展，为实现中国梦、强军梦作出新的更大的贡献。

（四）当惊世界殊——大改革推动大发展成就大事业

党的十八大以来，我们党形成并积极推进经济建设、政治建设、文化建设、社会建设、生态文明建设五位一体的总体布局，形成并积极推进全面建成小康社会、全面深化改革、全面依法治国、全面从严治党的战略布局。“五位一体”和“四个全面”相互促进、统筹联动、有机协调，大思路引领大改革，大改革推动大发展，大发展成就大事业，中国特色社会主义的市场经济、民主政治、先进文化、和谐社会、生态文明全面发展，全面建成小康社会决战决胜，中华民族伟大复兴的梦想从来也没有像今天这样更接近成功的可能，一幅政通人和、百业俱兴、民富国强、山河秀美的中国治理图景已自信地屹立于世界东方、惊艳地展现在世人面前，赢得点赞无数、叫好连连。

1. 艰难困苦，中国的选择令人钦佩

不经历风雨，难见到彩虹。世上从来就不存在随随便便的成功。中国今天发展所取得的一切成就，都是历经艰辛探索、艰难困苦、在不懈的拼搏奋斗中努力得来的。回首党的十八大以来的5年，“暮色苍茫看劲松，乱云飞渡仍从容。”在全球经济低迷、增长乏力，世界并不太平的严峻国际环境下，在中国经济社会发展进入新常态，转型升级进入关键期，各种社会矛盾多头汇聚，各种社会问题复杂交织的新形势下，破浪前行的“中国号”巨轮仍能够穿云破雾、行稳致远，全赖于以习近平同志为核心的党中央的坚强领导，全赖于全国各族人民的艰苦奋斗，当然，也更得益于全面深化改革不断迈出新步伐，屡有让人惊艳的大举动。中国共产党和中国人民不怕困难，敢于面对挑战，化危为机，弯道超车的技能勇气，足以让我们自豪，让世人敬佩。

进入新世纪新阶段以来，“世情、国情、党情继续发生深刻变化，我们面临的发展机遇和风险挑战前所未有。”如何把握机遇、沉着应战，发

挥自身优势，扎实推进全面深化改革，跨越“塔西佗陷阱”“修昔底德陷阱”和“中等收入陷阱”，中国共产党领导中国人民围绕全面深化改革对事关经济社会发展、内政外交国防、治党治国治军的15大领域336项改革做出全面细致、周到详尽的规划设计，表现出超人的胆气，以至于海内外舆论广泛称赞中国的改革计划“雄心勃勃”，改革的幅度力度“超预期”，“让国内外大吃一惊”。

在全面深化改革新的历史条件下，面对长期执政的考验、改革开放的考验、市场经济的考验、外部环境变化的考验，针对如何消除并化解精神懈怠的危险、能力不足的危险、脱离群众的危险和消极腐败的危险，中国共产党全面从严治党，刮骨疗毒，猛药去疴，峰回路转，生机勃发，表现出过人的勇气，党的十八大以来，全面从严治党的决心、部署、行动和效果，让世人再一次见证了中国共产党的剑胆琴心，进一步看到了跳出“历史周期律”的希望。

“中国有13亿人口，治理不易，光是把情况了解清楚就不易。”面对8800多万党员的世界第一大政党、13亿多人生活于发展迥异的城乡之中的世界第一人口大国、960多万平方公里的辽阔空间、5000多年历史文明的厚重沉淀，以习近平同志为核心的党中央纵横捭阖，运筹帷幄，明确提出在坚持完善社会主义制度的基础上实现国家治理体系和治理能力现代化的改革总目标，表现出冲天的豪气，它让世人诧异地发现，原来人类国家治理现代化的选择还存在一条通过全面深化改革，坚持中国共产党领导、人民当家作主和依法治国有机统一的别样选择。

经过近40年的快速发展，我国已由低收入国家进入到上中等收入国家行列，但是，如何在建党一百年之际全面建成小康社会，建国一百年之时实现民族伟大复兴，中国共产党是在为自己确定一个几乎难以完成的任务目标。“全面建成小康社会”的核心在于“全面”，内容在于小康，标志在于建成。在我国经济、社会、文化、生态等领域存在的“短板”依然突出的背景下，尤其是尚有5000多万贫困人口至今未能脱贫，如何兑现党和政府对人民、国际社会的庄严承诺，以习近平同志为核心的党中央表现出果敢的志气，“全面小康，一个都不能少”，我们不断要做大蛋糕，更要公平地分好蛋糕。“人民是我们力量的源泉。只要与人民同甘共苦，与人民团结奋斗，就没有克服不了的困难，就没有完成不了的任务。”情真意切的肺腑之言，真实地道出了破解中国之谜的至上奥秘。

全面深化改革，这是在世界最大的发展中国家，人口最多的国家，经济增长曾保持长达30年高速增长的国家，以及经济社会发展极其不平衡、各种矛盾问题相互交织，同时又“六期叠加”正努力破解世界最大发展难题的国家展开的世界上最复杂的改革。怎样带领这样一个大国跨过关键的历史关口，有效应对重大风险挑战、克服重大矛盾阻力、取得重大突破胜利，以习近平同志为核心的党中央表现出坚毅的英气。还在主持中央全面深化改革领导小组第一次会议时，习近平总书记就指出，全面深化改革是一场持续的攻坚战，需要有勇气、有胆识，敢于吃螃蟹，敢于涉险滩，敢于破藩篱，敢于担责任。“必须以更大的政治勇气和智慧，不失时机深化重要领域改革”，“改革开放只有进行时没有完成时”。“要做好承受改革压力和改革代价的思想准备，对党和人民事业有利的，对最广大人民有利的，对实现党和国家兴旺发达、长治久安有利的，该改的就要坚定不移改。”唯其艰难，更显勇毅。改革者强，创新者进。党的十八大以来，以习近平同志为核心的党中央正是以问题为导向，敢于直面难题，积极回应挑战，抓铁有痕，踏石留印，激荡起经济社会发展的蓬勃动力，推动中国改革发展的航船破浪驶向复兴的彼岸。中国已变样，当惊世界殊！

2. 玉汝于成，中国的成就世人赞许

党的十八大以来这5年，以习近平同志为核心的党中央团结带领全国各族人民，紧紧围绕实现“两个一百年”奋斗目标和中华民族伟大复兴的中国梦，奋力开拓，奋发有为，开辟了治国理政新境界，开创了党和国家事业发展新局面。这5年，全面深化改革取得重大进展，十八届三中全会确定的15大领域、60个方面、336项改革措施都已细化为具体方案，国有企业、财税金融、科技创新、土地制度、对外开放、文化教

育、司法公开、环境保护、养老就业、医药卫生、党建纪检等主要领域“四梁八柱”性改革已全面铺开，顺利推进，成果显现，举世瞩目；这5年，我们定位新常态、适应新常态、引领新常态，通过一系列创新举措，实践“创新、协调、绿色、开放、共享”五大发展理念，中国经济奋力实现速度变化、结构优化和动力转化，2017年，国内生产总值已达74.4万亿元，GDP增长率为6.7%，名列世界前茅，对全球经济增长的贡献率超过30%，成为推动世界经济增长的主要引擎；这5年，以习近平同志为核心的党中央创新马克思主义建党学说，坚定不移推进全面从严治党、依规治党，直击积弊、扶正祛邪，重构政治生态，党的向心力、凝聚力、战斗力不断增加，执政能力不断提升，一个现代化建设水平不断提高、执掌中国改革发展能力不断增强的中国共产党正在赢得中国人民的真心拥护和无限信赖；这5年，中国顺应和平、发展、合作、共赢的时代潮流，积极开展和平合作的外交工作，打造人类命运共同体，开启中国特色大国外交新征程，越来越多的世人发现，“世界那么大，问题那么多，国际社会期待听到中国声音、看到中国方案，中国不能缺席”，中国正日益走进世界舞台的中央，为全人类对美好制度的探索贡献着“中国智慧”“中国方案”。

5年来，中国经济社会发展到底有多少变化增长的新数据，人民生活水平提升到底有多少道不尽、说不完的新实惠，全面深化改革到底有多少日新月异的新进展，我们一时还无法统计清楚，可能也很难说得清楚。但是，回首5年来时路，我们面对的是世界经济和贸易增速最低、国际金融市场波动加剧、地区和全球性挑战突发多发的外部环境，面对的是国内结构性问题突出、风险隐患显现、经济下行压力加大的多重困难，面对的是改革进入攻坚期、利益关系深刻调整、影响社会稳定因素增多的复杂局面。在这样艰难困苦、错综复杂的局势下，中国经济能够稳得住并出现诸多向好变化，全面深化改革能够抓得牢、行得稳，这足以表明，中国共产党和中国人民有勇气、有智慧、有能力战胜任何艰难险阻，中国经济有潜力、有韧性、有优势，中国的发展前景一定会更好。我们应该为自己感到骄傲自豪！

七、法安天下，德润人心

党的十八大以来，以习近平同志为核心的党中央围绕推进国家治理体系和治理能力现代化和全面推进依法治国提出了一系列新观点、新论断和新要求，形成了“四个全面”战略布局和五大发展理念。德治和法治的关系问题既是一个构建社会主义法治理论、法治话语体系的重要理论议题，又是一个坚持社会主义法治道路、建设社会主义法治体系必须要处理好的重大实践问题。围绕这一问题，2016 年 12 月 9 日，习近平总书记在中共中央政治局第 37 次集体学习时明确指出：在新的历史条件下，我们要把依法治国基本方略、依法执政基本方式落实好，把法治中国建设好，必须坚持依法治国和以德治国相结合，使法治和德治在国家治理中相互补充、相互促进、相得益彰，推进国家治理体系和治理能力现代化①。

（一）深刻把握坚持依法治国和以德治国相结合的理论基础

1. 德治与法治关系的问题是国家治理中的重大课题

德治与法治的关系问题，是中西方国家治理当中共同面临的重大课题，该问题的实质就是追问国家应当如何来治理、依据何种规范实施治理，其中争论的焦点就是在国家治理当中，人的作用和制度的作用、法律与道德地位和作用孰轻孰重。围绕这一问题，中国古代先秦时期即形

① 《坚持依法治国和以德治国相结合　推进国家治理体系和治理能力现代化》，《人民日报》2016 年 12 月 11 日。

成了法家与儒家的两大理论阵营，法家起自春秋时代的管仲和商鞅，成于战国晚期的韩非，其主要思想是国家治理的基础在于刑赏，一以止奸，一以劝善，因此“秉权而立”的统治者应该“垂法而治”。德治是儒家政治思想体系和伦理思想的主要内容，其代表人物是孔子、孟子和荀子，孔子强调“为政在人”，国家应由具有高尚道德的圣君、贤人通过道德感化来进行治理，“为政以德，譬如北辰，居其所而众星共之”。继孔子之后，孟子补充了德治的人性基础，他认为“人之初，性本善”，因而统治者应“以不忍之心，行不忍之政，治天下可运之掌上”。荀子作为战国后期的儒家代表，在提出人性本恶论的基础上主张“隆礼重法”，强调“治之经，礼与刑，君子以修百姓宁”。儒法两家关于国家治理的论争最终在西汉经由董仲舒的阐发整合，确立了以“贤能政治”“德主刑辅”和“礼法合治”为主要特征的中国古代治理模式①。中国古代强调德主刑辅、礼法合治，其中的“礼”是积极、主动的规范，是禁恶于未然的预防，它总是从正面主动地提出要求对人们的言行作出正面的指导，明确地要求人们应该做什么、不应该做什么，可以做什么、不可以做什么，其功能重在教化。其中的法，主要指“刑”，是消极的处罚是惩恶于已然的制裁。对于一切违背“礼”的行为进行刑罚处罚其功能重在“制裁”。凡是“礼”所禁止的行为亦必然为“刑”所不容，即所谓“礼之所去刑之所取”。中国古代治理在实现礼法结合的实践上主要表现为将礼的精神贯穿立法、司法和执法始终，用法的手段保障礼的规范的实现，比如以经义来断事决狱、“礼仪与律令同录”、德赏刑罚必须与阴阳、五行、四时变化相符、根据礼书规定和纲常伦理来施令与行法等等②。

西方关于法治与德治关系问题的讨论则主要围绕实证法与正义法、自然法，法律与道德关系展开，形成了贯穿西方法治历史的自然法学与实证法学的两大思想流派论争，与中国古代总是深究法治与德治孰优孰劣不同，法治在西方的治理理论变迁中占据着一种相对优势地位，其争

---

① 汤一介：《论儒家的礼法合治》，《北京大学学报（哲学社会科学版）》2012 年第 3 期。

② 陈景良：《礼法传统与中国现代法治》，《孔子堂》2015 年第 4 期。

论的重心在于法律的正当性议题，自然法理论始终绵延不绝，就是因为它们认为法律不单纯是一种政治意志的决断，而是必须符合社会理性的标准方具有正当性，无论这种标准是自然理性、神圣理性还是人为理性。西方在古希腊时期存在法治与德治的争论，比如柏拉图在《理想国》中即主张贤人政治，认为最好的统治者应具备哲学家的素质，是一个哲学王，而在后期的《法律篇》中他又转而支持法治①；而亚里士多德在《政治学》一书中明确“法治应当优于一人之治”并为法治提出了一个影响至今的经典定义：“法治应包含两重意义：已成立的法律获得普遍的服从；而大家所服从的法律又应该本身是制定良好的法律”②。中世纪时代的相关争议则是教会与国王政治斗争的一种法理呈现，其核心议题是神权自然法与世俗法的关系问题，这场斗争最终以政教分离原则的确立与现代民族国家的胜出而告终，此后法律便被普遍认为是一种国家意志的体现，但其依然必须符合自然法或理性法，法是一种理性意志而非专断意志。19 世纪中叶开始，伴随着资本主义的兴起和资产阶级革命的胜利，法律实证主义成为了一种主流观点，其在法律与道德关系问题上主张“法律是什么”和“法律应当是什么”是两个没有必然联系的问题，强调国家治理上应当在尊重社会自治的基础上实行“法律人之治”和“法的统治”，同时将道德主要视为一种个人自律的事务。20 世纪以来，尤其是二战之后，西方世界经历了一次自然法思想复兴（以拉德布鲁赫、德沃金、朗·富勒、约翰·菲尼斯等为代表）与政治正义理论的回潮（以罗尔斯、诺奇克、哈贝马斯等为代表），这一方面体现了西方社会对于那段曾经遭受过的法西斯主义侵害岁月的深刻反思，同时也表明他们对发生在经济社会结构大变革背景下的政治体制和治理格局革新进行了理论总结，最终结果是在法律与道德关系问题上，主流法律理论吸纳了新自然法学的观点，强调法治之法必须具备特定的权威基础。

中国古代所奉行的德主刑辅、礼法合治模式与西方近代以来所确立的民主法治模式存在着思想和实践上的双重分歧。造成这种分歧的原因

① 郁建兴：《法治与德治衡论》，《哲学研究》2001 年第 4 期。

② 〔古希腊〕亚里士多德著，吴寿彭译：《政治学》，商务印书馆 2014 年版，第 199 页。

我们认为主要可由两个方面加以分析：一方面中西方不同的经济结构与生产生活方式决定了不同的政治体制和治理模式安排。马克思主义认为，经济基础决定其上层建筑。中国传统社会里以农业为主体的经济结构、以手工劳动为主要的生产方式和以家族聚居为重心的生存方式塑造了一种以人伦秩序的维持为基础的国家政治秩序和礼法合治的规则治理体系，而西方自中世纪中后期以来，资本主义生产方式兴起并逐步确立起以工业化生产和城市里生活为重心的社会基础结构，市场经济秩序的维持和“陌生人”间关系的调节要求国家以法治作为国家治理的基本方式。另一方面则源于各自理论传统上的关于社会秩序建构原理上的不同理解和重大差异。中国古代所欲建立和维持的乃是一种差序格局，试图通过差异化配置不同身份主体的权利和义务，并经由国家的道德教化和刑罚威慑促使其“安分守己”，实现“长治久安”，因而其治理理论的真正要害乃是“正名”，奉行家族本位与法律特殊主义，“国”乃“家”的扩大化，国法与家法互为基础、相互拱卫；西方现代法治则是以公民地位平等为前提，经由私人之间或私人与国家之间“契约”的建构形成彼此之间的社会关系，奉行市场本位与法律普遍主义，因而其秩序原理可以称之为契约秩序或平权秩序，这一点仅从社会契约理论在近代以来的西方法治政治理论中的显赫地位和深刻影响就可以印证。

2. 必须辩证地理解法律与道德的关系问题

坚持依法治国与以德治国相结合，其理论基础在于由国家治理的视角认识法律和道德的关系问题。习近平总书记指出，“法律是成文的道德，道德是内心的法律。法律和道德都具有规范社会行为、调节社会关系、维护社会秩序的作用，在国家治理中都有其地位和功能。法安天下，德润人心。法律有效实施有赖于道德支持，道德践行也离不开法律约束。法治和德治不可分离、不可偏废，国家治理需要法律和道德协同发力”，这就为我们从法治与德治的概念与内涵、地位与功能、相互作用几个方面科学论证了坚持依法治国和以德治国的理论基础。

坚持依法治国与以德治国相结合，必须辩证地理解法律与道德的关系问题，同时发挥好法律与道德对于国家治理的积极作用。在理解法律与道德的辩证关系上，我们认为有以下几点是值得注意的：

（1）法律与道德在概念上既有联系又有区别。

就相互联系而言，法律与道德都是社会规范的范畴，其基本作用都在于规范社会行为、调节社会关系、维护社会秩序。同时，历史唯物主义认为，法律与道德同属于上层建筑，其性质与作用方向是由经济基础决定的，但法律与道德也对经济基础有着巨大的反作用，同时两者之间又相互依存、相互交叉、相互影响。就两者的区别而言，法律由国家制定或认可，以权利义务为主要规范内容，其条款以行为模式和法律效果为基本的逻辑结构，依靠国家强制力保证实施，而道德主要是体现为"人类精神的自律"，它既包括人们关于善与恶、美与丑、公正与偏私、诚实与虚伪、正义与非正义等观念形态，也包括与这些观念相对应的伦理行为规范，道德的规范作用主要通过社会舆论、内心信念和传统习惯等精神力量来实现①。

（2）法律与道德在内容上相互交叉、相互渗透。

广义的道德既包括要求每一个社会成员共同遵守的狭义道德，又包括以自我牺牲和自我超越为本质特征的美德，② 因而法律与美德的关系在内容上一般各不统属，而我们所理解的法律与道德的关系，主要是指法律与狭义道德的关系，两者都体现了构建一个社会秩序所必需的底线要求和可普遍化原则，因而在调整范围上基本处于重合关系。与此同时，公民的法律意识、法律规定的基本原则本身就是一定社会的道德意识和道德原则的反映，法律制度的具体规定当中有大量的内容就是道德的要求。一般来说，凡是法律所禁止和制裁的行为，也是狭义的道德所禁止和谴责的行为；凡是法律所要求和鼓励的行为，也是狭义的道德所培养和倡导的行为。

（3）法律与道德在功能上相互促进、相得益彰。

在传统社会，法律往往与宗教、道德、习俗混为一体，共同发挥着

---

① 吴汉东：《道德的法律化与法律的道德化》，《法商研究》1998 年第 2 期。

② 唐代兴：《道德与美德辨析》，《伦理学研究》2010 年第 1 期。

对于社会成员的约束和规范作用。在现代社会，社会规范发生了分化，各有其不同的调整范围和调整方式，法律主要作为一种国家意志的体现而自成一体，道德则主要是个人自律的要求，尽管如此，法律与道德在功能上依然是相互促进、相得益彰。一方面，法律主要以国家制裁为后盾，发挥着令行禁止和社会控制的功能，道德则以其教育感化的方式敦促人严以律己、弃恶从善。另一方面，法律有效实施有赖于道德支持，道德践行也离不开法律约束，符合道德要求的法律内容往往更容易获得人们的自觉遵守，而综合运用道德和法律手段治理社会失德行为比单纯的教育引导更有成效。

（二）坚持两手抓、两手都要硬，推进依法治国和以德治国相结合

1. 坚持依法治国与以德治国相结合的重大意义

坚持依法治国和以德治国相结合是坚持中国特色社会主义法治道路的重要内容。习近平总书记强调，改革开放以来，我们深刻总结我国社会主义法治建设的成功经验和深刻教训，把依法治国确定为党领导人民治理国家的基本方略，把依法执政确定为党治国理政的基本方式，走出了一条中国特色社会主义法治道路。这条道路的一个鲜明特点，就是坚持依法治国和以德治国相结合，强调法治和德治两手抓、两手都要硬。这既是历史经验的总结，也是对治国理政规律的深刻把握。坚持中国特色社会主义法治道路的核心要义，就是坚持中国共产党的领导，坚持中国特色社会主义制度，贯彻中国特色社会主义法治理论。党的领导是中国特色社会主义最本质的特征，是社会主义法治最根本的保证；中国特色社会主义制度是中国特色社会主义法治体系的根本制度基础，是全面推进依法治国的根本制度保障；中国特色社会主义法治理论是中国特色社会主义法治体系的理论指导和学理支撑，是全面推进依法治国的行动指南。这三个方面规定和确保了建设中国特色社会主义法治体系、建设社会主义法治国家的制度属性和前进方向。

坚持依法治国与以德治国相结合是实现全面依法治国总目标的基本原则。2014 年《中共中央关于全面推进依法治国若干重大问题的决定》指出：全面推进依法治国，必须坚持依法治国和以德治国相结合。国家和社会治理需要法律和道德共同发挥作用。必须坚持一手抓法治、一手抓德治，大力弘扬社会主义核心价值观，弘扬中华传统美德，培育社会公德、职业道德、家庭美德、个人品德，既重视发挥法律的规范作用，又重视发挥道德的教化作用，以法治体现道德理念、强化法律对道德建设的促进作用，以道德滋养法治精神、强化道德对法治文化的支撑作用，实现法律和道德相辅相成、法治和德治相得益彰。

坚持依法治国和以德治国相结合体现了以习近平同志为核心的党中央在全面推进依法治国中统筹法治建设和道德建设的新要求。改革开放以来，我们党在推进社会主义法治建设的过程中，始终强调要把法治建设和道德建设结合起来。党的十一届三中全会在总结社会主义民主法治建设经验教训的基础上，提出要“扩大社会主义民主、健全社会主义法制”，邓小平作为党的第二代领导集体的核心不仅提出并确立了新时期社会主义法制建设的基本方针，而且最早由社会主义物质文明和精神文明建设两手抓、两手都要硬的角度论证了法制建设与道德建设的关系问题，1986 年出台的《中共中央关于社会主义精神文明建设指导方针的决议》明确规定：“加强社会主义民主和法制的建设，根本问题是教育人。要从小学开始，在进行理想、道德、文明礼貌等教育的同时，进行民主、法制和纪律的教育”。江泽民同志第一次系统地阐述了依法治国和以德治国相结合的战略思路，他在 2001 年 1 月召开的全国宣传部长会议上的讲话中提出“我们在建设有中国特色社会主义，发展社会主义市场经济的过程中，要坚持不懈地加强社会主义法制建设，依法治国，同时也要坚持不懈地加强社会主义道德建设，以德治国。我们应始终注意把法制建设与道德建设紧密结合起来，把依法治国与以德治国紧密结合起来”①。以胡锦涛同志为总书记的党中央从构建社会主义和谐社会的高度，在领导

① 《江泽民文选》第 3 卷，人民出版社 2006 年版，第 200 页。

我们党确立依法执政的基本方式的同时，提出了以依法治国、执法为民、公平正义、服务大局、党的领导五个方面内容的社会主义法治理念，要求社会主义法治建设必须贯彻社会主义法治理念，坚持民主与法治、法治与道德共同建设。党的十八大以来，以习近平同志为核心的党中央围绕社会主义法治国家建设提出了一系列新思想、新任务、新要求，从坚持中国特色社会主义法治道路，建设中国特色社会主义法治体系的战略高度，强调要坚持依法治国和以德治国相结合，要努力把社会主义核心价值融入社会主义法治建设，要注重运用法律手段推动解决道德领域突出问题。2013 年 12 月中共中央办公厅印发《关于培育和践行社会主义核心价值观的意见》，2016 年 12 月，中共中央办公厅、国务院办公厅又印发了《关于进一步把社会主义核心价值观融入法治建设的指导意见》，把习近平总书记提出的要求进一步明确化、具体化、制度化。

坚持依法治国和以德治国相结合是围绕解决国家治理领域存在的现实问题作出的重大战略安排。党的十八大以来，在以习近平同志为核心的党中央坚强领导下，各地各部门坚持一手抓法治、一手抓德治，社会主义法治建设和道德建设都取得了长足的进步。但是，与推进国家治理现代化要求相比，还存在着不小的差距。在法治领域，有的法律和政策价值导向不鲜明，针对性、可操作性不强；有法不依、执法不严、违法不究现象还时有发生；部分社会成员尊法信法守法用法、依法维权意识不强，一些国家工作人员特别是领导干部依法办事观念不强，知法犯法、以言代法、以权压法、徇私枉法现象依然存在，全民法治观念需要进一步加强①。在道德领域，在市场经济大发展的今天，少数人眼中只看钱、心中只想钱。为了钱，可以不顾道德、甚至不顾法律，心中没有底线、眼中没有国法。一些人混淆是非、善恶、美丑界限，信仰拜金主义、享乐主义和个人主义，损害了公众利益，败坏了民风社风，在某些地方、某些领域甚至出现好人被讹、好人吃亏的现象，影响十分恶劣，人民群众反映强烈。虽然党和政府采取了许多措施加以治理，但是效果并不十

① 《中宣部负责人就〈关于进一步把社会主义核心价值观融入法治建设的指导意见〉答记者问》，《人民日报》2016 年 12 月 26 日。

分明显[1]。要解决好这些问题，必须更加注重到法治建设领域融入社会主义核心价值的要求，更加注重运用法治思维和法治方式治理社会失德现象。

2. 促进依法治国和以德治国相结合的实践重心

习近平总书记不仅科学地论证了依法治国和以德治国相结合的理论基础，同时也为我们党在统筹推进法治建设和道德建设，促进依法治国和以德治国相结合指明了工作方向。一方面，我们要注重发挥好道德对于法治建设的支撑和滋养作用。习近平总书记指出，要强化道德对法治的支撑作用。坚持依法治国和以德治国相结合，就要重视发挥道德的教化作用，提高全社会文明程度，为全面依法治国创造良好人文环境。要把道德要求贯彻到法治建设中。法律法规要树立鲜明道德导向，弘扬美德义行，立法、执法、司法都要体现社会主义道德要求，都要把社会主义核心价值观贯穿其中，使社会主义法治成为良法善治。要把实践中广泛认同、较为成熟、操作性强的道德要求及时上升为法律规范，引导全社会崇德向善。另一方面，我们也要注重发挥法治对于道德建设和道德教育的制度支撑和实施保障，习近平总书记指出：要在道德体系中体现法治要求，发挥道德对法治的滋养作用，努力使道德体系同社会主义法律规范相衔接、相协调、相促进。要在道德教育中突出法治内涵，注重培育人们的法律信仰、法治观念、规则意识，引导人们自觉履行法定义务、社会责任、家庭责任，营造全社会都讲法治、守法治的文化环境。要运用法治手段解决道德领域突出问题。法律是底线的道德，也是道德的保障。要加强相关立法工作，明确对失德行为的惩戒措施。要依法加强对群众反映强烈的失德行为的整治。对突出的诚信缺失问题，既要抓紧建立覆盖全社会的征信系统，又要完善守法诚信褒奖机制和违法失信惩戒机制，使人不敢失信、不能失信。对见利忘义、制假售假的违法行为，要加大执法力度，让败德违法者受到惩治、付出代价。要坚持严格

---

① 习近平：《运用法治手段解决道德领域突出问题》，中国干部学习网，http：//www.celn.gov.cn/xxzgyc/220008.shtml.

执法，弘扬真善美、打击假恶丑。要坚持公正司法，发挥司法断案惩恶扬善功能。

党的十八大以来，我们党按照习近平总书记提出的要求，统筹推进法治建设和道德建设，在促进依法治国和以德治国相结合上取得了显著的成就。2013 年 12 月，中共中央办公厅印发《关于培育和践行社会主义核心价值观的意见》，2015 年 4 月，中央宣传部、中央文明办印发《培育和践行社会主义核心价值观行动方案》，2016 年 12 月，中共中央办公厅、国务院办公厅印发了《关于进一步把社会主义核心价值观融入法治建设的指导意见》为推进新时期社会主义道德建设，促进依法治国和以德治国相结合提供了基本依循和行动指南。《关于培育和践行社会主义核心价值观的意见》强调，法律法规是推广社会主流价值的重要保证。要把社会主义核心价值观贯彻到依法治国、依法执政、依法行政实践中，落实到立法、执法、司法、普法和依法治理各个方面，用法律的权威来增强人们培育和践行社会主义核心价值观的自觉性。厉行法治，严格执法，公正司法，捍卫宪法和法律尊严，维护社会公平正义。加强法制宣传教育，培育社会主义法治文化，弘扬社会主义法治精神，增强全社会学法尊法守法用法意识。注重把社会主义核心价值观相关要求上升为具体法律规定，充分发挥法律的规范、引导、保障、促进作用，形成有利于培育和践行社会主义核心价值观的良好法治环境。《关于进一步把社会主义核心价值观融入法治建设的指导意见》进一步提出：要推动社会主义核心价值观入法入规，要坚持以社会主义核心价值观为引领，恪守以民为本、立法为民理念，把社会主义核心价值观的要求体现到宪法法律、法规规章和公共政策之中，转化为具有刚性约束力的法律规定。

（三）抓住关键的少数，切实提高全民法治意识和道德自觉

坚持依法治国与以德治国相结合，既要靠建设，又要靠教育，要协调推进法治教育和道德教育，既要抓住关键的少数，又要提升全民的素质。关于干部法治教育和道德教育，习近平总书记指出，要发挥领导干

部在依法治国和以德治国中的关键作用。领导干部既应该做全面依法治国的重要组织者、推动者，也应该做道德建设的积极倡导者、示范者。要坚持把领导干部带头学法、模范守法作为全面依法治国的关键，推动领导干部学法经常化、制度化。以德修身、以德立威、以德服众，是干部成长成才的重要因素。领导干部要努力成为全社会的道德楷模，带头践行社会主义核心价值观，讲党性、重品行、作表率，带头注重家庭、家教、家风，保持共产党人的高尚品格和廉洁操守，以实际行动带动全社会崇德向善、尊法守法。关于提高全面法治意识和法治自觉，习近平总书记强调，法律要发挥作用，首先全社会要信仰法律；道德要得到遵守，必须提高全体人民道德素质。要加强法治宣传教育，引导全社会树立法治意识，使人们发自内心信仰和崇敬宪法法律；同时要加强道德建设，弘扬中华民族传统美德，提升全社会思想道德素质。要坚持把全民普法和全民守法作为依法治国的基础性工作，使全体人民成为社会主义法治的忠实崇尚者、自觉遵守者、坚定捍卫者。要深入实施公民道德建设工程，深化群众性精神文明创建活动，引导广大人民群众自觉践行社会主义核心价值观，树立良好道德风尚，争做社会主义道德的示范者、良好风尚的维护者。

围绕提高党员干部和全民的法治素养和道德自觉，2017 年 6 月，中共中央、国务院转发了《中央宣传部、司法部关于在公民中开展法治宣传教育的第七个五年规划（2016—2020 年）》，确定法治宣传教育的对象是一切有接受教育能力的公民，重点是领导干部和青少年，突出强调了坚持法治教育和道德教育相结合的重要性。具体而言：

一是坚持把领导干部带头学法、模范守法作为树立法治意识的关键。完善国家工作人员学法用法制度，把宪法法律和党内法规列入党委（党组）中心组学习内容，列为党校、行政学院、干部学院、社会主义学院必修课；把法治教育纳入干部教育培训总体规划，纳入国家工作人员初任培训、任职培训的必训内容，在其他各类培训课程中融入法治教育内容。

二是要坚持从青少年抓起。切实把法治教育纳入国民教育体系，制定和实施青少年法治教育大纲，在中小学设立法治知识课程，确保在校学生都能得到基本法治知识教育。完善中小学法治课教材体系，编写法治教育教材、读本，地方可将其纳入地方课程义务教育免费教科书范围，在小学普及宪法基本常识，在中、高考中增加法治知识内容，使青少年从小树立宪法意识和国家意识。将法治教育纳入“中小学幼儿园教师国家级培训计划”，加强法治课教师、分管法治教育副校长、法治辅导员培训。充分利用第二课堂和社会实践活动开展青少年法治教育，在开学第一课、毕业仪式中有机融入法治教育内容。加强对高等院校学生的法治教育，增强其法治观念和参与法治实践的能力。强化学校、家庭、社会“三位一体”的青少年法治教育格局，加强青少年法治教育实践基地建设和网络建设。

三是坚持法治教育和道德教育相结合。推进法治教育与道德教育相结合。坚持依法治国和以德治国相结合的基本原则。以法治体现道德理念。以道德滋养法治精神。促进实现法律和道德相辅相成、法治和德治相得益彰。大力弘扬社会主义核心价值观。弘扬中华传统美德，培育社会公德、职业道德、家庭美德、个人品德，提高全民族思想道德水平，为全面依法治国创造良好人文环境。强化规则意识，倡导契约精神，弘扬公序良俗，引导人们自觉履行法定义务、社会责任、家庭责任。发挥法治在解决道德领域突出问题中的作用，健全公民和组织守法信用记录，完善守法诚信褒奖机制和违法失信行为惩戒机制。

八、扬我国威

“建设与中国国际地位相称、与国家安全和发展利益相适应的巩固国防和强大军队，是中国现代化建设的战略任务。”[①] 党的十八大开启了以习近平同志为核心的中共中央领导中国国防和军队建设的新时代。中共中央、中央军委深刻总结党的建军治军成功经验，考量国际战略形势和国家安全环境发展变化，着眼于解决军队建设面临的突出矛盾和问题，提出了实现强军目标、建设世界一流军队的重大战略思想，丰富和发展了中国共产党军事指导理论，成为新形势下加强国防和军队建设的根本遵循。

（一）确立党在新形势下的强军目标和确立新形势下军事战略方针

党的十八大以来，世界形势正在发生冷战结束以来最为深刻复杂的变化，中国全面建成小康社会进入决定性阶段，国家安全和发展形势更趋复杂。习近平主席从时代发展和战略全局高度，鲜明提出“建设一支听党指挥、能打胜仗、作风优良的人民军队”这一党在新形势下的强军目标。在 2012 年 11 月 15 日的中央军委常务会议上，习近平主席提出了强军目标的重要思想观点。强调紧紧围绕“能打仗、打胜仗”的目标，把人民解放军建设成为“召之即来、来之能战、战之必胜”的威武之师。同年 12 月，习近平主席在视察广州战区时，首次提出强军梦的思

① 《解放军报》2012 年 11 月 18 日。

想，较为完整地阐述了强军目标的基本内容。在年底的军委扩大会议上，习近平主席提出要为建设一支听党指挥、能打胜仗、作风优良的人民军队而奋斗。2013 年 3 月 11 日，习近平主席在第十二届全国人民代表大会第一次会议解放军代表团全体会议上首次明确提出党在新形势下的强军目标，并要求全军准确把握这一强军目标，用以统领军队建设、改革和军事斗争准备。2016 年 2 月，习近平主席在军委扩大会议上进一步提出了"实现强军目标、建设世界一流军队"的奋斗目标，使强军兴军的奋斗方向更加清晰和明确。

听党指挥是灵魂，是人民解放军的立军之本、强军之魂，决定军队建设的政治方向。能打胜仗是核心，是人民军队的强军之要，反映军队的根本职能和军队建设的根本指向。作风优良是保证，关系军队的性质、宗旨、本色。强军目标既体现了中国共产党一以贯之的建军治军指导思想和方针原则，又与时俱进，是新形势下党的建军治军理念的凝练升华，是建设巩固国防和强大军队的行动纲领。全军部队深刻领会强军目标的重大意义、科学内涵和实践要求，切实铸牢强军之魂、扭住强军之要、夯实强军之基，自觉用以武装头脑、指导实践、推动工作，形成了同心聚力实现强军梦的生动局面。

军事战略方针是统揽军事力量建设和运用的总纲，积极防御战略思想是中国共产党军事战略思想的基本点。十八大以来，中共中央、中央军委敏锐洞察国内外形势，科学把握战争形态演变的规律和人民军队的使命和任务，对积极防御军事战略方针的内容进行了充实和调整。

新形势下军事战略方针将军事斗争准备基点放在打赢信息化局部战争上，突出海上军事斗争和军事斗争准备，有效控制重大危机，妥善应对连锁反应，坚决捍卫国家领土主权、统一和安全；创新基本作战思想，着眼信息化局部战争的特点规律和制胜机理，根据各个方向安全威胁和军队能力建设实际，发扬人民解放军机动灵活的战略战术传统，坚持灵活机动、自主作战的原则，你打你的、我打我的，运用诸军兵种一体化作战力量，把握体系作战这个信息化战争的本质，始终把制信息权放在夺取战场综合控制权的核心地位，着眼破敌作战体系进行精确打击，实施信息主导、精打要害、联合制胜的体系作战；优化军事战略布局，以更广阔的战略视野谋划军队建设，搞好军队走出去的战略运筹，增强在全球范围内遂行多样化军事任务的能力，构建全局统筹、分区负责，相互策应、互为一体的战略部署和军事布势，应对太空、网络空间等新型安全领域威胁，维护共同安全，加强海外利益攸关区国际安全合作，维护海外利益安全。①

将军事斗争准备基点放在打赢信息化局部战争上，有利于将全军军事斗争准备聚焦在打赢信息化局部战争的核心作战能力上，有利于掌握军事斗争战略主动权，为在更高起点上推进军队建设和军事斗争准备明确了新的标准和努力方向。人民解放军积极贯彻新形势下军事战略方针，坚持以军事斗争准备为龙头带动信息化建设实现跨越式发展；着眼形成现代战斗力生成模式，加强新型作战力量建设，加快现代后勤建设步伐，发展高新技术武器装备，加强高素质新型军事人才培养，推进军民融合深度发展；努力深化国防和军队改革，把握军事需求，使各项改革同军事战略方针指向和要求一致起来，提高了改革筹划和实施的科学性。

（二）贯彻新形势下政治建军方略

新形势下，人民军队紧紧扭住坚持党对军队绝对领导这个根本不放松，抓整顿下大力气解决问题积弊，努力把理想信念、党性原则、战斗力标准、政治工作威信四个带根本性的东西牢固立起来，着力培养有灵魂、有本事、有血性、有品德的新一代革命军人，进一步推动政治工作创新发展。为大力加强思想政治教育，全军先后开展了一系列主题教育活动，主要有“坚定信念、铸牢军魂”主题教育活动、党的群众路线教育实践活动、“三严三实”专题教育、“两学一做”学习教育、改革强军主题教育。为使全军部队全面认识实施改革强军战略的重大意义和丰富内涵等。

① 中华人民共和国国务院新闻办公室：《中国的军事战略》，人民出版社2015年版，第10页。

1. 古田全军政治工作会议召开

由于长期处于相对和平环境，受多种外在因素和内在体制机制不健全等影响，人民解放军政治工作领域累积了诸多的沉疴流弊，已经到了非解决不可的地步。人民解放军走到了又一次自我革新的历史关头。2014 年 10 月 30 日—11 月 2 日，全军政治工作会议在福建省上杭县古田镇召开。四总部有关领导，大单位主要领导和政治部主任，军委办公厅领导，副大军区级和军级单位政治委员，总部和大单位机关有关同志，基层和英模代表，以及公安部有关领导共 420 余名代表出席会议。根据习近平主席重要讲话精神，在会议讨论的基础上，中央军委就新形势下军队政治工作若干问题作出决定（即《关于新形势下军队政治工作若干问题的决定》）。

《决定》坚持以马克思列宁主义、毛泽东思想、邓小平理论、“三个代表”重要思想、科学发展观为指导，深入贯彻习近平总书记系列重要讲话精神，着眼实现中华民族伟大复兴的中国梦，实现党在新形势下的强军目标，坚持思想建党、政治建军原则，贯彻整风精神，着力回答和解决新的历史条件下党从思想上政治上建设军队的重大问题，确立军队政治工作的时代主题，纠正军队思想、组织、作风等方面存在的突出问题，明确加强和改进新形势下军队政治工作的总体要求、指导原则、重点任务和思路举措。《决定》对弘扬人民军队政治工作的光荣传统和优良作风，在强军兴军征程中更好地发挥政治工作生命线作用，具有重大而深远的指导意义。

这次全军政治工作会议由习近平亲自提议在古田召开。会议贯彻整风精神，研究解决了新的历史条件下党从思想上政治上建设军队的重大问题，为加强和改进新形势下人民解放军政治工作指明了方向，在人民解放军建军史上具有里程碑的意义，被称为“新古田会议”。

2. 加强军委主席负责制

军委主席负责制，是宪法明确规定的中国军事制度的重要内容，是党对军队绝对领导根本制度的最高实现形式。认真贯彻落实军委主席负责制，就是要坚持全国武装力量由军委主席统一领导和指挥，国防和军队建设一切重大问题由军委主席决策和决定，中央军委全面工作由军委主席主持和负责，严格落实军委工作规则。新形势下，切实制定和落实军委主席负责制的相关制度，构建军委主席负责制高效运行的新体制，确保党指挥枪原则落地生根，具有重要的现实意义。

2012 年 11 月，习近平主席在新一届中央军委第一次常务会议上，亲自主持审议修订《中央军事委员会工作规则》，使军委的工作职责更加明确，工作程序更加规范。2014 年 4 月，中央军委印发的《关于贯彻落实军委主席负责制建立和完善相关工作机制的意见》明确指出，为确保军委主席决策指示的贯彻执行，确保军委主席及时掌握国防和军队建设情况、领导指挥军事斗争准备和重大军事行动，必须建立和完善请示报告、督促检查、信息服务工作机制。在坚持军委集中统一领导和军委主席负责制的大前提下，要正确把握集中统一领导和按级分工负责的关系，该请示报告的必须请示报告，该自己负责的就要自己负责，既不超越权限，又不推诿责任，做到守土有责、守土负责、守土尽责。同年 11 月，古田全军政治工作会议通过的《关于新形势下军队政治工作若干问题的决定》要求，坚决贯彻确保军委主席负责制有效落实的制度机制。2015 年 2 月，中央军委《关于新形势下深入推进依法治军从严治军的决定》指出，必须健全完善贯彻军委主席负责制的体制机制，严格落实军委主席负责制的各项制度规定。这些法规文件，明确了军委主席负责制的地位作用和运行方式，丰富完善了军委主席负责制贯彻落实的制度机制。

2015 年底至 2016 年初，相继成立陆军领导机构、火箭军和战略支援部队，总部制改为军委多部门制，设立战区，建立军委、战区联合指挥机构，形成军委管总、战区主战、军种主建的格局。这是中共中央、中央军委立足党情国情军情，在把握现代军队领导指挥特点和规律的基础上确定的，有利于在新形势下确保党对军队的绝对领导，确保军委高效指挥军队，确保军委科学谋划和加强部队建设管理。

3. 大力开展作风建设和反腐倡廉，加强干部队伍建设

党的十八大以来，中共中央、中央军委以作风建设为切入点从严管党治党，贯彻中央八项规定精神，制定和落实军委加强自身作风建设十项规定，在全军部署开展“学习贯彻党章、弘扬优良作风”等教育活动，持续深入纠治“四风”（形式主义、官僚主义、享乐主义和奢靡之风），开展干部、财务等专项整治，一环扣一环，军队作风建设和反腐倡廉工作取得重大阶段性成效。

中共中央、中央军委先后颁发《厉行节约严格经费管理的规定》《军队实行党风廉政建设责任制的规定》、中央“八项规定”、军委“十项规定”等文件，重拳出击整肃军纪、纠治“四风”，坚决查处违法违纪违规现象。同时，加强巡视工作，相继颁发《中央军委关于开展巡视工作的决定》《中央军委巡视工作规定（试行）》、干部选任五项制度规定、《严格军队党员领导干部纪律约束的若干规定》等法规性文件，深入推进军队党风廉政建设和反腐败工作。在巡视工作中发现了一些单位领导干部在遵守政治纪律政治规矩、选人用人、纠“四风”改作风工程建设和房地产管理、装备物资和药品器械采购、经济适用住房建设分配和出售、落实“两个责任”、执行改革纪律等方面存在突出问题。巡视组视情将相关问题和线索分别移交被巡视单位党委整改查处，或移交军委纪委等有关部门查处办理；对巡视中受理的反映军级以上干部问题不构成移交查处线索的信访事件，分别采取诫勉谈话、约谈、提醒谈话、转本人作出说明等方式，进行提醒拉袖子，产生了有力震慑效益，深刻教育警示了广大党员干部，为推进正风肃纪反腐、纯洁军队政治生态发挥了重要作用。中共中央、中央军委坚定不移反对和惩治腐败，坚持无禁区、全覆盖、零容忍，老虎苍蝇一起打，反腐败工作取得重大成效。党的十八大以来，郭伯雄、徐才厚等数十名军级以上腐败分子被查处。全军上下不敢腐的氛围正在形成，不能腐、不想腐的工作逐步深化，反腐工作不断向纵深发展。

中共中央、中央军委把干部队伍建设作为一项战略任务来抓。2015

年2月，中央军委印发《关于加强新形势下选人用人工作监督的意见》《军队领导干部秘书管理规定》《关于严格落实军队干部任职回避制度若干问题的规定（试行）》《军队后备干部工作规定（试行）》《作战部队指挥军官任职资格规定（试行）》等干部选任五项制度规定，完善干部考核评价体系，逐步建立和实行人民解放军干部任职资格制度，要求全军认真抓好制度贯彻落实，严格按原则按政策按规矩按程序选用干部。全军部队贯彻落实"对党忠诚、善谋打仗、敢于担当、实绩突出、清正廉洁"军队好干部五条标准，按照"党管干部、组织选人"的基本原则，充分发挥政治机关在组织考核和提名推荐干部中的主体作用，端正选人用人导向，匡正选人用人风气，开展选人用人不正之风专项整治，干部队伍整体水平有一个质的跃升。

4. 大力打造强军文化

党的十八大以来，中共中央、中央军委高度重视军事文化工作。习近平总书记在全国文艺工作座谈会和全军政治工作会议上发表的重要讲话，为新形势下军事文艺发展提供了科学指南。2014年11月12日、2015年4月25日中央军委先后在北京召开了军队文艺工作座谈会和全军文艺创作座谈会，部署贯彻落实习近平主席在文艺工作座谈会和古田全军政工会重要讲话精神，研究繁荣军事文艺、打造强军文化的举措。

军队文艺工作者深入学习贯彻习近平主席系列重要讲话精神特别是在文艺工作座谈会上的重要讲话，坚持为兵服务、为战斗力服务，以饱满的政治热情、高度的文化自觉、奋发的进取精神，深入部队、扎根官兵，围绕中心、服务打仗，不断开拓、砥砺奋进，在文学、戏剧、音乐、舞蹈、美术、书法和电影、电视等多个艺术领域发起集团冲锋，陆续推出一大批文质兼美、备受赞誉的精品力作，如长篇小说《长津湖东岸》，歌曲《强军战歌》《西柏坡组歌》，话剧《兵者·国之大事》《小平小道》，歌剧《天下黄河》《导弹司令》，舞剧《铁道游击队》，电视剧《我是特种兵》系列、《舰在亚丁湾》，电影《百团大战》《战狼》《胜利大阅兵》等。开展了一系列激荡火热军营、官兵喜闻乐见的文化服务活动，用激情和梦想抒写了浓墨重彩、恢宏壮美的时代篇章，军队文艺事业呈现出喜人的新气象新变化新风貌。如2015年，全军基层部队广泛开展“强军故事会”活动，组织官兵以立足本职矢志打赢的真人实事为素材，采取写、讲、听、传等形式，在军营广泛传播强军好故事，释放强军正能量。同时，全军各文艺单位在深度和广度上不断开掘为兵服务的功用潜能，让军事文艺迸发出强劲的战斗力，“送戏下基层”“文化服务万里行”活动，着重扩大服务范围、提高质量效益，确保文化服务有效覆盖边防海岛、高山哨所和一线连队。

（三）深化军队体制编制改革

党的十八大以来，中共中央、中央军委着力解决制约国防和军队建设发展的突出矛盾和问题，深入推进领导指挥体制、力量结构、政策制度等方面改革，为实现强军目标提供强大动力和体制机制保证。

1. 军委管总、战区主战、军种主建新格局的形成

2015年11月24—26日，中央军委改革工作会议在北京举行。习近平主席主持会议并强调，要着力解决制约国防和军队建设的体制性障碍、结构性矛盾、政策性问题，推进军队组织形态现代化。会议提出，要努力构建能够打赢信息化战争、有效履行使命任务的中国特色现代军事力量体系，完善中国特色社会主义军事制度；要着眼于贯彻新形势下政治建军的要求，推进领导掌握部队和高效指挥部队有机统一，形成军委管总、战区主战、军种主建的格局；要对领导管理体制和联合作战指挥体制进行一体设计，通过调整军委总部体制、实行军委多部门制，组建陆军领导机构、健全军兵种领导管理体制，重新调整划设战区、组建战区联合作战指挥机构，健全军委联合作战指挥机构等重大举措，着力构建军委—战区—部队的作战指挥体系和军委—军种—部队的领导管理体系。根据改革总体方案确定的时间表，2020年前要在领导管理体制、联合作战指挥体制改革上取得突破性进展。

2015年12月31日，陆军领导机构、火箭军、战略支援部队成立大会在北京举行。习近平主席向陆军司令员李作成、政治委员刘雷，火箭军司令员魏凤和、政治委员王家胜，战略支援部队司令员高津、政治委员刘福连授旗并致训词。陆军领导机构、火箭军、战略支援部队的成立，标志着领导指挥体制改革迈出了实质性的第一步。

中央军委改革工作会议后，军委机关调整工作迅速展开。按照军委管总、战区主战、军种主建的总原则，总部制改为多部门制，由原来的总参谋部、总政治部、总后勤部、总装备部4个总部，改为7个部(厅)、3个委员会、5个直属机构共15个职能部门，即军委办公厅、军委联合参谋部、军委政治工作部、军委后勤保障部、军委装备发展部、军委训练管理部、军委国防动员部、军委纪委、军委政法委、军委科技委、军委战略规划办公室、军委改革和编制办公室、军委国际军事合作办公室、军委审计署、军委机关事务管理总局。军委机关调整组建的基本完成，是全面实施改革强军战略的一个标志性成果，是走中国特色强军之路迈出的关键一步。

按照领导指挥体制改革总体部署，北京、沈阳、济南、南京、广州、成都、兰州七大军区撤销，调整组建为东部、南部、西部、北部、中部五大战区，并组建战区联合作战指挥机构。2016年2月1日，中国人民解放军战区成立大会在北京举行。习近平主席将军旗授予东部战区司令员刘粤军、政治委员郑卫平，南部战区司令员王教成、政治委员魏亮，西部战区司令员赵宗岐、政治委员朱福熙，北部战区司令员宋普选、政治委员褚益民，中部战区司令员韩卫国、政治委员殷方龙，并发布训令。

战区担负着应对本战略方向安全威胁、维护和平、遏制战争、打赢战争的使命，对维护国家安全战略和军事战略全局具有举足轻重的作用。建立东部战区、南部战区、西部战区、北部战区、中部战区，组建战区联合作战指挥机构，是党中央和中央军委着眼实现中国梦强军梦作出的战略决策，是全面实施改革强军战略的标志性举措，是构建人民解放军联合作战体系的历史性进展，对确保人民解放军能打仗、打胜仗，有效维护国家安全，具有重大而深远的意义。

在建立战区联合指挥机构的同时，进一步健全了军委联合作战指挥机构，习近平任军委联指总指挥。

领导指挥体制改革是牵引和推动其他改革的龙头。这次改革体现了现代军队领导指挥的特点规律，反映了作战指挥和建设管理专业化分工的要求，有利于加强军委集中统一领导，有利于强化军委战略管理功能，有利于提高一体化联合作战能力，有利于加强权力的制约和监督，有利于贯彻精简高效原则，凸显了改革设计的科学性合理性。领导指挥体制改革的先行展开，实现了军队组织架构历史性变革。

2. 中央军委军队规模结构和力量编成改革工作会议召开

随着世界新军事革命迅猛发展，战争形态加速向信息化战争演变，一体化联合作战成为基本作战形式。与之相适应，人民解放军的规模结构和力量编成必须适应战争形态和作战方式变化、适应国家战略需求和军队使命任务变化而不断调整改革。2015 年 9 月 3 日，习近平主席在纪念中国人民抗日战争暨世界反法西斯战争胜利 70 周年大会上宣布：中国将裁军 30 万人。这是新中国建立后中国军队第 11 次大规模裁军，重点是压减老旧装备部队，精简机关和非战斗机构人员，调整优化军队结构。

规模结构和力量编成改革是深化国防和军队改革的重要组成部分，是推进人民解放军组织形态现代化、构建中国特色现代军事力量体系的关键一步，是实现党在新形势下的强军目标、建设世界一流军队必须迈过的一道关口。2016 年 12 月 2 日，中央军委军队规模结构和力量编成改革工作会议在京举行。会议指出：军队规模结构和力量编成改革的总体思路是，以党在新形势下的强军目标为引领，贯彻新形势下军事战略方针，坚持政治建军、改革强军、依法治军，聚焦备战打仗，着眼于维护国家主权、安全、发展利益，有效应对各战略方向和重大安全领域现实威胁，按照调整优化结构、发展新型力量、理顺重大比例关系、压减数量规模的要求，推动人民解放军由数量规模型向质量效能型、由人力密集型向科技密集型转变，部队编成向充实、合成、多能、灵活方向发展，构建能够打赢信息化战争、有效履行使命任务的中国特色现代军事力量体系。

（四）深入推进依法治军从严治军

深入推进依法治军、从严治军，是人民解放军治军方式的一场深刻变革。2012 年 12 月，习近平主席视察广州战区部队，鲜明提出“依法治军、从严治军是强军之基”。2014 年 10 月，党的十八届四中全会指出，深入推进依法治军、从严治军，紧紧围绕党在新形势下的强军目标，构建完善的中国特色军事法治体系，提高国防和军队建设法治化水平，从而把依法治军、从严治军纳入依法治国总体布局，上升为党和国家的意志。2015 年 2 月，中央军委印发《关于新形势下深入推进依法治军从严治军的决定》。对深入贯彻党的十八届四中全会精神和习近平主席依法治军从严治军重要论述、加强军队法治建设作出全面部署，要求全军用强军目标引领军事法治建设，强化法治信仰和法治思维，按照法治要求转变治军方式，形成党委依法决策、机关依法指导、部队依法行动、官兵依法履职的良好局面，提高国防和军队建设法治化水平。

全军部队紧紧围绕党在新形势下的强军目标，坚持依法和从严相统一，坚持法治建设和思想政治建设相结合，创新发展依法治军理论和实践，构建完善的中国特色军事法治体系，形成系统完备、严密高效的军事法规制度体系、军事法治实施体系、军事法治监督体系、军事法治保障体系，提高国防和军队建设法治化水平。

2013 年后，国防和军事立法方面取得了丰硕成果和可喜成绩。据不完全统计，2013—2016 年，仅国家和军地之间有关国防事务的联合立法，全国人大及其常委会制定或修改颁布的涉及国防和军事事项的法律及法律决定 16 件；国务院、中央军委联合制定的有关国防和军队建设的国防行政法规及规范性文件 7 件；还有国务院有关部委单独或与中央军委有关部门联合制定的国防行政规章及规范性文件 12 件。如国家法律中的《立法法》《国家安全法》《反恐怖主义法》《军事设施保护法》等，对有关国防和军事事项方面作出了规定；国务院、中央军委颁布或批准的《军人随军家属就业安置办法》《关于进一步加强军人军属法律援助工作的意见》《关于规范完善军队人员有关福利待遇的若干规定》《关于推进商业保险服务军队建设指导意见的通知》《关于军人职业年金转移接续有关问题的通知》《关于军人退役基本养老保险关系转移接续有关问题的通知》等对军人军属权益保障作了规定。

军委、总部颁布的法律法规主要有：2013 年 8 月，总参谋部、总政治部、总后勤部、总装备部联合印发新修订的《军队会议费管理规定》。9 月，中央军委主席习近平签署命令，发布新修订的《中国人民解放军警备条令》，自 2013 年 10 月 1 日起施行。11 月，中央军委发布新修订的《中国人民解放军装备管理条例》，自 2013 年 12 月 1 日施行。2014 年 5 月后，总参谋部发布《中国人民解放军信息通信战备工作规定》等一系列法规标准，并抓紧推进《信息化工作条例》立法工作，推动信息化建设向法治化轨道迈进。2015 年 2 月，中央军委印发新修订的《军队基层建设纲要》，于同年 2 月 1 日起施行。2015 年 3 月，人民解放军新一代共同条令编修工作启动。这是新中国成立后人民解放军第 10 次编修共同条令。此外，新一代《安全工作条例》编修工作也同步展开。4 月 16 日，中央军委印发《严格军队党员领导干部纪律约束的若干规定》。7 月，四总部颁发《关于进一步规范基层工作指导和管理秩序若干规定》，进一步规范基层工作指导和管理秩序。

全军部队着眼深入推进依法治军、从严治军，抓住治权这个关键，构建严密的权力运行制约和监督体系。在军队领导指挥体制改革中，组建新的军委纪委，由军委直接领导，向军委机关部门和战区分别派驻纪检组，推动纪委双重领导体制落到实处；调整组建军委审计署，全部实行派驻审计；组建新的军委政法委，调整军事司法体制，按区域设置军事法院、军事检察院，依法独立公正行使职权。这些重大举措，有利于解决制度执行力不强、权力运行监督体系不完善不得力，特别是对领导机关、领导干部行使权力的制约和监督不够的问题，为铲除腐败现象滋生蔓延土壤提供了制度机制保证。

（五）提高军事训练实战化水平

党的十八大以来，中共中央、中央军委从实现党在新形势下强军目标的战略高度，就提高军事训练实战化水平作出一系列重要指示，明确强调要牢固树立战斗力这个唯一的根本的标准，全部心思向打仗聚焦，各项工作向打仗用劲，确保部队召之即来、来之能战、战之必胜。全军部队积极适应新形势、新任务、新要求，强化练兵打仗思想，强化训练改革创新、强化作战指挥和技战术训练，以高昂的士气扎实练兵备战，持续兴起大抓实战化训练的热潮。

习近平主席主持军委工作伊始，就要求全军，坚持把军事训练摆在战略位置，坚持从实战需要出发从难从严训练，不断提高部队实战化水平。[①] 他强调，实战化训练是战斗力发生和发展的关键环节，绝不能当作部队建设的一般性工作和阶段性任务，而要作为事关部队战斗力建设全局并贯穿全过程的中心工作去贯彻落实。2014 年 3 月，中央军委印发《关于提高军事训练实战化水平的意见》，系统提出了当前和今后一个时期提高军事训练实战化水平的指导思想、总体思路、主要任务和措施要求。2016 年 11 月，中央军委颁发《加强实战化军事训练暂行规定》，针对实战化训练中暴露出来的部分官兵对实战化理解不深、落得不实，认识和行动与实战要求明显不符等问题，对落实实战化军事训练提出刚性措施，作出硬性规范，划出行为红线，明确问责办法，立起实训规范。

全军采取一系列措施，推进军事训练工作向实战化聚焦。建立联合训练运行机制，成立全军联合训练领导小组，试验形成军以下部队联合训练组织实施暂行规定、联合实兵演习协同规则，构建基于信息系统的联合作战指挥模式；创设实战化练兵环境条件，统筹推进大型训练基地和专业化模拟蓝军建设，面向全军开放共享训练场地资源，推动训练基地职能作用向诸军兵种联合训练、复杂条件下对抗训练、新型力量新型领域训练、设计战争引领训练拓展；推进作战条令和训练大纲编修，组

① 《在军委扩大会议上的讲话》（2012 年 11 月 16 日），《习近平关于国防和军队建设重要论述选编》，解放军出版社 2014 年版，第 15 页。

织全军信息化条件下战法创新集训观摩和战法研讨，细化了作战相关程序标准，推动战法创新成果进入条令大纲。

2013—2015 年，在总参谋部下发的年度军事训练指示中，对实战化军事训练作出了更为明确的部署要求。全军军事训练工作突出使命课题训练和基础训练；加强战略战役首长机关训练；强化各军兵种部队实战化针对性训练和检验性对抗性演练；加强新装备和新型作战力量训练，规范战术基础训练；积极开展联合训练、跨区基地训练和战场适应性训练；加强现代战争夜战夜训、复杂电磁环境、特殊地理环境和极端天候条件下训练；拓展中外联演联训联赛；统筹非战争军事行动训练；以考促训、以比促练、以拉促备，不断提高部队实战能力。2016 年，随着军队改革的深入发展，军事训练的领导指挥体制发生了深刻变化。各战区建立联合作战体制，为联战联训创造了条件。全军实战化军事训练进入以“联合训练牵引军兵种训练、以军兵种训练支撑联合训练”的新阶段。

总参谋部、各军区组织了多种类型的全军性、军兵种实战化演练。如“超越”系列全军指挥对抗演练，“使命行动”系列陆海空三军跨区战役演习，“砺刃”系列合同作战指挥对抗演练，“跨越”系列跨区基地对抗系列演习，“联合行动”年度例行性系列实兵演习，“火力”跨区基地化系列演习等。2016 年陆军领导机构组建后，先后组织了 15 个旅进行跨区基地化训练和 100 多场合同战术演习，参加 34 项中外联演联训联赛，高峰时有 40 多万官兵在草原、高原、海岛等多个区域进行野外驻训。参加国际联演联训联赛取得 26 个第一、50 个第二的优异成绩。演训活动聚焦实战，难度更大、强度更高，树起从难从严从实战出发练兵备战的鲜明导向。

海军通过远海训练、联演联训等实战化训练，加速推进由“近海防御型”向“近海防御与远海护卫型结合”的战略转型。2013 年，海军北海、东海、南海舰队数次赴南海及西太平洋地区开展远海训练。10—11 月，海军三大舰队首次在西太平洋举行“机动 -5”远海实兵对抗演习。2016 年 7 月上旬，海军三大舰队在海南岛至西沙附近海空域，举行大规模实兵对抗演习。8 月 1 日，海军三大舰队在东海海域举行大规模实兵实弹对抗演习。这是海军连续第11年围绕复杂电磁环境和水声环境组织实兵实弹对抗演习。此外，海军陆战队举行了“丛林”系列陆战合成突击群实兵实弹检验性演习。辽宁舰航母编队积极开展试验训练、舰机融合训练和航母编队训练。2013年6月，海军辽宁舰在渤海海域举行歼-15舰载战斗机多批次起降飞行训练，11月赴南海海域开展科研试验和军事训练。2016年12月至2017年1月，由辽宁舰和数艘驱护舰，及多架歼-15舰载战斗机和多型舰载直升机组成的航母编队，赴西太平洋海域，开展全要素的舰机融合和航母编队协同指挥训练以及海上补给训练，战斗力建设取得了明显进步。

空军为实现“空天一体、攻防兼备”的建设目标，在实战化训练中积极开展体系对抗、自由空战训练，放开高度差、放开气象条件、放开实弹发射、放开演习时段、放开打击目标、放开攻防限制，不断跨越难关，提高战斗力。2015年以来，空军多次突破第一岛链，进入西太平洋开展远海训练。3月30日，空军轰-6K飞机首次飞经巴士海峡赴西太平洋远海训练。5月21日，空军首次飞越宫古海峡开展远海训练。2016年12月，轰-6K飞机巡航南海，轰-6K、苏-30等多型战机同时飞越了宫古海峡和巴士海峡，绕台湾岛屿飞行。2017年1月，轰-6K飞机等多种机型飞越对马海峡，进入日本海演练。训练中应对和处置了各种干扰阻挠，实施了侦察预警、海上巡航、海上突击、空中加油等训练课题，提升了远海机动能力，检验了远海实战能力。

第二炮兵按照“核常兼备、全域慑战”的战略要求，围绕提高体系作战能力，在实战化训练上不断取得新的突破。核导弹部队采取超常举措，狠抓独立发射能力建设，实战化训练取得了历史性突破。常规导弹部队强化整旅突击、连续突击、跨区攻防对抗演练，复杂电磁环境下、恶劣气象条件下、敌我对抗条件下训练成为常态。2015年12月火箭军成立后，针对领导体制改革和指挥体制改革对军事训练带来的全方位、深层次的影响，积极适应由战略性兵种变为战略军种的新定位，坚持“以作战的方式训练、以训练的方式作战”的训练指导方针，把提高可信可靠的核威慑与核反击能力、中远程精确打击和战略制衡能力，作为军事训练的根本出发点和落脚点，强化联合作战意识，把军事训练摆在联合作战大体系下来筹划推进。核导弹部队进一步加大训练难度强度，推进导弹旅单元合成训练向导弹基地体系融合训练发展，同时积极探索对海训练发射的方法路子，提升常规导弹部队制海作战实战能力。2016 年 11 月，火箭军组织多支导弹部队挺进寒区，展开指挥筹划、攻防对抗、生存防护等课目演练，全方位检验部队作战方案、武器装备、训练水平和作战能力。演练中，突出整旅火力突击、整旅部署转换、连续多波次火力突击等课目训练。为在近似实战条件下锤炼发射本领，他们抽组力量编成“蓝军”分队，综合采取实体对抗、环境构设的方式，实施“侦、扰、打、破”一体对抗行动。火箭军部队把实战标准贯穿冬训全程，先后完成数十次发射演练任务，提高了部队复杂天候条件下整体作战能力。

全军部队贯彻新形势下军事战略方针，大力推进军事训练改革创新。创造实战化战场环境，依据敌情、我情和战场环境，加强基地建设和蓝军建设，创造近似未来信息化战场的训练环境。深入推进联合作战训练，构建了以战役军团为主的联合指挥机构，组建了指挥机构全、指挥手段全、作战力量全、作战要素全的联合作战体系。突出新型作战力量训练，突出专攻精练，并将其尽可能纳入各级各类演训活动，着力在实战化运用、系统集成上下工夫，积极探索融入作战体系、形成整体优势的方式方法，深入挖掘新型作战力量的作战效能。

（六）加快后勤转型重塑，提高后勤保障能力

党的十八大以来，中共中央、中央军委高度重视军队后勤工作。习近平主席指出：“要围绕实现全面建设现代后勤的总体目标，科学实施后勤建设重大工程，努力建设保障打赢现代化战争的后勤、服务部队现代化建设的后勤和向信息化转型的后勤。”[①] 全军后勤围绕推进“三大建设

① 《习近平国防和军队建设重要论述读本》，解放军出版社 2014 年版，第 62 页。

任务”，坚持战斗力这个唯一的根本的标准，以实战化保障为牵引，以实战化建设为抓手，以实战化训练为途径，加快构建平时服务、急时应急、战时应战的后勤保障体系，后勤现代化建设取得显著成就，综合保障能力明显提高。2016年11月9日至10日，中央军委后勤工作会议在北京举行。习近平主席在会议上发表重要讲话强调，要以党在新形势下的强军目标为引领，坚持政治建军、改革强军、依法治军，聚焦保障打赢，加快转型重塑，发扬后勤光荣传统和优良作风，努力建设强大的现代化后勤，为实现中国梦强军梦提供有力保障。

1. 建立现代后勤体系

建立现代联勤体制。按照“军委管总、战区主战、军种主建”的总原则，改革保障模式，全军后勤调整力量配置，理顺指挥关系，构建以联勤部队为主干、军种为补充，统分结合、通专两线的保障体制。2016年，后勤体制改革拉开序幕。1月10日，总后勤部撤销，调整组建中央军委后勤保障部。后勤保障部主要履行全军后勤保障规划计划、政策研究、标准制定、检查监督等职能。与新的后勤领导指挥体制相适应，联勤保障体制改革接续展开，其核心是组建军委直属的联勤保障部队。9月13日，中央军委联勤保障部队成立大会在北京举行。习近平主席向武汉联勤保障基地和无锡、桂林、西宁、沈阳、郑州5个联勤保障中心授予军旗并致训词。军委联勤保障部队是实施联勤保障和战略战役支援保障的主体力量，是中国特色现代军事力量体系的重要组成部分。联勤保障部队的正式建立，标志着具有人民解放军特色的现代联勤保障体制正式建立，在联合作战、联合训练、联合保障的制胜之路上迈出关键性步伐。

新型后勤力量建设不断加强。应急保障旅实编和作战部队后勤综合化、模块化编组试点有序展开，综合保障基地和战略投送基地建设稳步实施，后勤力量快速反应能力、立体投送能力和支援保障能力有效提升。后勤装备体系建设成效显著，旅团部队二代后勤装备配备稳步推进，三代后勤装备体系论证基本完成。战场设施和后方仓库的综合配套建设大力加强，战备物资储备规模、布局、结构不断完善。保障部队战备与生活的水平不断提高。军需物资油料基本形成“四个新一代”专业保障体系，“六类保障基地”建设稳步推进；注重疾病监测与防控，官兵卫生就医条件不断改善；战场交通网络建设初见成效，战略投送能力逐步加强；后勤基础设施配套建设不断完善，旅团部队现代营房建设达标数量大幅增加；连续调整提高多项津贴补贴和供应标准，经费保障水平大幅提高。加强后勤信息化建设。2013 年 7 月，全军后勤信息中心在北京成立，标志着全军后勤拥有了第一支新型战略信息保障力量，通过强化顶层设计、搞好横向链接、推进深度融合等融合集成的方式建设后勤信息大系统，大力推进以“123 工程”为主体的后勤信息化整体建设，后勤数据中心建设初具规模，形成了后勤信息资源体系框架，军用物资编目建设进展良好。

2. 全面停止有偿服务活动

1998 年，中共中央、中央军委决定，军队、武警部队停止一切经商活动后，允许军队在一些行业开展对外有偿服务，主要包括科技对外有偿服务、通信对外有偿服务、空余房地产租赁、招待所对外接待服务、军队医疗机构对外医疗有偿服务等。军队有偿服务问题是涉及军地军民关系的一个大问题，为彻底解决这一问题，自 2014 年 6 月开始，全军开展了对外有偿服务全面清理摸底工作。从清理摸底的情况看，对外有偿服务给军队建设带来不少负面影响。2015 年 11 月，习近平主席在中央军委改革工作会议上指出，要下决心全面停止军队有偿服务。

2016 年 3 月，中央军委印发《关于军队和武警部队全面停止有偿服务活动的通知》。《通知》指出，中央军委计划用 3 年左右时间，分步骤停止军队和武警部队一切有偿服务活动。对于承担国家赋予的部分社会保障任务，纳入军民融合发展体系。自《通知》下发之日起，所有单位一律不得新上项目、新签合同开展对外有偿服务活动，凡已到期的对外有偿服务合同不得再续签，能够协商解除军地合同协议的项目立即停止。

全面停止有偿服务，是习近平主席和中央军委作出的战略决策，是一项事关军队建设发展全局的重大政治任务，是保持人民军队性质本色的政治要求，是忠实履行人民解放军使命任务的有力保证，是深化国防和军队改革的重大举措。根据《通知》精神，军队和武警部队成立了全面停止有偿服务工作领导小组，具体负责领导这项工作。2016 年 5 月 7 日，军队和武警部队全面停止有偿服务试点任务部署会议召开，7 个大单位、17 个具体单位成为试点单位。空余房地产租赁、医疗、新闻出版、招接待等一批重点项目纳入试点范畴。试点以“全面停止”为目标，以“探索试验”为主题，以“积极稳妥”为总基调，通过试点，为军队和武警部队全面停止有偿服务工作提供经验借鉴和政策支撑。

（七）加快构建适应履行使命要求的装备体系

强国必须强军，强军必须利器。武器装备是军队现代化的重要标志，是国家安全和民族复兴的重要支撑。十八大以来，中共中央、中央军委高度重视武器装备建设，习近平主席对人民解放军武器装备建设作出了一系列重要决策指示。全军部队紧紧围绕实现强军目标，努力发展与中国国际地位相称、与国家安全需求相适应的武器装备。

1. 将武器装备放在国防和军队现代化建设优先发展的战略位置

建设与中国国际地位相称、与国家安全和发展利益相适应的巩固国防和强大军队，是中国现代化建设的战略任务。党的十八大报告明确提出：“加紧完成机械化和信息化建设双重历史任务，力争到 2020 年基本实现机械化，信息化建设取得重大进展。”

2014 年 12 月 3 日至 4 日，全军装备工作会议在北京召开。习近平主席在会上发表重要讲话。强调要贯彻总体国家安全观，牢牢把握党在新形势下的强军目标，坚持信息主导、体系建设，坚持自主创新、持续发展，坚持统筹兼顾、突出重点，加快构建适应履行使命要求的装备体系，为实现强军梦提供强大物质技术支撑。

2016 年 1 月，军委机关调整，组建军委科学技术委员会，加强国防科技战略管理，推动国防科技自主创新，协调推进科技领域军民融合发展；组建军事委员会装备发展部组建，主要履行全军装备发展规划计划、研发试验鉴定、采购管理、信息系统建设等职能；成立陆军、火箭军和战略支援部队装备部。形成了由军委装备部门集中统管、军种具体建管、战区联合运用的体制架构。

2. 全面加强武器装备现代化建设

全军官兵坚决贯彻中共中央、中央军委和习近平主席重要指示，统一思想，鼓足干劲，紧紧围绕党在新形势下的强军目标，加强现有装备改造和管理，以及高新技术武器装备发展，推进武器装备机械化信息化复合发展，改善武器装备质量结构，基本建成以第二代为主体、第三代为骨干的武器装备体系。

陆军按照机动作战、立体攻防的战略要求，加快主战装备数字化升级改造、新型武器平台成建制换装，形成以直升机、装甲突击车辆、防空和压制武器为骨干的陆上作战装备体系。其中，装甲兵加强数字化部队建设，加快摩托化部队改建机械化部队步伐，重型、轻型、两栖和空降突击作战体系不断完善。炮兵发展信息化程度较高的武器装备和新型弹药，形成战役战术全纵深火力打击体系，具备一定的侦察、控制、打击、评估一体的精确作战能力。防空兵加快发展新型雷达、指挥信息系统和中高空地空导弹，形成新型弹炮结合的火力拦截体系，具备较强的对空作战能力。陆军航空兵改进武装、运输和勤务直升机性能，如列装武直－10、武直－19 等装备，火力突击、战场投送和支援保障能力明显增强。

海军按照近海防御、远海护卫的战略要求，逐步实现近海防御型向近海防御与远海护卫型结合转变，着力构建合成、多能、高效的海上作战力量体系，提高战略威慑与反击、海上机动作战、海上联合作战、综合防御作战和综合保障能力。同时，加强综合保障基地建设，基本形成与兵力部署相一致、与武器装备发展相协调的岸基保障体系；加快海上后勤保障平台建设，大型万吨级制式医院船以及救护艇、救护直升机装备部队，进一步提高了海上保障能力。

海军不断补充新型舰船，形成了以新型潜艇、水面舰艇和对海攻击飞机为骨干的海上作战装备体系。其中，适合执行远海任务的大型驱逐舰、护卫舰有 2013 年入役的长春舰、岳阳舰、潍坊舰、三亚舰、郑州舰，2014 年入役的昆明舰、泉州舰、济南舰，2015 年入役的黄冈舰、大庆舰、西安舰、长沙舰、邯郸舰、秦皇岛舰、扬州舰、合肥舰，2016 年入役的荆州舰、湘潭舰、银川舰、曲靖舰。大型综合补给舰有 2013 年入役的太湖舰、巢湖舰，2015 年底入列的泸沽湖舰，2016 年入列的高邮湖舰、保定舰、菏泽舰。同期入列的新一代轻型护卫舰队伍更为庞大，有蚌埠舰、惠州舰、钦州舰、抚顺舰、荆门舰等。此外还有 2016 年 1 月入役的新型坦克登陆舰天目山舰、2016 年 1 月 25 日入列的新一代猎扫雷舰荣成舰、沂蒙山舰：2016 年 2 月 1 日入役的新型两栖船坞登陆舰沂蒙山舰，以及最新型综合试验舰李四光舰、新型海洋综合调查船邓稼先船等。2012 年 11 月 25 日，“辽宁”号航母顺利完成舰载机起降训练，航母平台和“歼 –15”舰载战斗机的技术性能得到了充分验证，舰机适配性能良好，达到了设计指标要求。此外，中国首艘国产航母也已下水。

为了满足远海军事行动对信息保障能力的需求，海军近年来大力加强侦察、通信、海洋监视、导航定位等卫星综合应用系统建设，加快发展相关的通信系统，实现信息感知关键节点由陆基、海基向天基、空基转变，由近海向远海拓展。

空军按照空天一体、攻防兼备的战略要求，实现国土防空型向攻防兼备型转变，构建适应信息化作战需要的空天防御力量体系，提高战略预警、空中打击、防空反导、信息对抗、空降作战、战略投送和综合保障能力。空军加强以空中进攻、防空反导、战略投送为重点的作战力量体系建设。国产三代战机歼 –10 批量装备部队；红旗 –9 地空导弹、红旗 –12 地空导弹、红旗 –6 弹炮等防空装备批量装备。2016 年 7 月 6 日，中国自主研制的大型、多用途运输机运 –20 飞机正式列装空军，实现了空中战略投送装备自主发展重大突破，将显著提高空军战略投送能力和有效履行使命任务能力。在研新型装备取得重大进展：2014 年 11 月，中国航空工业集团公司沈阳飞机工业集团公司研制的第五代双发中型隐形战斗机歼 -31 实机首次亮相第十届中国珠海航展并进行飞行表演；2016 年 11 月 1 日，歼 -20 身披割裂迷彩涂装参加珠海航展并首次对外进行双飞展示。标志着空军加快高新武器装备成体系发展，战略转型由量变积累向质变跨越。

第二炮兵（火箭军）按照精干有效、核常兼备的战略要求，加快建设发展步伐，多种新型导弹武器陆续装备部队，形成了核常兼备、型号配套、射程衔接、打击效能多样的作战力量体系。加快推进信息化转型，依靠科技进步推动武器装备自主创新，增强导弹武器的安全性、可靠性、有效性，进一步完善核常兼备的力量体系，提高战略威慑与核反击和中远程精确打击能力。2013 年 1 月 27 日，继首次陆基中段反导拦截试验成功之后，中国第二次中段反导拦截试验又取得成功。

信息化建设进一步加快。信息基础设施建设实现跨越式发展。国防通信光纤总里程大幅增长，建成以光纤通信为主，以卫星、短波通信为辅的新一代信息传输网络。侦察情报、指挥控制和战场环境信息系统建设取得长足进步，后勤和装备保障业务信息系统得到推广应用。指挥控制系统与作战力量和保障系统初步实现互联互通，命令传输、情报分发和指挥引导更加快捷高效。一批信息化装备陆续列装部队。

航天领域不断取得新的进展和重大突破。长征系列运载火箭将 100 多个航天器成功送入预定轨道；中国最大运载能力新一代运载火箭“长征”五号成功首飞，实现中国液体运载火箭直径从 3.35 米到 5 米的跨越，成为中国运载火箭升级换代的重要标志；“长征六号”“长征七号”新型运载火箭实现首飞，“长征十一号”固体运载火箭成功发射，运载火箭型谱进一步完善。“神舟九号”和“神舟十号”载人飞船先后成功发射，与“天宫一号”目标飞行器分别实施自动和手控交会对接，标志着中国全面突破了空间交会对接技术；“天宫二号”空间实验室和“神舟十一号”载人飞船先后成功发射，形成组合体并稳定运行，开展了较大规模的空间科学实验与技术试验，突破掌握了航天员中期驻留、地面长时间任务支持和保障等技术。北斗系统服务精度和可靠性大幅提高，构建形成自主可控、完整成熟的北斗产业链以及北斗产业保障、应用推进和创新三大体系。成功发射暗物质粒子探测、“实践十号”、量子科学实验等空间科学卫星，为前沿科学研究提供重要手段。新一代远洋航天测量船——“远望”7号船入列，标志着中国远洋航天测控事业发展迎来新机遇新跨越，远洋航天测控能力将实现新提高新突破。

（八）推进军民融合深度发展

中共中央、中央军委立足世界发展大势与国家安全发展大局，提出将军民融合上升为国家战略、推进军民融合深度发展等重要思想。在这一战略指导下，国防和军队建设各领域的军民融合取得了巨大进展，逐步形成全要素、多领域、高效益的发展格局。

党的十八大报告对军民融合发展作出了明确的规划，指出“要坚持走中国特色军民融合式发展路子，坚持富国和强军相统一，加强军民融合式发展战略规划、体制机制建设、法规建设。”2013年11月，党的十八届三中全会通过《中共中央关于全面深化改革若干重大问题的决定》，就推进军民融合深度发展作出了总体部署。① 以此为标志，中国特色军民融合进入一个全新的发展时期，初步形成了上下协力谋融合、军地齐心求深化的总体发展态势。2015年3月，习近平主席在十二届全国人大三次会议解放军代表团全体会议上首次明确提出，“把军民融合发展上升为国家战略”，“丰富融合形式，拓展融合范围，提升融合层次。”② 这是中共中央从国家安全和发展战略全局出发作出的重大决策。2016年3月，中共中央政治局召开会议，审议通过《关于经济建设和国防建设融合发展的意见》。《意见》着眼国家安全和发展战略全局，明确了新形势下军民融合发展的总体思路、重点任务、政策措施，是统筹推进经济建设和国防建设的纲领性文献。把军民融合发展上升为国家战略，是一项

① 《人民日报》2013年11月16日。

② 《解放军报》2015年3月13日。

全局性的战略举措。军民融合地位全面提升，全要素、多领域、高效益的军民融合深度发展的态势加速形成。

军民融合在武器装备科研生产、军队人才培养、军队保障社会化、国防动员、基础设施等重点领域不断发展和完善，武器装备科研生产方面，围绕建立和完善军民结合、寓军于民武器装备科研生产体系，在体制机制、“民参军”、产业发展、资源共享和技术转化等方面取得突破。“军转民”稳步推进，形成了一批具有相当规模的军转民支柱产业，各军工集团民品产值占总产值的比重基本稳定在70%～80%，有力地推动了中国国民经济整体技术水平的提高。军民结合协同创新的战略潜力日益显现。军队保障社会化方面，经过多年实践，军队后勤保障已成功探索出一条依托社会进行保障的路子，初步实现了由生活保障向作战保障和非战争军事行动保障等领域延伸，军队自身保障摊子大大收缩，负担大幅降低，效率和质量明显提高。国防动员体系不断完善，整体转换能力和快速保障能力全面提升。不少省市构建了平战结合、军地融合、信息资源共享的国防动员信息化指挥平台，形成省、市、县三级纵向贯通、军事机关与国家动员委员会各办公室横向联通的网络系统，奠定了应战应急一体动员体系的基础。各地加大了物资储备和动员中心建设的力度，同时广泛开展卫生、运输、油料、信息等各类动员训练演练，提高了战时应战，急时应急的能力。基础设施建设方面，交通、市政、海防边防、信息等领域的基础设施建设贯彻国防需求工作全面展开。全国主要公路、铁路、港口、码头、机场等基本建设都考虑到了军事需求，预置了国防功能；部队利用高铁、民航、民船等进行战略投送和应急保障，也渐成常态。

在海洋、空天、信息等新兴领域快速推进。在空天领域，中国航天技术已辐射到新材料、新能源、精密制造等民用领域，军事技术民用化程度进一步提高。北斗导航系统核心技术取得突破，由区域运行进入全球组网布局阶段，北斗产业规模不断扩大，形成相对完整的产业链。民用遥感卫星数据在经济建设和国防建设各领域得到广泛应用。在海洋开发领域，海军加大了海洋开发领域军民融合的力度，涌现出一批以及海洋石油“981”，深水半潜式钻井平台、LNG 船、“科学”号海洋调查船等为代表的军民融合标志性成果。在网络信息领域，网络安全与信息化领导管理体制不断完善，2014 年，中央网络安全与信息化领导小组、国家网信办相继成立，军队也成立了全军网络安全和信息化领导小组及其办公室，为网络安全和信息化领域深入军民融合提供了组织制度保障。军民融合的网络信息产业、信息基础设施、信息资源开发、信息人才储备、信息技术军民协同创新体系、军民深度融合政策环境等方面建设成效显著。

（九）有效履行维护国家主权、安全和发展利益的职责使命，维护世界和平和地区稳定

党的十八大以来，人民解放军有效履行新的历史时期军队使命，坚决维护国家主权、安全、发展利益，积极应对各种突发事件和军事威胁。中国武装力量不仅是国家和平发展的坚强保障，也是维护世界和平和地区稳定的坚定力量。为维护世界和平与稳定，中国军队积极参加联合国维和行动、海上护航、国际反恐合作和救灾行动，并作出重要贡献。

1. 维护海洋主权和权益

维护钓鱼岛主权和东海权益。2012 年 12 月开始，中国海监飞机巡航钓鱼岛附近海域。中国空军对钓鱼岛附近空域日本航空自卫队飞机的有关动向进行了严密监控，并保持高度警惕，与海监等部门密切协同，为国家海上执法等活动提供安全保障，共同维护国家领土主权和海洋权益。

2013 年 11 月 23 日，中国政府宣布，中华人民共和国按照国际通行做法，划设东海防空识别区，以捍卫国家主权和领土领空安全，维护空中飞行秩序。东海防空识别区设立后，空军随即开始在防空识别区保持例行性、常态化空中巡逻，加强对防空识别区的有效管控，对防空识别区内的各种航空器的活动情况进行全面监管，并根据不同的空中威胁，采取跟踪、监视、警告、驱离等措施，保卫国家空防安全。

维护南海主权和海洋权益。2015 年 10 月 27 日，中国海军“兰州”号导弹驱逐舰和“台州”号巡逻舰依法对非法进入中国南沙群岛有关岛礁近岸水域的“拉森”号导弹驱逐舰予以警告。2016 年，美国海军“威尔伯”号、“劳伦斯”号、“迪凯特”号驱逐舰打着“航行自由”的旗号三次非法进入我西沙领海和南沙有关岛礁附近。中国军队均采取了必要措施应对，对美舰机进行必要的、合法的、专业的跟踪、监视、警告、驱离，用实际行动维护了国家主权、安全和领土完整。

与此同时，中国军队在东海、南海展开实兵军事演练和战斗巡逻。2014 年 6 月，东海舰队联合有关军地单位组织了“东海协作－2014B”演习；2016 年 7 月上旬，海军三大舰队近百艘舰艇、数十架战机以及岸导、电子对抗等兵力，在海南岛至西沙附近海空域举行大规模实兵对抗演习；8 月 1 日，海军在东海举行演习，东海、南海和北海舰队的百余艘舰艇、数十架战机和岸防部队以及部分雷达、观通、电子对抗兵力，开展了 10 余个课目的实兵实弹对抗演习。8 月 6 日，空军组织轰－6K、苏－30 等多型战机飞赴南海，对南沙岛礁和黄岩岛附近空域实施战斗巡航。12 月中旬，空军轰－6K、苏－30 等多型战机飞越宫古海峡和巴士海峡，巡航南海。2016 年 12 月至 2017 年 1 月，辽宁舰和数艘驱护舰，及多架歼－15 舰载战斗机和多型舰载直升机组成的航母编队，组织了长时间连续航行并交替转换海区训练。编队航迹跨越渤海、黄海、东海和南海等海区，航经宫古海峡、巴士海峡、台湾海峡等海峡水道。通过军事演练和战斗巡逻，提高了军队维权的能力，彰显了以武力维护主权主张的决心。

2. 参加亚丁湾护航，维护海外利益安全

随着中国经济逐步融入世界经济体系，海外利益已经成为中国国家利益的重要组成部分，海外能源资源、海上战略通道以及海外公民、法人的安全问题日益凸显，增强海外经济利益保护能力越来越迫切。开展海上护航、撤离海外公民、应急救援等海外行动，成为人民解放军维护国家海外利益的重要方式。

遵照中共中央、国务院和中央军委的命令，海军继续派出多批舰艇编队赴亚丁湾、索马里执行护航任务，实现了海军赴远海常态部署，有效履行了大国义务，有力维护了国家海上交通重要运输线安全。

自2008年开始执行护航任务以来，中国海军共有25批护航编队、78艘次舰艇、54架直升机、21000余名官兵参与护航任务，安全护送了近6300艘中外船舶，成功解救、接护和救助了60余艘遇险的中外船舶，持续保持着被护船舶和编队自身“两个百分之百安全”的纪录。

中国海军护航组织方式不断创新改进。护航兵力由驱护舰拓展到综合登陆舰、远洋救生船，护航方式在创新策略采用“全程伴航”战术基础上，拓展出专项护航、分批护航、接力护航、随船护卫等，护航效率不断提升。

护航期间，护航编队紧密配合国家政治外交大局，加强与多国护航海军交流和务实合作，建立了反海盗信息共享机制，常态化开展联合演练、会面交流、医疗服务等交流活动，并根据地区形势和国际人道主义援助请求，紧急调派舰船远赴地中海，与俄罗斯、丹麦、挪威三国舰艇共同完成了20批叙利亚化学武器海运联合护航任务。建立了结合护航任务组织护航舰艇友好访问活动的新机制，编队成功对60多个国家进行了友好访问，完成第20批护航任务的152编队还完成了环球访问任务。

中国海军还在执行任务中，积极履行国际人道主义义务。护航编队完成的1000批近6300艘中外船舶护航任务中，外国船舶为3242艘次。并且积极承担了10艘次世界粮食计划署船舶的护航任务，紧急调派舰船执行马航失联航班搜救、赴马尔代夫提供淡水、也门撤离中外人员等紧急任务，充分展示了中国负责任大国的良好形象和中国海军过硬的军政素质。

2015年2月28日，也门国内骚乱。根据习近平主席和中央军委命令，中国海军第十九批护航编队赴也门执行撤离中国公民任务。3月29日中午，海军第十九批护航编队临沂舰抵达也门亚丁港，在中国驻亚丁总领事馆积极配合下，撤离了中国驻也门的首批122名中国公民和2名来自埃及和罗马尼亚的中国企业聘用的外籍专家。3月30日，剩余的第二批400多人乘坐中国海军潍坊舰离开也门。4月2日，中国海军临沂舰搭载巴基斯坦等10个国家的225名侨民撤离也门。也门撤侨是中国第一次使用武装军舰从外国撤侨，具有里程碑的意义。

3. 参加抢险救灾及国家重大活动安保工作

人民解放军积极探索抢险救灾特点规律，救灾能力与军事装备水平、专业训练水平同步提高，并将救灾能力与练兵备战相互促进，在历次重特大灾害救援中，发挥先头兵和主力军作用，为人民群众生命财产安全提供可靠的保障。

2013年4月20日，四川雅安发生7.0级大地震。根据中央军委和习近平主席的命令，四总部、成都军区、空军和武警部队迅速启动应急预案，部队迅速赶赴雅安灾区投入抢险救援。先后投入1.3万名官兵和民兵预备役人员，其中军队和武警部队官兵近9000名，民兵和预备役人员4100余人。

2015年4月，尼泊尔发生强烈地震，波及西藏部分地区。西藏军区、成都军区空军和驻藏武警部队在震后第一时间组织驻军和民兵就地展开救灾。共出动6万余名官兵，组织民兵859人，动用直升机6架飞行52架次，动用各类车辆机械1153台，累计抢救伤员918人，医疗救治1.8万余人次，转移安置群众4.9万余人，防疫消毒146万平方米，搭建帐篷5479顶，抢修道路86公里。

2015年6月1日，隶属于重庆东方轮船公司的“东方之星”游轮，在从南京驶往重庆途中突遇罕见强对流天气，在长江中游湖北监利水域沉没。解放军、武警部队同交通运输部门及沿江地区群众，在事发地及下游水域开展全方位、立体式、拉网式搜寻。6月2日，空军派6架飞机赴长江沉船地域侦察救援；海军从北海舰队、东海舰队、南海舰队和海军工程大学抽调潜水兵力组成140余人的搜救力量，携作业装备紧急赶赴湖北；空降兵派出3架直升机巡视现场以及运送潜水员、物资；武警湖北总队、湖南总队共派出1000多名官兵、48艘救援船，在事发地两岸同时搜救。

2015年8月12日23时，天津港瑞海公司危险品仓库发生火灾爆炸事故，造成人员重大伤亡。武警天津总队1500名兵力投入救援，紧急赶至事发现场参加抢险救援，主要担负火灾现场外围警戒封控、机动备勤等任务。解放军第254医院立即启动应急预案，半小时内50人应急医疗分队集合完毕，所有科室做好接收后送伤病员准备；接到救援命令后，火速赶往事发地，在外围设立救护所，展开抢救工作。

2016年5月8日，福建三明市泰宁县开善乡发生山体滑坡，造成池潭水电厂1座办公楼被冲垮、1座项目工地住宿工棚被埋压。陆军第31集团军、福建省军区官兵和民兵预备役人员迅速赶赴救灾一线，武警部队紧急出动500余名官兵、90余台装备机械参与抢险救援行动。

2016年6月23日，江苏盐城市阜宁县、射阳县部分地区突发龙卷风冰雹严重灾害，多个乡镇受灾，造成大量民房、厂房、学校教室倒塌，部分道路交通受阻。武警江苏省总队和江苏省消防总队迅速启动抢险救灾应急预案，出动1000余名官兵，顶风冒雨紧急驰援。东部战区陆军和空军派遣某防空旅、某射击场等部队共500余名官兵，紧急开赴灾区，全力投入道路清障、物资抢运、卫生防疫、水电管线抢修等任务。

2016年6月下旬以来，受超强厄尔尼诺现象影响，中国南方遭受一场场特大暴雨袭击。多条河流水位暴涨，湘鄂苏皖赣黔等多省告急，数千万群众遭受洪水灾害。陆军、海军、空军、火箭军、战略支援部队和武警部队官兵，以及各受灾地区省军区、军分区、人武部官兵，根据汛情和救灾实际，迅速奔赴防汛救灾第一线，救助遇险群众，奋力排除险情。

2016年8月2日，在台风“妮妲”即将登陆前，陆军第42集团军出动官兵900余人、车辆77台、工程装备6台，多路向惠州大亚湾经济技术开发区地域机动，并立即展开备勤救援行动。与此同时，广东省军区紧急部署两万兵力，武警广东省总队也安排总数1万人的抢险力量，在全省范围内抗击台风。

2016年8月16日至19日，海南北部地区出现持续性暴雨天气，儋州、东方等多个市县发生洪水险情。海南省军区、武警海南省总队、南海舰队某机动岸导团迅速启动抗台风抢险应急预案，千余名官兵紧急投入抢险救灾。

此外，人民解放军还担负了北京 APEC 会议、杭州 G20 峰会等国家重大活动的安保任务。

4. 军事交流与合作

党的十八大以来，中共中央和中央军委加强军事外交战略谋划，积极开展全方位宽领域外交活动，军事外交服务国家对外工作大局功能不断增强。

对外军事交流与合作逐步深化。与大国军事关系在保持战略稳定中实现良性互动。中俄军事关系进一步深化，两国军方的交流和互访逐步机制化。中美两军交往总体保持了积极发展的势头，在高层交往、防务磋商、专业交流等领域开展了交流合作。2014 年，中美两军签署“建立重大军事行动相互通报信任措施机制”和“海空相遇安全行为准则”两个“互信机制”谅解备忘录。中英、中法、中德、中澳、中印等军事磋商更为频繁。周边有 10 多个国家的国防部长和军队总参谋长先后多次访华。

中外联演联训联赛日益常态化。上海合作组织框架内的“和平使命”联合演习，中俄两军“海上联合”联合演习已形成年度例行性演习，其规模和联合深度不断提升。“海上联合—2016”军事演习创造了中外联演的诸多纪录：首次以红蓝方“背靠背”对抗的方式展开、首次演练联合立体夺控岛礁课目、首次启用海上联合专用指挥信息系统，与以往相比，演习对抗性更强、实战化水平更高。中美两军共同参与的双边、多边联合演习和训练显著增加。2014 年，中国 4 艘军舰首次参加“环太平洋—2014”多边联合军演，对促进与地区多方就灾害救援和打击海盗等共同安全关切进行协调，对地区局势发挥了积极作用。与周边国家的联演联训联赛逐步深化，“携手”“鹰击”“可汗探索”“热带曙光”“金鹰”“雄鹰”、东盟“10 + 8”海上安全与反恐联合演习等系列演习，参演部队涵盖陆海空各军种，涉及海上作战、空中作战、特种作战和反恐、反海盗以及人道主义救援减灾等传统和非传统安全领域。截至2016年底，中外联演联训联赛已举行100多场，仅2016年就达30余场。执行亚丁湾护航任务的中国海军编队参访沿途国家并与相关国家军队举行联合演习演训已成为常态。此外，2015年5月9日，中国军队参加了俄罗斯纪念“卫国战争”胜利70周年庆典阅兵。9月3日，在纪念中国人民抗日战争暨世界反法西斯战争胜利70周年阅兵中，来自俄罗斯、古巴、埃及等11国派方队参加阅兵；阿富汗、柬埔寨等6国派代表队参加阅兵；埃塞俄比亚、法国等共31个国家派军队观摩团参加阅兵观礼。

中国军队是一支热爱和平、维护和平的军队，这一点越来越多地得到国际社会的认同。

5. 参加联合国维和行动

党的十八大以来，中国军队继续加强参加联合国维和行动的力度，兵力规模从小到大，部队类型从单一到多样。

2013年，中国军队首次向马里派出安全分队。这是中国首次派出安全部队参与维和行动。2013年9月，中国向联合国利比亚任务区派遣一支140人的维和警察防暴队。这是中国第一次向非洲派遣成建制维和警察防暴队。2015年，中国首次向海外派出700人的整建制维和步兵营，部署在南苏丹朱巴任务区，主要担负城区巡逻、难民营保护、应急支援等维和任务。

2015年9月28日，习近平主席在联合国维和峰会上提出了支持维和行动的六点措施。第一，中国将加入新的联合国维和能力待命机制，决定为此率先组建常备成建制维和警队，并建设8000人规模的维和待命部队。第二，中国将积极考虑应联合国要求，派更多工程运输医疗人员参与维和行动。第三，今后5年，中国将为各国培训2000名维和人员，开展10个扫雷援助项目。第四，今后5年，中国将向非盟提供总额为1亿美元的无偿军事援助，以支持非洲常备军和危机应对快速反应部队建设。第五，中国将向联合国在非洲的维和行动部署首支直升机分队。第六，中国联合国和平与发展基金的部分资金将用于支持联合国维和行动。

为了维护世界和平，中国军队付出了生命的代价。2016 年 6 月 1 日凌晨，中国驻马里维和部队营区遭到恐怖袭击，三级士官申亮亮不幸遇难，年仅 29 岁。7 月 10 日，中国赴南苏丹维和部队执行任务时遇袭，维和步兵营战士李磊牺牲，另有 3 人重伤、3 人轻伤。11 日，重伤战士杨树朋经抢救无效，不幸牺牲。在参加各类联合国维和行动中，中国军队共有 13 名维和官兵为维护世界和平献出了宝贵生命。

2016 年，中国军队积极兑现六项承诺——为各国培训近 500 名维和人员；完成 8000 人维和待命部队在联合国的注册；首支维和直升机分队正式展开部署；正在与非盟协商今后 5 年向其提供 1 亿美元无偿援助的实施方案。中国军队先后对 7 批维和部队进行轮换。截至 2016 年 6 月，人民解放军先后参加了 24 项联合国维和行动，累计派出维和军事人员 3.1 万余人次。中国军队现有 2882 名官兵在联合国 9 个任务区执行维和任务，包括工兵、医疗、运输、警卫、步兵 5 种类型的 15 支维和分队 2700 余人及近 100 名参谋军官和军事观察员。9 个任务区分别是：刚果（金）、利比里亚、南苏丹、苏丹达尔富尔、黎巴嫩、马里、中东、西撒哈拉、科特迪瓦。此外，应联合国请求，中国军队向苏丹达尔富尔派遣 1 支 140 人的直升机分队。

九、让世界倾听“中国好声音”

党的十八大以来，国内国际两个大局出现了一些新特点、新变化。以习近平同志为核心的党中央，在新的历史起点上审时度势，以中华民族伟大复兴的“中国梦”统筹国内国外两个大局，为外交工作提出了一系列新思想、新主张。习近平总书记指出，“世界繁荣稳定是中国的机遇，中国发展也是世界的机遇。和平发展道路能不能走得通，很大程度上要看我们能不能把世界的机遇转变为中国的机遇，把中国的机遇转变为世界的机遇，在中国与世界各国良性互动、互利共赢中开拓前进。”①在实现中华民族伟大复兴的关键阶段，中国顺应和平、发展、合作、共赢的时代潮流，积极打造人类命运共同体，推进全球治理体系变革，推动与各方关系全面发展，提升国家软实力，彰显大国外交的中国特色，在社会主义和平发展道路上行稳致远。

（一）构建“人类命运共同体”，引领世界新航向

2017年2月10日，纽约。

即将闭幕的第55届联合国社会发展理事会上，主席菲利普·查沃斯一锤定音，代表本届理事会46个会员国宣布，由中国和七十七国集团共同提出的《非洲发展新伙伴关系的社会层面》决议草案正式通过，呼吁“国际社会本着合作共赢及构建人类命运共同体精神，加强对非洲经济社会发展关键领域的支持，并忠实履行其在采取进一步行动的承诺”。

---

① 习近平：《在十八届中共中央政治局第三次集体学习上的讲话》（2013年1月28日）。

这是“人类命运共同体”理念第一次写入联合国的决议当中。3 月 17 日，联合国安理会一致通过关于阿富汗问题的第 2344 号决议，强调“应本着合作共赢精神推进地区合作，以有效促进阿富汗及地区安全、稳定和发展，构建人类命运共同体。”3 月 23 日，联合国人权理事会第 34 次会议通过关于“经济、社会、文化权利”和“粮食权”两个决议，明确表示要“构建人类命运共同体”。

2017 年的早春，“人类命运共同体”重大理念，在联合国的舞台上频频成为焦点。面对金融危机之后、特别是 2016 年世界政治当中的一系列动荡带来的全球困局，人们期待来自中国的新思想、新目标，为低迷不振的国际话语体系注入新的生机与活力。阿富汗常驻联合国代表赛卡勒表示，“我们欢迎这一理念，我们认为这一理念与我们国家人民的生活非常相关。”联合国社会发展委员会第 55 届会议主席菲利普·查沃斯说，“从长远来看，世界各国和联合国都会从这一理念中受益”，“构建人类命运共同体理念是中国人着眼于人类长远利益的远见卓识”。

1. 顺应时代潮流，把握人类共同命运

“人类命运共同体”重大理念，提出于全球化进程问题凸显、全球化浪潮遭遇挫折、全球治理前景蒙上阴影的特殊时刻，既是党中央结合历史经验与现实关照对世界未来走向做出的理论判断，也是基于人类文明共同诉求与时代发展规律而提出的理想愿景，既为中国坚持和平发展道路提供了哲学依据，也为全球治理模式的未来变革指明了方向。

20 世纪 70 年代以来，全球化浪潮逐步席卷了世界的各个角落，国家、民族与个人之间的相互影响与依存日趋紧密。经济上，商品、资本、人力和知识的跨境流动日益频繁，跨国公司崛起成为世界经济的决定性力量，市场和资源的全球布局与配置成为大企业的通行做法。安全上，核扩散、恐怖主义、全球气候变化等传统和非传统问题，使国家难以独善其身。文化上，借由互联网及其他发达的大众传播渠道，“流行”不再限于一国一地，文化符号的影响力日益提升。多元行为主体相互依存，

国际议题内容相互交织、治理层级和治理领域相互渗透、相互转化，共同构成了彼此联系空前紧密、不可分割的共同体。在这个共同体当中，一国一地的问题，有时会在世界范围产生预料之外的巨大影响，形成“蝴蝶效应”。

伴随这一波全球化浪潮而兴起的新自由主义全球观，相信自由市场和西方式民主带来的世界秩序，能够自然而然地造福全人类，让世界上所有人都能享受全球化带来的利益。苏东剧变、冷战结束之后，新自由主义学说达到高潮，自由＋民主的“华盛顿共识”风头一时无两，甚至有美国学者提出了“历史的终结”。

然而，进入21世纪，人们看到的是，全球贫富差距进一步扩大，贫困人口有增无减，恐怖袭击事件层出不穷，环境问题和气候变暖威胁着许多国家人民的生存。不仅如此，全球化降低了国与国之间资源优化配置的壁垒，但也削弱了阻挡危机扩散的“防火墙”，使动荡的波及范围遍及世界。2007年始于美国的次贷危机，迅速演变为全球范围内的金融风暴，全球经济增长动能大幅滑坡。在这一背景下，人们开始质疑，新自由主义全球观是否仍有意义？由西方大国主导的全球化进程，究竟能否为世界其他地区的人民带来富裕与幸福？面对全球化带来的产业空心化与贫富分化，西方大国自身又该如何抉择？随着民粹主义、民族主义、保护主义甚至孤立主义思想的抬头，主流国际社会失速、失稳、失序，面临着分崩离析的“碎片化”危险。

面对这些问题，中国共产党给出了自己的答案。2010年5月，在第二轮中美战略与经济对话中，中国提出了各国相互依存、同舟共济的“命运共同体”思想。2011年9月，《中国和平发展》白皮书纳入了命运共同体概念，将其视为超越“零和博弈”和冷战、热战思维的新视角、新理念、新道路，期待各国合作寻求人类共同利益和共同价值，合作应对多样化挑战和实现包容性发展。[①] 2012年11月，党的十八大明确提出“人类生活在同一个地球村，生活在历史和现实交汇的同一个时空里，越

① 陈须隆：《人类命运共同体理论在习近平外交思想中的地位和意义》，《当代世界》2016年第7期。

来越成为你中有我、我中有你的命运共同体。”“要倡导人类命运共同体意识，在追求本国利益时兼顾他国合理关切，在谋求本国发展中促进各国共同发展”。

有学者指出，中国共产党提出“人类命运共同体”理念，表明“崛起的中国正在更为主动地从变化的世界潮流中把握自身的定位、认识和承担自己的大国责任，更重要的是，它预示着：走向伟大复兴的中华民族关注人类命运和前途的意识空前提升，更为自觉地向国际社会提供思想资源，并致力于实现中国与国际社会的深度融合和共同进步，努力在21 世纪的人类文明发展事业中作出自己独特的贡献”。①

2. 深入阐释与发展“人类命运共同体”理念

2012 年以来，习近平总书记在多个场合反复阐释“人类命运共同体”理念。据统计，仅在 2012 年 11 月到 2015 年 5 月的两年半时间里，习近平总书记的公开讲话中提及“人类命运共同体”就达 62 次。在这一过程中，“人类命运共同体”理念得到了充实、完善和发展，逐渐成为了集中反映党的十八大以来习近平总书记外交思想的理论体系，也成为了指导积极开展中国特色大国外交所必须坚持和贯彻的战略方针。

“人类命运共同体”理念的基本内涵，具有两个维度：一方面，它反映了中国对当今世界的看法，是当代中国世界观的集中体现。具体而言，这一理念认为，世界前进的根本方向是和平、发展、文明；在当前世界，国际权力相互依存，和平是解决国际争端的首要手段，不同时间和空间的各个行为体，存在着极其广泛的共同利益，国家、民族与文明之间彼此平等，应当和谐共存。因此，在行动上，国际社会应当维护公正合理的国际秩序，坚持主权平等、非暴力解决争端、国际法平等统一适用、人道主义、开放包容等基本原则，② 各国有必要坚持全球治理和

---

① 王公龙、韩旭：《人类命运共同体思想的四重维度探析》，《上海行政学院学报》2016 年第 3 期。

② 习近平：《共同构建人类命运共同体：在联合国日内瓦总部的演讲》（2017 年 1 月 18 日）。

可持续发展，通过和平方式解决矛盾，共同应对全球挑战，在交往中合作共赢，维护多元文明交流互鉴。①

另一方面，“人类命运共同体”理念，也反映了当前中国与世界的关系。和平与发展，既是构建“人类命运共同体”的主要目标，也是实现中华民族伟大复兴的“中国梦”的重要前提条件。如习近平总书记所说，“中国梦是和平、发展、合作、共赢的梦，与包括美国梦在内的世界各国人民的美好梦想相通”②，“中国梦与中国人民追求美好生活的梦想是相连的，也是与各国人民追求和平与发展的美好梦想相通的。”③ 从这层意义上说，“人类命运共同体”与“中国梦”内在相连，是中国人民利益与各国人民共同利益的结合。从这一理念出发，中国将“不仅致力于中国自身发展，也强调对世界的责任和贡献……在追求本国利益时兼顾别国合理关切”，④ 坚持正确义利观，“致力于同世界各国发展友好合作，履行应尽的国际责任和义务，继续同各国人民一道推进人类和平与发展的崇高事业”⑤，通过维护世界和平、促进共同发展、打造伙伴关系、支持多边主义等多种政策，为构建人类命运共同体作出切实贡献。⑥

自其提出以来，“人类命运共同体”理念，在习近平总书记的多次阐述中逐渐充实、丰富、深化和完善，显示出强大的理论生命力。首先，“人类命运共同体”理念在空间上得到了细化与落实：2013 年，在博鳌亚洲论坛年会开幕式的主旨演讲中，习近平总书记呼吁亚洲人民“优化亚洲区域合作，共建发展和命运共同体”，首次对亚洲命运共同体进行了阐述；之后，习近平总书记相继提出了“中国—东盟命运共同体”、中非、中拉、中阿命运共同体等等，将宏观的理念具体化为一个个可感知、

① 曲星：《人类命运共同体的价值观基础》，《求是》2013 年第 4 期，王公龙、韩旭：《人类命运共同体思想的四重维度探析》，《上海行政学院学报》2016 年第 3 期。

② 习近平：《在同美国总统奥巴马共同会见记者时的讲话》（2013 年 6 月 7 日）。

③ 习近平：《在会见 21 世纪理事会北京会议外方代表时的谈话》（2013 年 11 月 2 日）。

④ 习近平：《在金砖国家领导人第五次会晤时的主旨讲话》（2013 年 3 月 27 日）。

⑤ 习近平：《在十二届人大一次会议上的讲话》（2013 年 3 月 17 日）。

⑥ 习近平：《共同构建人类命运共同体：在联合国日内瓦总部的演讲》（2017 年 1 月 18 日）。

可实现的“小目标”。其次，习近平总书记为“人类命运共同体”理念提出了具体的覆盖内容。2015年9月，习近平总书记在第70届联合国大会上提出了“人类命运共同体”的“五位一体”布局与路径，即“政治上，要建立平等相待、互商互谅的伙伴关系；安全上，要营造公道正义、共建共享的安全格局；经济上，要谋求开放创新、包容互惠的发展前景，打造兼顾效率和公平的规范格局；文化上，要促进和而不同、兼收并蓄的文明交流；生态上，要构筑尊崇自然、绿色发展的生态体系”；2017年1月，在联合国日内瓦万国宫，习近平总书记将“五位一体”布局上升为“五个世界”目标，即“政治上，坚持对话协商，建设一个持久和平的世界；安全上，坚持共建共享，建设一个普遍安全的世界；经济上，坚持合作共赢，建设一个共同繁荣的世界；人文上，坚持交流互鉴，建设一个开放包容的世界；生态上，坚持绿色低碳，建设一个清洁美丽的世界。”经过理论建设，“人类命运共同体”理念将公认的国际秩序原则、联合国的崇高理想，以及十八大以来我党提出的全新发展理念和安全观念结合起来，从历史深度和哲学高度“显示出中国特色大国外交更大的理论自信与行动自觉”。①

（二）提出全球治理“中国方案”，推动国际秩序转型

面对瞬息万变的国际局势和层出不穷的全球性问题，积极推进全球治理、推动国际秩序的合理化转型，是打造人类命运共同体的必然要求。2017年，习近平总书记在达沃斯世界经济论坛年会上指出，经济全球化的进程不可逆转。面对因动能不足和发展失衡而陷入长期低迷的世界经济，世界各国应当共担时代责任，共促全球发展，打造更有活力、更加公平的增长、合作、治理与发展模式，中国将在搞好自身经济建设与改革的同时坚持对外开放，欢迎世界各国搭乘中国经济发展的“便车”。

---

① 陈须隆：《构建人类命运共同体思想理论的四次飞跃》，《瞭望新闻周刊》2017年第11期。

2015年10月，习近平总书记在主持中共中央政治局集体学习时强调，“全球治理体制变革正处在历史转折点上。国际力量对比发生深刻变化，新兴市场国家和一大批发展中国家快速发展，国际影响力不断增强，是近代以来国际力量对比中最具革命性的变化……建立国际机制、遵守国际规则、追求国际正义成为多数国家的共识。”“随着全球性挑战增多，加强全球治理、推进全球治理体制变革已是大势所趋。这不仅事关应对各种全球性挑战，而且事关给国际秩序和国际体系定规则、定方向；不仅事关对发展制高点的争夺，而且事关各国在国际秩序和国际体系长远制度性安排中的地位和作用。”因此，“要审时度势，努力抓住机遇，妥善应对挑战，统筹国内国际两个大局，推动全球治理体制向着更加公正合理方向发展。”①

全球治理源于利益依存而非对抗，强调合作与协调而非竞争与冲突。对全球治理体制机制进行相应的调整改革，“并不是推倒重来，也不是另起炉灶，而是创新完善”。② 如著名学者黄仁伟所说，面对日益难以适应21世纪国际关系现实的20世纪国际秩序，以“全球治理”为核心目标的世界秩序与中国提倡的“人类命运共同体”的核心理念高度契合，既符合中国和平融入国际秩序的基本需求，又需要中国为人类提供必要的公共产品。③

1. 以“一带一路”战略为世界发展注入新动力

2013年，习近平总书记在访问中亚和东南亚时，分别提出建设“丝绸之路经济带”和“21世纪海上丝绸之路”两大倡议。建设“一带一路”，是党中央作出的重大战略决策，是实施新一轮扩大开放的重要举措，也是中国“着眼于各国人民追求和平与发展的共同梦想，为世界提供的一项充满东方智慧的共同繁荣发展的方案。”④ “一带一路”着眼弘

① 习近平：《在中共中央第二十七次政治局集体学习上的讲话》（2015年10月12日）。
② 《习近平总书记系列重要讲话读本》，学习出版社2016年版，第275页。
③ 黄仁伟：《从西方秩序到人类命运共同体》，《中国社会科学报》2016年3月29日。
④ 习近平：《在乌兹别克斯坦最高会议立法院的演讲》（2016年6月22日）。

扬古丝绸之路互学互鉴、和睦共处的精神，以沿线各国“政策沟通、设施联通、贸易畅通、资金融通、民心相通”为目标，其出发点是希望实现沿线各国的共同发展和共同繁荣，秉持的是构建命运共同体的精神理念，强调的是共商、共建、共享的平等互利方式。

“一带一路”倡议受到亚洲、欧洲、非洲和拉美国家的广泛支持：至2016年年底，已经有100多个国家和国际组织积极参与“一带一路”建设，中国同40多个国家签署了共建“一带一路”的合作协议，同20多个国家签署了产能合作协议，初步形成覆盖亚、非、拉、欧四大洲的国际产能合作布局。

中国与沿线国家积极开展基础建设合作与产能合作，打通中国与中亚和西亚走廊的安格连—帕普铁路隧道、连接非洲内陆和亚丁湾的亚吉铁路先后建成通车，瓜达尔港正式开航，另有匈塞铁路、中老铁路、缅甸皎漂深水港及工业区等项目开工建设或即将开工，泛亚铁路网建设提上日程。至2016年年底，中国同“一带一路”沿线20个国家共同建设了56个境外合作区，累计投资185.5亿美元，入区企业1082家，总产值506.9亿美元，上缴东道国税费10.7亿美元，为当地创造就业岗位17.7万个。

诸多沿线国家将自身发展规划与“一带一路”战略对接起来，如中俄“丝绸之路经济带同欧亚经济联盟合作对接联合声明”、中欧商讨设立中欧共同投资基金、中德建立“中国制造2025”同“德国工业4.0”对接协调机制、中蒙商定对接“丝绸之路”与“草原之路”等等。中俄蒙三国经济走廊、中巴经济走廊、孟中印缅经济走廊取得重大进展。丝路基金、中国—欧亚经济合作基金、亚洲基础设施投资银行等金融服务机构顺利组建。2016年，共商、共建、共享等“一带一路”核心理念首次写入亚太经合组织领导人宣言当中。

有专家预测，“一带一路”的建设将形成全新的物流体系，从而改变全球的产业链、工业链、供应链和资金链，使欧亚大陆再次成为世界交往的核心地区。在推进“一带一路”过程中，中国倡导“共赢”和“发展”原则，不设标准，不要求其他国家采用跟本国相似的制度，有可能改变国际关系的“零和”基础，重新塑造国际治理的规则。①

2. 从制度层面推进全球经济治理改革

以中国为代表的新兴经济体的崛起，改变了世界经济格局，使得旧有全球经济秩序难以适应新的世界形势，客观上使全球经济治理改革具有了必然性。习近平总书记强调，在当前形势下，“要推动变革全球治理体制中不公正不合理的安排，推动国际货币基金组织、世界银行等国际经济金融组织切实反映国际格局的变化，特别是要增加新兴市场国家和发展中国家的代表性和发言权。”②

党的十八大以来，中国同其他新兴经济体一道，以国际经济合作中的权利平等、机会平等、规则平等为诉求，积极推动了全球经济治理改革。具体表现为以下几点：

第一，完善全球金融治理格局，积极推动国际货币体系改革。面对金融危机，中国与以金砖国家为代表的新兴经济体加强合作，共同应对全球金融波动带来的风险。2013 年 3 月，第五次金砖国家领导人峰会决定建立金砖国家开发银行，简化金砖国家间的相互结算与贷款业务，从而减少对美元和欧元的依赖。2015 年 7 月，金砖国家新开发银行在上海正式开业，初始授权资本 1000 亿美元，初始认购资本 500 亿美元，由 5 个创始成员国均摊。除共同应对金融汇率风险之外，金砖国家新开发银行还将资助金砖国家以及其他发展中国家的基础设施建设。

2016 年 1 月，在习近平总书记的大力推动下，由中国倡议设立、57 国共同筹建的多边金融机构亚洲基础设施投资银行正式开张；至 2017 年 3 月，已经有 70 个国家加入亚投行，且年内有望增加到 80 ~ 90 个国家。在亚投行开业仪式上，习近平总书记重申，“中国是国际发展体系的积极参与者和受益者，也是建设性的贡献者。倡议成立亚投行，就是中国承担更多国际责任、推动完善现有国际经济体系、提供国际公共产品的建

① 黄仁伟：《“一带一路”的世界历史意义》，《中国社会科学报》2016 年 3 月 29 日。
② 习近平：《在中共中央第二十七次政治局集体学习上的讲话》（2015 年 10 月 12 日）。

设性举动。”①

2015年12月1日，人民币正式加入国际货币基金组织特别提款权（SDR），成为与美元、欧元、英镑和日元并列的第五种SDR篮子货币，也是第一种来自发展中国家的货币。IMF总裁拉加德在发布会上表示：“人民币进入SDR将是中国经济融入全球金融体系的重要里程碑，这也是对于中国政府在过去几年在货币和金融体系改革方面所取得的进步的认可。”2016年1月26日，国际货币基金组织投票权改革方案生效，中国的投票权份额从3.8%提高至6.071%，由第6位上升至第3位。中国、巴西、印度、俄罗斯等新兴市场国家同时与美国、日本、法国、德国、意大利、英国跻身IMF前十大成员国，IMF的SDR货币储备规模也从原来的2385亿美元翻番至4770亿美元。

第二，引领G20向全球治理长效机制转型。G20是中国首次以塑造者、创始国和核心参与方身份参与的全球经济治理机制。2013年以来，中国积极与发达国家联手加强国际宏观经济政策协调，加强金融风险管控，推动全球治理架构和IMF和世界银行的份额改革。在2016年G20的杭州峰会上，习近平总书记提出，要为世界经济指明方向，创新增长方式，提高抗风险能力，重振国际贸易与投资量大隐形，推动包容和连动式发展，并表示，“二十国集团有必要进一步从危机应对机制向长效治理机制转型，从侧重短期政策向短中长期政策并重转型。”②

第三，积极完成自贸区建设，推动区域经济一体化。当前中国的经济总量排名全球第二，货物贸易出口量全球最大，随着全球范围内自由贸易区的数量不断增加，加快实施自由贸易区战略是我国适应经济全球化新趋势的客观要求。目前，中国已签署自贸协定14个，涉及22个国家和地区，另有9项协定正在谈判之中。2012年11月，由东盟牵头、中国主导推动的区域全面经济伙伴关系（RCEP）谈判启动，一旦RCEP成立，会形成一个人口约达30亿、GDP总和约为21万亿美元、占世界贸易总量大约30%的贸易集团。2014年APEC北京峰会正式启动亚太自由

① 习近平：《在亚投行开业仪式上的致辞》（2016年1月16日）。

② 习近平：《G20杭州峰会闭幕式致辞》（2016年9月7日）。

贸易区（FTAAP）进程，将区域一体化水平提升到新高度。

3. 强化以联合国宪章和原则为核心的国际体系

“当今世界发生的各种对抗和不公，不是由于联合国宪章宗旨和原则过时了，而恰恰是由于这些宗旨和原则未能得到有效履行。”[①] 改善全球治理体制，首先要维护联合国宪章的权威。联合国诞生于二战的硝烟和废墟上，是全世界正义力量共同奋斗的结晶。十八大以来，习近平总书记在多个场合一再强调，要坚定维护以联合国宪章宗旨和原则为核心的国际秩序和国际体系，维护和巩固第二次世界大战胜利成果。

作为联合国安理会常任理事国，参加维和行动已经25年，为支持改进和加强维和行动，中国将加入新的联合国维和能力待命机制，决定为此率先组建常备成建制维和警队，并建设8000人规模的维和待命部队，并承诺到2020年，为各国培训2000名维和人员，开展10个扫雷援助项目，向非盟提供总额为1亿美元的无偿军事援助，以支持非洲常备军和危机应对快速反应部队建设，并利用中国—联合国和平与发展基金的部分资金将用于支持联合国维和行动。[②]

为落实联合国《2015年后发展议程》，中国设立了“南南合作援助基金”，首期提供20亿美元，支持发展中国家落实2015年后发展议程，并以2030年达到120亿美元为目标继续增加对最不发达国家投资，免除对有关最不发达国家、内陆发展中国家、小岛屿发展中国家截至2015年底到期未还的政府间无息贷款债务。中国探讨设立国际发展知识中心，同各国一道研究和交流适合各自国情的发展理论和发展实践，并倡议探讨构建全球能源互联网，推动以清洁和绿色方式满足全球电力需求。[③]

此外，中国还为联合国气候变化大会取得实质性成果发挥了有力的引领作用。2015年11月，习近平总书记出席巴黎气候变化大会时，呼吁“各方展现诚意、坚定信心、齐心协力”，摈弃“零和博弈”狭隘思维，

---

① 习近平：《在中共中央第二十七次政治局集体学习上的讲话》（2015年10月12日）。

② 习近平：《在联合国维和峰会上的讲话》（2015年9月28日）。

③ 习近平：《在联合国发展峰会上的讲话》（2015年9月29日）。

创造一个各尽所能、合作共赢的未来；遵守共同但有区别的责任原则，创造一个奉行法治、公平正义的未来；倡导和而不同的应对之策，创造一个包容互鉴、共同发展的未来。习近平总书记承诺，中国将积极采取减排措施，并秉持正确义利观，积极参与气候变化国际合作，支持发展中国家应对气候变化挑战。[①] 中国分别与美国和法国发表应对气候变化的联合声明，习近平总书记在谈判的关键时刻应约与美国总统奥巴马通电话，强调各方加强协调使巴黎大会如期达成协议的重要意义。联合国秘书长潘基文对此作出高度评价，称中国“发挥了强有力的领导作用”，“为在巴黎成功达成协议铺平道路做出了巨大的贡献。”[②]

4. 积极推动新兴领域的规则机制建设

《中共中央关于制定国民经济和社会发展第十三个五年规划的建议》明确提出，中国应当积极参与网络、深海、极地、空天等新领域国际规则制定。随着人类对这些领域的开发和利用，为避免无序和混乱，需要制定这些领域的国际规则。作为新领域开发利用的参与者，中国自然应当成为这些新兴领域国际规则的制定者。

当前，全球互联网治理的核心是构建网络空间国际秩序，具体表现为网络空间原则和规则的创制。2014 年 7 月，习近平总书记在巴西国会发表演讲时提出：“国际社会要本着相互尊重和相互信任的原则，通过积极有效的国际合作，共同构建和平、安全、开放、合作的网络空间，建立多边、民主、透明的国际互联网治理体系。”[③] 2015 年 12 月，在乌镇举行的第二次世界互联网大会上，习近平总书记在视频致辞中明确了推进全球互联网治理体系变革应该坚持的四项原则：尊重网络主权、维护

---

① 习近平：《携手构建合作共赢、公平合理的气候变化治理机制——在气候变化巴黎大会开幕式上的讲话》（2015 年 11 月 30 日）。

② 《潘基文访谈：中国为达成巴黎气候协议发挥“强有力的领导作用”》，《国际先驱导报》（2015 年 12 月 4 日）。

③ 习近平：《弘扬传统友好　共谱合作新篇——在巴西国会的演讲》（2014 年 7 月 16 日）。

和平安全、促进开放合作、构建良好秩序。[①] 这四项原则不但反映了互联网时代各国共同构建网络空间命运共同体的价值取向，而且也反映了互联网时代“安全与发展”作为一体双翼的主潮流，引领了国际互联网治理体系变革的方向，越来越多地得到各个国家的认可与支持，是中国在互联网全球治理领域作出的重要贡献。2017 年 3 月 1 日，经中央网络安全和信息化领导小组批准，外交部和国家互联网信息办公室共同发布《网络空间国际合作战略》，首次就推动网络空间国际交流合作全面系统提出中国主张，为破解全球网络空间治理难题贡献中国方案。

在太空治理领域，中国坚决支持禁止在太空部署任何类型的武器，主张在太空建立透明与信任机制，并利用自身实力承担起了促进国际太空合作与和平利用的责任，努力促进太空新秩序的平稳发展，切实履行了负责任大国的义务。在联合国大会、联合国外空委和联合国裁军大会这三个讲坛上，中国尽最大努力阐述本国在建立太空新秩序上的立场，获得了国际社会的广泛认可。2014 年，中俄两国向联合国裁军大会提交了《防止在外空放置武器、对外空物体使用或威胁使用武力条约修正草案》，2015 年，中国、俄罗斯等国向联大第一委员会提交了不首先在太空部署武器的决议草案。尽管这些草案都因美国的相悖立场而未获通过，却获得了绝大多数国家的赞誉与支持，为构建一个符合各国利益的，稳定、平衡的太空新秩序指明了方向。

（三）唱响“合作共赢”主旋律，打造新型国际关系

2014 年 11 月，习近平总书记在中央外事工作会议上强调，中国必须有自己特色的大国外交，要在坚持不结盟原则的前提下广交朋友，形成遍布全球的伙伴关系网络。[②] 党的十八大以来，中国坚持互利共赢的开放战略，坚持正确义利观，不断拓展和深化外交战略布局，在周边外交、大国关系、对发展中国家关系三个方面持续发力，主动出击，不断推动

① 习近平：《在第二届世界互联网大会开幕式上的讲话》（2015 年 12 月 16 日）。
② 习近平：《在中央外事工作会议上的讲话》（2014 年 11 月 29 日）。

以合作共赢为核心的新型国际关系向前发展。截至2016年底，中国已经同全世界97个国家或国际组织结成了伙伴关系（2014年7月为58个），这些伙伴关系覆盖全球五大洲，构成了中国和平崛起的“朋友圈”，也为世界的和平与发展增添了新的正能量。

1. 深化同周边国家的互利合作

党的新一届领导集体将周边外交放在我国发展大局和外交全局中更加突出的重要位置上。2013年10月，党中央召开了中华人民共和国成立以来首次周边外交工作座谈会，习近平总书记在讲话中强调，周边对我国具有极为重要的战略意义，要本着“与邻为善、以邻为伴”“睦邻、安邻、富邻”的基本方针和亲、诚、惠、容的理念，维护周边和平稳定，巩固睦邻友好，深化互利合作，努力使周边同我国政治关系更加友好、经济纽带更加牢固、安全合作更加深化、人文联系更加紧密，服从和服务于实现“两个一百年”奋斗目标、实现中华民族伟大复兴。①

习近平总书记和李克强总理就任后，首访首站都选择了周边国家。党的十八大以来，我国与周边国家继续密集高层交往，各层次、各领域合作全面展开，彼此利益融合不断深化，相互理解逐步加强，利益共同体和命运共同体建设稳步推进。中蒙建成全面战略伙伴关系，中马建成全面友好合作伙伴关系，中孟建立战略合作伙伴关系，中日达成双边关系四点原则共识。中菲、中斯关系走出低谷，中柬、中老友谊得到巩固，中缅关系拉开新篇章。澜沧江——湄公河次区域合作进程启动。习近平总书记成功实现中亚五国出访全覆盖。中韩、中澳自贸协定相继签署并获批准，中国——东盟自贸协定升级版谈判完成，中斯自贸区谈判启动，中新自贸协定升级谈判准备工作加紧推进，区域经济合作伙伴关系谈判取得重大进展。

中国在地区合作组织中的影响力进一步增强。2014年，习近平总书记在亚信峰会上倡导共同、综合、合作、可持续的亚洲安全观，在中、

① 习近平：《在周边外交工作会议上的讲话》（2013年10月24日）。

印、缅三国共同纪念和平共处五项原则发表60周年活动上赋予和平共处五项原则新的时代内涵，均获得积极反响。2015年，习近平总书记出席亚非领导人会议和万隆会议60周年纪念活动，为新形势下深化亚非合作、南南合作以及南北合作指明了方向。2016年，习近平总书记出席上合组织峰会，倡导各方在上合组织成立15周年之际弘扬“上海精神”，深化团结协作，推动上合组织发展进入新阶段。

2. 推动大国关系长期稳定健康发展

党的十八大报告关于中国外交政策的建议中明确指出：“我们将改善和发展同发达国家关系，拓宽合作领域，妥善处理分歧，推动建立长期稳定健康发展的新型大国关系。”习近平总书记在中央外事工作会议上也指出，“要切实运筹好大国关系，构建健康稳定的大国关系框架，扩大同发展中大国的合作”。5年来，中国外交践行这一理念取得一系列新成果。

中俄关系是中国对外关系中层次最高、内容最丰富的一对战略伙伴关系。从2013年到2016年，中俄元首每年进行5次会晤，双方政治互信进一步巩固和提升，中俄战略协作伙伴关系保持高水平运行。双方明确承诺坚定支持对方发展复兴，坚定支持对方自主选择发展道路和社会政治制度的权利，坚定支持对方维护主权、领土完整、安全等核心利益，树立了大国之间互信合作的典范。双方在经济、能源、人文、地方、军事等领域签署大批合作协议，稳步推进远东开发合作、“一带一路”与欧亚经济联盟对接合作，以及航空、能源等领域的重大合作项目，凸显出中俄关系的战略性和特殊性。中俄战略协作，远远超出了双边范畴，为地区稳定与世界和平注入了强大正能量。

中美新型大国关系建设迈出坚实步伐。2013年6月，习近平总书记与奥巴马总统在“庄园会晤”时，就构建双方不冲突不对抗、相互尊重、合作共赢的新型大国关系达成重要共识。从2013年到2016年，中美两国元首保持坦诚交流和战略沟通，相继举行“庄园会晤”“瀛台夜话”“白宫秋叙”和“西湖长谈”，达到了增信释疑的积极效果。面对客观存在的矛盾分歧与竞争摩擦，双方深刻把握双方不断增长的共同利益，积极对接各自发展方向和国家战略，积极承担两国对人类社会应尽的国际责任，在应对气候变化、签证互惠安排、建立两军互信机制等众多领域取得一系列重要进展，取得大量共识与合作成果。2017 年 4 月，习近平总书记访美时，与新当选总统特朗普共同表示，两国保持沟通与协调具有重要意义，中美将新建外交安全对话、全面经济对话、执法及网络安全对话、社会和人文对话四个高级别对话合作机制。

中欧合作不断开创新局面，中欧关系进入历史最好时期。2014 年，习近平总书记历史性访欧，提出打造和平、增长、改革、文明四大伙伴关系，把中欧关系提升到新高度。2015 年，习近平总书记对英国进行“超级国事访问”，双方同意建立面向 21 世纪全球全面战略伙伴关系，开启中英关系“黄金时代”。中国——中东欧 16 +1 合作进展迅速，在高铁装备及技术、气候变化等方面的务实合作有效推进。2015 年，在华举办的首次中国——中东欧领导人会晤确认共建开放包容、互利共赢的伙伴关系和六大重点合作领域。从“建设性伙伴关系”到“全面伙伴关系”再到“全面战略伙伴关系”，中欧关系已经成为“世界上最重要、最稳定、最富建设性的关系之一”,① 也成为中国构建新型大国关系的重要典范。

3. 坚持正确义利观，加强与发展中国家团结合作

广大发展中国家是我国走和平发展道路的同路人，也是中国外交的根基。习近平总书记在中央外事工作会议上强调，要切实加强同发展中国家的团结合作，把我国发展与广大发展中国家共同发展紧密联系起来。② 党的十八大以来，我国同广大发展中国家团结合作迈上新台阶。

2013 年 3 月，习近平总书记首次访非，提出“真、实、亲、诚”四字对非工作方针，宣布了一系列支持非洲的新措施与合作项目。2014

① 钟声：《为中欧关系全面推进注入新动力》，《人民日报》2015 年 10 月 26 日。

② 习近平：《在周边外交工作会议上的讲话》（2013 年 10 月 24 日）。

年，李克强总理访非提出推动“七大合作工程”、共建“三大交通网络”等重要倡议。2015 年，中非合作论坛峰会首次在南非首都约翰内斯堡举办，习近平总书记推出旨在增强非洲自主发展能力，解决非洲人民迫切需要的中非“十大合作计划”，中国设立首批 100 亿美元中非产能合作基金，同非盟签署“三网一化”合作谅解备忘录并开展对接。非洲国家领导人高度赞赏中国奉行的对非政策，有力批驳了所谓中国在非洲推行“新殖民主义”的谬论。中非友好关系提升到新的历史水平。中非合作继续走在国际对非合作的前列，成为南南合作的典范。

中拉关系提升到更高水平。2013 年，习近平总书记出访墨西哥等拉美三国，与加勒比地区 8 国领导人分别举行双边会谈，宣布支持加勒比国家经济和社会发展的一系列新举措，受到各方热烈欢迎。2014 年，习近平总书记同拉美和加勒比国家领导人举行中拉关系史上首次领导人会晤，宣布建立平等互利、共同发展的中拉全面合作伙伴关系，提出构建政治上真诚互信、经贸上合作共赢、人文上互学互鉴、国际事务中密切协作、整体合作和双边关系相互促进的中拉关系五位一体新格局，打造中拉携手共进的命运共同体，正式创建中国—拉共体论坛，实现了我国同发展中国家整体合作机制的全覆盖。2015 年，中拉论坛首届部长级会议在华举行，中拉整体合作机制全面启动。中国面向拉美设立 300 亿美元产能合作专项资金和 200 亿美元的中国—巴西双边产能合作基金。中国—巴西深化全面战略伙伴关系，探讨建设从大西洋到太平洋、跨越南美大陆的两洋铁路。2016 年，中国同厄瓜多尔、智利关系提升至全面战略伙伴关系，使我国在拉美全面战略伙伴关系达到 7 对。

2014 年，中国主办中阿合作论坛第六届部长会议，习近平总书记提出中阿共建“一带一路”、打造“1 +2 +3”合作新格局倡议，得到阿拉伯国家热烈反响。2016 年，习近平总书记首次访问中东地区，在阿盟总部全面系统阐释中国新时期的中东政策，提出中方愿做中东和平的建设者、中东发展的推动者、中东工业化的助推者、中东稳定的支持者、中东民心交融的合作伙伴，推动中阿两大民族复兴形成更多交汇，有力提升了中阿集体合作水平。中国同8个阿拉伯国家建立了战略伙伴关系，同6个阿拉伯国家签署了共建“一带一路”倡议，7个阿拉伯国家成为亚洲基础设施投资银行创始成员，海湾阿拉伯国家合作委员会重启对华自由贸易区谈判并取得实质性进展。

2014年，习近平总书记访问斐济，并与南太八个建交岛国领导人举行集体会晤，这是中国领导人第一次正式访问南太岛国。访问期间，习近平总书记宣布了支持南太岛国经济社会发展的一揽子计划，真诚欢迎岛国搭乘中国发展快车，建立了同太平洋岛国之间相互尊重、共同发展的战略伙伴关系。

（四）发挥国家软实力，以“中国故事”打动世界

中国正在走向世界舞台的中央，中国的一举一动，日益吸引着国际社会的关注目光。“中国何以成功?”“强大的中国将往何处去?”世界对我国发展道路和发展模式的理性认识逐步加深，但同时，“中国威胁论”“中国崩溃论”等论调仍然不绝于耳，一些西方媒体仍然在“唱衰”中国。

如习近平总书记所指出，“以利相交，利尽则散；以势相交，势去则倾；惟以心相交，方成其久远”。面对不可逆转的全球化进程，仅有硬实力的外交是不够的，只有发挥国家软实力，从发展道路、政治理念、制度价值和文化传统等多个方面讲好“中国故事”，让世界理解中国、信任中国，才能避免博弈困境，求得长远的互利共赢。

在以习近平总书记为核心的党中央领导下，中国着力改变以往专心埋头做事、不重视对外曝光的做法，国际表达的意愿和能力逐步增强，对外影响力和吸引力逐步攀升，力图“集中讲好中国故事，传播好中国声音，向世界展现一个真实的中国、立体的中国、全面的中国。”习近平总书记强调，讲好中国故事，“我们业已形成的符合中国国情的道路不能走偏，我国5000多年没有断流的文化更不能丢掉。要坚守中华文化立场、传承中华文化基因、展现中华审美风范，从中华民族的辉煌历史和

国家发展的伟大成就中汲取精神力量。”①

本着理论自信、道路自信、制度自信、文化自信的中国，正在逐渐发挥自身独特的软实力去感染世界，也使国际社会更加了解了中国的发展道路与文化背景，了解了13亿中国人民的奋斗与追求。

1. 坚持“中国道路”，展现世界发展的多元模式

改革开放以来，中国经济社会发展取得的巨大成就，日益引起世界的瞩目。2010年起，中国的经济总量稳居世界第二位，2014年起超过第三名日本的两倍；2013年至2016年，中国对世界经济增长的贡献率分别为30%、27.8%、25%和33.2%，对亚洲经济增长的贡献率超过50%，中国不但实现了自身的发展，更成为了世界经济增长的动力之源。

习近平总书记指出：“道路决定命运，找到一条正确道路是多么不容易。中国特色社会主义不是从天上掉下来的，是党和人民历尽千辛万苦、付出各种代价取得的根本成就。”所谓“中国道路”，实际上就是中国特色社会主义建设的经验概括，是“对中华人民共和国60年来走过的成功之路的抽象总结”，是中国特色的社会主义道路。中国道路来自科学社会主义理论与中国革命建设实践的结合，回应了中国人民的最根本需要。与其他发展模式相比，中国道路有着自身的鲜明特点：一是注重维护人民群众的根本利益，二是循序渐进地进行改革开放，三是注重借鉴其他模式的经验教训，四是高度重视社会稳定。

“中国道路”引人注目，开始于20世纪90年代后期。冷战之后，以美国为首的西方国家和国际组织，试图用以自由化、私有化、市场化为核心思想的“华盛顿共识”指导发展中国家和前苏东国家的改革与发展，并在政治上要求这些国家采纳西方的民主形式，声称这种共识是具有普世价值的“万能钥匙”。然而，“华盛顿共识”并没有带来普世的成功，反而让以拉美为代表的一些国家陷入了发展困境。2004年，美国著名投资银行高盛公司资深顾问、清华大学兼职教授雷默发表了一篇题为

① 《习近平总书记系列重要讲话读本》，学习出版社2016年版，第209—210页。

《北京共识》的论文，文中写道：中国正在指引世界上其他一些国家在有一个强大重心的世界上保护自己的生活方式和政治选择。这些国家不仅在设法弄清如何发展自己的国家，而且还想知道如何与国际秩序接轨，同时使他们真正实现独立。我把这种新的动力和发展的物理学称为“北京共识”。雷默认为，“中国模式”的核心思想是国家应根据自己的特点寻求发展。它包含三个方面的要素：艰苦努力、主动创新和大胆试验；坚决捍卫国家主权和权益；循序渐进、聚集能量。①

党的十八大以来，面对新的历史条件下治国理政的新实践新要求，以习近平同志为核心的党中央围绕“中国道路”发表了一系列新思想。2013年1月5日，习近平总书记在新进中央委员会的委员、候补委员学习贯彻党的十八大精神研讨班上作了题为《关于坚持和发展中国特色社会主义的几个问题》的重要讲话，在这一讲话中，习近平总书记强调指出：“我们始终认为，各国的发展道路应由各国人民选择。所谓的‘中国模式’是中国人民在自己的奋斗实践中创造的中国特色社会主义道路。”在庆祝中国共产党成立95周年大会上，习近平总书记指出，“中国共产党人和中国人民完全有信心为人类对更好社会制度的探索提供中国方案”，将中国特色的发展道路与发展模式上升到了供世界参考的国际高度，体现了中国作为负责任大国的世界担当。

中国道路不仅属于中国，而且属于世界，其形成与发展既受国际环境的影响，顺应经济全球化的发展大势，也极大地影响了世界历史的进程。美国著名经济学家、诺贝尔奖获得者斯蒂格利茨认为，中国的巨大成功，对世界经济产生了积极影响，其他国家也分享到中国经济的成果。在全球经济持续低迷的背景下，“中国模式”具有很好的启示性。②

中国道路的经济建设经验，对广大的发展中国家有着强大的吸引力。有西方学者表示，“从委内瑞拉到越南，对于所谓的中国模式，其吸引力

---

① 雷默：《北京共识》，黄平、崔之元主编：《中国与全球化：华盛顿共识还是北京共识》，社会科学文献出版社2005年版，第1、6页。

② 沈云锁、陈先奎主编：《中国模式论》，人民出版社2007年版，第2页。

随处可见。伊朗、叙利亚和其他中东国家邀请中国专家给高级官员和学者授课。”① 非洲国家领导人学习中国的家庭联产承包责任制来发展农业生产，在农民与国家之间合理分配利益，消灭极端贫困。

中国道路不仅体现在经济增长方面对世界发展的贡献，也体现在中国倡导的价值观和所采取的对外政策在世界范围内逐渐产生了共鸣和影响力。2017 年 4 月 7 日，在《习近平谈治国理政》泰语版本的首发式上，泰国副总理威沙努表示，“这本书读下来趣味盎然，一读起来几乎无法再将书放下……内容有声有色，很好地把中华数千年的文化传统与实际相结合。”中国治国理政和改革发展的经验是独特的，但它的成功实践经验对许多国家都有借鉴意义。因此，“这本书不仅是中国的，还是给当今世界的。”②《习近平谈治国理政》自 2014 年 10 月出版以来，在全球 100 多个国家发行量已经超过 620 万册，被译成英、法、俄、西、葡、德、日等 15 种语言，可以说是“中国道路”广受欢迎的一个最具代表性的例证。

天下并没有放之四海而皆准的发展模式，也不可能有一成不变的发展道路。因此，中国人绝不会将自身的发展道路强加给其他的发展中国家，只是为这些国家提供一套值得认真考虑的发展路径选择。习近平总书记在多个场合明确表示，现代化不是单选题，发展道路的选择，关键要符合国情，也只能由这个国家的人民，依据自己的历史传承、文化传统、经济社会发展水平来决定。③“履不必同，期于适足；治不必同，期于利民。”一个国家发展道路合不合适，只有这个国家的人民才最有发言权。在发展道路的探索上，照搬没有出路，模仿容易迷失，实践才出真知。历史条件的多样性，决定了各国选择发展道路的多样性。各国和各国人民应该共同享受尊严。要坚持国家不分大小、强弱、贫富一律平等，

---

① 〔美〕里奥·霍恩：《“中国模式”世界“独一无二”》，《海外经济评论》2008 年第 32 期。

② 新华社北京 4 月 15 日电特稿：《一部中国著作的世界回响——从〈习近平谈治国理政〉泰国、柬埔寨、巴基斯坦三国首发式说起》。

③ 习近平：《在阿拉伯国家联盟总部的演讲》（2016 年 1 月 21 日）。

尊重各国人民自主选择发展道路的权利。①

2. 弘扬中国文化，促进民心相通

文化是民族的精神血脉和创造源泉，也是对外交往融合的重要纽带。党的十八大特别指出，文化实力和竞争力是国家富强、民族振兴的重要标志，应当扎实推进公共外交和人文交流。

领导人的外交活动，吸引着全世界的密切关注，使其自然成为祖国文化的“第一代言人”。党的十八大以来，领导人自身的文化底蕴与身体力行，使中国外交中的文化因素得到了进一步的突出和强调，有学者表示，文化“底色”已经成为当前中国外交最显著的特色之一。②

习近平总书记由衷地热爱中华文化。他曾表示，“中华文化博大精深，我本人也是一个中华文化的热烈拥护者、忠实学习者。”③ 从2012年11月到2017年3月，习近平总书记共计出访26次，到访51个国家，足迹遍布六大洲，实现了领导人出访的“全覆盖”。每到一地，总书记的行程与演讲都成为当地的关注焦点，这为向世界推介中华文化提供了绝佳的机会。在俄罗斯，习近平总书记引述李白的“长风破浪会有时”表达对中俄关系的美好祝愿；在印度尼西亚，他引用老子的“合抱之木，生于毫末”表达对夯实中国——东盟关系基础的期待；在第七十届联合国大会上，他引用《礼记》中的“大道之行也，天下为公”来阐述人类命运共同体理想的哲学本源；在达沃斯论坛年会上，他引用《淮南子》中的“积力之所举，则无不胜也”来表达对世界各国齐心协力共渡难关的信心。

中国的出版、传媒和教育事业同样为十八大以来的文化外交做出了重要贡献。从2013年到2015年，我国累计向海外出口图书、期刊、报纸5234.91万册（份），总金额约合1.74亿美元，年平均额比2008—2012年增长了14%。同一时期，海外电视节目出口总量达到68292小时，其中包括电视剧920部、40906集，《琅琊榜》《陆贞传奇》《宫锁连

① 习近平：《在莫斯科国际关系学院的演讲》（2013年3月23日）。

② 张清敏、田田叶：《十八大以来中国外交中的文化因素》，《国际论坛》2016年第2期。

③ 习近平：《在澳门大学的座谈》（2014年12月20日）。

城》《美人心计》等热门电视剧在马来西亚、韩国、日本、加拿大、美国等国都登上了当地主流电视频道，获得了良好口碑，甚至成为了热门话题。[①] 2012年10月，中国国际广播电台成立“影视译制中心”，负责运作由国家立项，每年出资5000万元推动的“中非影视合作工程”，每年用6个非洲当地主流语种译制国内精选出的10部电视剧和52部电影，并在非洲发行、播出。走进非洲的第一部电视剧《媳妇的美好时代》在坦桑尼亚取得了巨大成功，2013年3月，习总书记访问坦桑尼亚时，特别提到了这部电视剧，称其“使坦桑尼亚观众了解到中国老百姓家庭生活的酸甜苦辣。”2014年7月，习近平总书记将包含《北京青年》《老有所依》《失恋三十三天》等当代优秀影视作品的光碟作为“国礼”赠送给阿根廷友人，被当地媒体称为中国的“时尚名片”。

作为贯彻落实党的十八大提出的“扎实推进公共外交和人文交流”的一项具体举措，2013年12月，国家艺术基金成立，并设立了传播交流推广项目，专门资助文化“走出去”。至2017年1月，国家艺术基金共资助在国（境）外开展的传播交流推广项目66项，资助资金总额约1.14亿元。其中，舞台艺术演出项目38项，美术、书法、摄影和工艺美术作品展览项目28项，展演展览总计400余场，覆盖亚洲、欧洲、美洲、大洋洲等46个国家和地区，参与观众60多万人次。[②]

汉语国际推广事业也取得了新发展与新突破。从2012年到2016年，全球孔子学院数量由400所增加到511所，孔子学堂数量由500多个增加到1073个，覆盖范围达140个国家，学员数量也由65万人增加到210万人，已在140个国家建立了511所学院和课堂，各类学员达210万人。[③] 2015年10月，习近平总书记在伦敦全英孔子学院和孔子课堂年会

---

① 孙冰、袁巍：《国产电视剧到海外“霸屏”》，《中国经济周刊》2015年第46期。

② 杨悦、肖羽婧：《十八大以来的中国文化外交——以国家艺术基金“走出去”项目为例》，《公共外交季刊》2017年第1期。

③ 《刘延东在第七届全球孔子学院大会开幕式上指出办好孔子学院为增进中外了解友谊架起沟通之桥》，新华网，2012年12月16日，http：//news. xinhuanet. com/politics/2012－12/16/c_ 114044652. htm；《刘延东在第十一届全球孔子学院大会上指出携手并肩开创孔子学院发展新局面》，《人民日报》2016年12月11日。

开幕式上指出，孔子学院是世界认识中国的一个重要平台。作为中外语言文化交流的窗口和桥梁，孔子学院和孔子课堂为世界各国民众学习汉语和了解中华文化发挥了积极作用，也为推进中国同世界各国人文交流、促进多元多彩的世界文明发展作出了重要贡献。[①]

随着改革开放进程的不断深化，弘扬中国文化的舞台，也绝不仅限于国门之外。党的十八大以来，党和政府利用主场外交、社会团体交流、留学生培养、举办地方省市推介会等多种方式，将各个国家、各个民族、各个阶层、各种身份的客人请进中国，让他们实地感受中国的方方面面，与中国人民进行面对面的交流互动，既展示了复兴道路上的中国特色、中国风格与中国气派，也体现出新时期党和国家在治国理政方面的充分自信。

党的十八大以来，来华留学生人数持续增长，2016 年突破 44 万，比 2012 年增长了 35%，中国已成为亚洲最大留学目的国。与此同时，中国政府奖学金的投入也不断加大，效率不断提升：2016 年，共有来自 183 个国家的 49022 名学生享受中国政府奖学金在华学习，相比 2012 年增加了 70%，占在华生总数的 11%。其中，“一带一路”沿线国家奖学金生占比 61%，比 2012 年提高了 8.4 个百分点，政府奖学金配合国家战略，向周边国家和“一带一路”沿线国家倾斜，成为国家战略人才和人脉储备的重要渠道。北京大学“燕京学堂”、清华大学“苏世民书院”等高水平人才培养项目相继开设，为各国青年精英深入了解中国打开了窗口。2016 年 9 月，习近平总书记在写给苏世民书院开学典礼的贺信中指出，教育是推动人类文明进步的重要力量，教育领域合作应当成为人文交流的先行者，他期待各国青年更好地相互了解、开阔眼界、交流互鉴，携手为增进世界各国人民福祉作出积极努力。

“文化交流是民心工程、未来工程，潜移默化、润物无声”。党的十八大以来，在党中央“扎实推进公共外交和人文交流”的方针指引下，我国的文化外交事业努力做到“使中华民族最基本的文化基因与当代文化相适应、与现代社会相协调，以人们喜闻乐见、具有广泛参与性的方

---

① 习近平：《孔子学院是认识中国的重要平台》，《新华每日电讯》2015 年 10 月 23 日。

式推广开来……把继承传统优秀文化又弘扬时代精神、立足本国又面向世界的当代中国文化创新成果传播出去”,[①] 向世界展示了“历史底蕴深厚、各民族多元一体、文化多样和谐的文明大国形象，政治清明、经济发展、文化繁荣、社会稳定、人民团结、山河秀美的东方大国形象，坚持和平发展、促进共同发展、维护国际公平正义、为人类作出贡献的负责任大国形象，对外更加开放、更加具有亲和力、充满希望、充满活力的社会主义大国形象。”[②] 从而提高了国家文化软实力，加强了国际传播能力，国际话语权显著提升，“中国威胁论”不攻自破。

几个世纪以来，中国与世界的联系与互动从来没有像今天这样密切而频繁，相互影响也从来没有像今天这样广泛和深入。面对前所未有的新机遇与新挑战，以习近平同志为核心的党中央总揽全局、运筹帷幄，以更具全球视野、进取意识和开创精神的中国特色大国外交，向世界展示了中国的大格局、大手笔、大气派。

站在时代变迁的十字路口，中国维护世界和平、促进共同发展、打造伙伴关系、支持多边主义的决心不会改变，“中国将始终做世界和平的建设者、全球发展的贡献者、国际秩序的维护者”,[③] 愿意与其他国家、国际组织和机构共同推进构建人类命运共同体的伟大进程，这是中国对世界和历史作出的庄严承诺。

---

① 习近平：《在省部级主要领导干部学习贯彻十八届三中全会精神全面深化改革专题研讨班上的讲话》(2014 年 2 月 17 日)。

② 习近平：《建设社会主义文化强国，着力提高国家文化软实力》，《人民日报》2014 年 1 月 1 日。

③ 《习近平总书记系列重要讲话读本》，学习出版社 2016 年版，第 266 页。

十、打铁还需自身硬

2012年11月15日，习近平总书记和中共中央政治局常委同采访十八大的中外记者见面时，习近平指出，打铁还需自身硬。我们的责任，就是同全党同志一道，坚持党要管党、从严治党，切实解决自身存在的突出问题，切实改进工作作风，密切联系群众，使我们党始终成为中国特色社会主义事业的坚强领导核心。

党的十八大以来，以习近平同志为核心的党中央始终牢记对民族、对人民、对党的这份责任，牢牢抓住党要管党、从严治党不放，根据世情国情党情的深刻变化，着眼于推进中国特色社会主义伟大事业和党的建设新的伟大工程，将全面从严治党纳入“四个全面”战略布局，开辟了管党治党新境界，取得了全面从严治党新成就，党心民心为之一振，党风社会风气明显好转，党的执政地位更加巩固，形成了丰富的党建理论成果、实践成果和制度成果，积累了宝贵的经验。

（一）党的十八大以来思想建设的举措和成效

重视在思想上建设党，始终把思想理论建设放在首位，是中国共产党自身建设的显著特点和重要经验。党的十八大以来，以习近平同志为核心的党中央高度重视党的思想建设，发表了一系列重要讲话，为进一步推进党的建设新的伟大工程指明了方向，为全面建成小康社会提供了坚强的思想保证和动力支持。

1. 发扬党的理论优势，不断推进马克思主义中国化，用习近平总书记系列重要讲话精神来统一思想和行动

习近平总书记系列重要讲话，是新一届党中央执政理念、治国方略、工作思路和信念意志的集中反映，是中国特色社会主义理论体系的最新成果，是当代最鲜活的马克思主义。习近平总书记系列讲话坚持在实践中发展马克思主义，围绕马克思主义与当代中国实际相结合面临的一系列重大问题，深刻回答了新形势下党和国家事业发展的一系列重大理论和现实问题，提出了一系列富有创见的新理念、新思想、新战略，阐明了在新的实践中坚持和发展中国特色社会主义的根本要求，形成了系统的科学体系。习近平总书记系列重要讲话丰富和发展了中国特色社会主义理论体系理论，是我们党在新的历史征程上取得的重大理论创新和实践发展成果，充分表明我们党对共产党执政规律、社会主义建设规律和人类社会发展规律的认识跃上了新水平，是马克思主义中国化的最新成果，是指导具有许多新的历史特点的伟大斗争的鲜活的马克思主义。把习近平总书记系列重要讲话精神学习好、领会好、贯彻好，对于全党统一思想、统一意志、统一行动，具有极其重要的意义。坚持全面从严治党，必须用好思想建党这个传家宝，扭住思想政治工作这个生命线，坚持不懈地抓好思想理论武装，不断夯实全党共同奋斗的思想基础。

（1）加强思想理论武装，保证全党思想统一、步调一致。

重视思想理论武装是党的优良传统和政治优势。党的十八大以来，各级党组织把组织党员干部深入学习习近平总书记系列重要讲话精神作为重中之重，举办省部级主要领导干部学习贯彻十八届三中、四中、五中、六中全会精神专题研讨班，对县处级以上领导干部开展集中轮训。用习近平总书记系列重要讲话精神武装头脑，指导实践，推动工作。通过学习教育，广大党员干部进一步加深了对习近平总书记系列重要讲话科学内涵、精神实质的理解，坚定了中国特色社会主义道路自信、理论自信、制度自信，增强了在思想上政治上行动上同以习近平同志为核心的党中央保持高度一致的自觉性、坚定性。

（2）通过开展“两学一做”学习教育等集中教育和专题学习，实行学习教育常态化、制度化，增强党员“四个意识”。

2016年2月，开展“两学一做”学习教育，这是一次面向全体党员深化党内教育的重要实践，是推动党内教育从“关键少数”向广大党员拓展、从集中性教育向经常性教育延伸的重要举措。推进“两学一做”学习教育常态化制度化，是坚持思想建党、组织建党、制度治党紧密结合的有力抓手，是不断加强党的思想政治建设的有效途径，是全面从严治党的战略性、基础性工程。

通过学习教育，党员干部的思想意识达到了团结和统一，更加紧密地团结在以习近平同志为核心的党中央周围，为统筹推进“五位一体”总体布局和协调推进“四个全面”战略布局提供坚强组织保证。

2. 深入开展理想信念教育，开展中国特色社会主义和中国梦宣传教育，增强道路自信、理论自信、制度自信、文化自信

（1）开展中国特色社会主义教育。

把坚持和发展中国特色社会主义作为聚焦点、着力点、落脚点，在干部群众中、在全社会组织开展了形式多样的宣传教育。中国特色社会主义，是科学社会主义理论逻辑和中国社会发展历史逻辑的辩证统一，是根植于中国大地、反映中国人民意愿、适应中国和时代发展进步要求的科学社会主义，是全面建成小康社会、加快推进社会主义现代化、实现中华民族伟大复兴的必由之路。中国特色社会主义是全体中国人民的共同理想，中国特色社会主义理论体系是全国各族人民团结奋斗的共同思想基础。坚持不懈地用中国特色社会主义理论体系武装全党、教育人民、指导工作，深入开展中国梦的宣传教育，大力实施马克思主义理论研究和建设工程。通过加强理论学习，引导广大党员干部深刻领会党的理论创新成果，学会运用马克思主义立场、观点、方法观察和解决问题，进一步坚定理想信念，通过用好中国特色社会主义理论体系这个强大思想武器，引导和帮助人们正本清源、答疑解惑，自觉抵制错误思潮的侵蚀，坚定不移走中国特色社会主义道路。

（2）加强理想信念教育。

全面从严治党，要靠理想信念引领。理想信念是精神支柱。全面从严治党就是要牢牢抓住坚定理想信念这个核心，坚定全党同志的马克思主义信仰、共产主义理想和中国特色社会主义信念，要坚定理想信念，始终把人民放在心中最高的位置，坚持“四个自信”，坚守共产党人精神追求，补足“共产党人精神上的‘钙’”，筑牢拒腐防变思想道德防线。这个核心问题解决好了，全面从严治党才会有牢固的思想基础、强大的精神支柱、不竭的动力源泉。

十八大以来，习近平总书记多次强调理想信念的重要性。他指出，坚定理想信念，坚守共产党人精神追求，始终是共产党人安身立命的根本。对马克思主义的信仰，对社会主义和共产主义的信念，是共产党人的政治灵魂，是共产党人经受住任何考验的精神支柱。形象地说，理想信念就是共产党人精神上的“钙”，没有理想信念，理想信念不坚定，精神上就会“缺钙”，就会得“软骨病”。

（3）加强中国梦教育。

2012 年 11 月 29 日，习近平总书记在参观《复兴之路》展览讲话时首次提出“中国梦”。实现中华民族伟大复兴，就是中华民族近代以来最伟大的梦想。中国梦是国家富强、民族振兴、人民幸福之梦。实现中国梦必须走中国道路、弘扬中国精神、凝聚中国力量。党的十八大以来，我们始终紧紧抓住培育和践行社会主义核心价值观这一主线，积极培育健康向上的思想阵地，组织开展“中国梦”宣传教育等丰富多彩的主题教育活动，使中国特色社会主义和民族复兴中国梦深入人心；鼓舞和激励着全国人民在党中央领导下为实现民族复兴伟业不断奋进。当前，13 亿多中国人在中国梦感召下，正在以辛勤的劳动追求和实现梦想。

（4）加强社会主义核心价值观教育。

积极培育和践行社会主义核心价值观。各级党组织和政府部门积极加强社会主义核心价值观的宣传教育，把培育和践行社会主义核心价值观融入国民教育全过程，落实到经济发展和社会治理中，开展了一系列涵养社会主义核心价值观的实践活动，为更好地坚持中国道路、弘扬中国精神、凝聚中国力量发挥了积极作用。

3. 重视和加强意识形态领域工作，巩固马克思主义在意识形态领域的指导地位

党的十八大以来，习近平总书记对于宣传思想工作发表了一系列重要讲话，提出了一系列新思想、新要求、新论断，深刻阐明了党的中心工作和意识形态工作的定位和关系，明确提出了正确把握这两项工作的实践要求，为不断开创宣传思想文化工作新局面指明了方向，为统筹做好党和国家各项工作提供了重要遵循。

（1）强调意识形态工作的极端重要性。

习近平总书记在2013年8月19日全国宣传思想工作会议上的重要讲话中强调，“经济建设是党的中心工作，意识形态工作是党的一项极端重要的工作。”这一论述既讲明了经济建设在党的各项工作中的中心地位，也指出了意识形态工作的极端重要性。习近平总书记指出：“宣传思想工作就是要巩固马克思主义在意识形态领域的指导地位，巩固全党全国人民团结奋斗的共同思想基础。”实现“两个巩固”，就是为了解决对马克思主义和共产主义的信仰、对中国特色社会主义的信念问题。

我们正在进行具有许多新的历史特点的伟大斗争，面临的挑战和困难前所未有，必须坚持巩固壮大主流思想舆论，弘扬主旋律，传播正能量，激发全社会团结奋进的强大力量。

（2）牢牢把握意识形态工作主动权。

制定了《党委（党组）意识形态工作责任制实行办法》。积极建设马克思主义理论工作者队伍，全面加强意识形态工作，坚守网络思想阵地，组建青年网络文明志愿者队伍，积极构建文明网络、清朗网络。

2014年10月，召开文艺工作座谈会，习近平总书记讲话要求要坚持以人民为中心的创作导向，高扬社会主义核心价值观的旗帜，把创作生产优秀作品作为中心环节，坚持把社会效益放在首位，坚持思想性艺术性观赏性有机统一，创作更多无愧于时代的优秀作品，推动文化大发展

大繁荣。

（二）党的十八大以来组织建设的举措和成效

党的基层组织是党的全部工作和战斗力的基础。党的十八大以来，以习近平同志为核心的党中央牢固树立大抓基层的鲜明导向，扎实做好抓基层、打基础的工作。

1. 建设学习型、服务型、创新型党组织，充分发挥基层党组织的战斗堡垒作用和党员的先锋模范作用

党中央采取多方面措施，推动全面从严治党向基层延伸，全面推进基层党组织建设。中央强调，要使每个基层党组织成为团结带领群众贯彻党的理论和路线方针政策、落实党的任务的战斗堡垒。

（1）重视党员教育，严格党员管理，不断创新形式，建设学习型、创新型党组织。

党的十八大以来，中央更加重视对党员的教育和管理。自 2013 年以来，中央先后开展了党的群众路线教育实践活动、“三严三实”专题教育、“两学一做”学习教育，各级党组织从抓理想信念教育入手，把党章党规和习近平总书记系列重要讲话作为学习重点，强化中心组理论学习和党员干部日常理论学习，从领导机关、领导班子、领导干部抓起，构建述学、督学、考学机制，着力提高党员干部的马克思主义理论素养，推动学习型、服务型、创新型马克思主义执政党建设，党员干部素质能力全面提升。

中共中央制定《2014—2018 年全国党员教育培训工作规划》《干部教育培训工作条例》《中共中央关于加强和改进新形势下党校工作意见》和《2013—2017 年全国干部教育培训规划》《关于推进“两学一做”学习教育常态化制度化的意见》等文件，进一步加强理想信念和党性教育，完善培训内容、改进培训方式、整合培训资源、优化培训队伍，全面提高质量和效益，切实推进干部教育培训工作科学化、制度化、规范化，

真正把培养造就高素质执政骨干队伍的任务落到实处，为不断夺取中国特色社会主义新胜利、实现中华民族伟大复兴的中国梦提供思想政治保证、人才保证和智力支持。

各级党组织结合时代和自身业务和思想工作实际，创新党员教育和学习方式，利用互联网、微信等技术手段开展党员教育，不断加强党组织的思想基础，将全面从严治党的要求真正落实到基层，使党的执政基础不断巩固。

以加强党的先进性和纯洁性建设为主线，加强党员管理。党中央下发《中国共产党发展党员工作细则》，明确了“控制总量、优化结构、提高质量、发挥作用”的总要求，对入党积极分子和发展对象的培养、教育、考察提出新要求，强化党组织的领导责任和把关作用，为做好新形势下发展党员工作提供了重要遵循。各级党组织严格发展党员程序，探索实行发展党员工作培训制、票决制、公示制、责任制，提高党员发展质量，开展了党员组织关系排查、处置不合格党员工作，及时清理和纯洁党员队伍，党员队伍更加纯洁。

（2）扩大组织覆盖，明确党组织的责任，强化基层党组织的服务功能，建设服务型党组织。

一是着力实现党的组织覆盖和工作覆盖，组织体系更加严密，增强党组织的凝聚力战斗力。以扩大基层党组织“两个覆盖”为目标，加大在农民合作社、城乡接合部、流动人口聚集地、产业园区等建立党组织的力度，加强非公有制经济组织、社会组织党建工作，进一步完善领导体制和工作机制。党的领导、党的工作、党的组织作用有效地覆盖到社会的各个领域，党的工作渗透到方方面面。

二是强化党组织责任，分类管理，责任体系更加清晰。党中央召开会议，分别就农村、高校、国有企业等领域党的建设工作进行安排部署，中组部召开了社区、机关、社会组织、中央企业、园区非公企业党建工作座谈会，分门别类进行部署，强调突出政治功能，强化服务功能，对各级各领域党组织的职责定位、责任考核等方面提出明确要求，有力推动了各领域党的建设全面加强。各级党委选优配强基层党组织书记，加强党支部书记规范化管理，加大基层党组织书记轮训力度。着力健全基层民主管理机制，在村和社区普遍推行“四议两公开”等制度，基层民主管理规范化水平不断提升。

三是创新服务方式，完善服务机制，提升服务本领。服务保障体系更加高效。党中央印发了《关于加强基层服务型党组织建设的意见》等文件，把基层党组织的工作重心转到服务改革、服务发展、服务民生、服务群众、服务党员上。各级党组织深入贯彻中央精神，推广机关干部下基层、在职党员到社区报到、结对帮扶等做法，运用多种形式和手段开展服务。以抓党建促脱贫，组织党员干部扶贫工作组、驻村扶贫工作队、选派“第一书记”深入贫困地区开展工作。坚持重心下移、资源下沉，使基层党组织有资源、有能力为群众服务。基层党组织和党员踏踏实实为群众做好事、办实事、解难事，让群众从改革发展中获得实实在在的利益。特别是着力做好扶贫攻坚工作，实施精准扶贫政策，帮助困难群众摆脱贫困，造福人民。

党的十八大以来，党建工作责任制进一步落实，各个领域的基层党建工作全面推进，基层党组织和党的工作覆盖面不断扩大，服务型基层党组织建设成效显著，党员队伍的教育管理和发展工作得到加强和改进，基层党组织推动发展、服务群众、凝聚人心、促进和谐的作用和党员的先锋模范作用进一步发挥。

2. 坚持严格选拔任用干部与严格教育管理监督干部相结合，建设高素质执政骨干队伍

（1）在严格选拔任用干部方面，坚持五湖四海、任人唯贤，坚持好干部标准，坚决防止“带病提拔”“带病上岗”。

党要管党，首先是管好干部；从严治党，关键是从严治吏。党的十八大以来，以习近平同志为核心的党中央坚持党管干部原则，党中央坚持把全面从严治党的要求体现到干部工作的全过程和各方面。习近平总书记在全国组织工作会议上强调：“进行具有许多新的历史特点的伟大斗争，实现党的十八大确定的各项目标任务，关键在党，关键在人。关键

在党，就是要确保党在发展中国特色社会主义历史进程中始终成为坚强领导核心。关键在人，就要建设一支宏大的高素质干部队伍。”强调抓住领导干部这个“关键少数”，从明确新时期好干部标准入手。好干部标准深入人心。围绕治国理政新要求，习近平总书记提出了信念坚定、为民服务、勤政务实、敢于担当、清正廉洁的新时期好干部标准，强调领导干部要自觉践行“三严三实”，心中有党、心中有民、心中有责、心中有戒，忠诚、干净、担当，具有铁一般信仰、铁一般信念、铁一般纪律、铁一般担当的要求，为选好用好干部提供了新的指南。党的十八大以来，我们党积极推进干部人事制度改革，着力破解干部工作中存在的“唯票”“唯分”“唯 GDP”“唯年龄”等问题，修订了《党政领导干部选拔任用工作条例》，把好干部标准贯彻体现到干部选拔任用的各个方面。为培养选拔党和人民需要的好干部奠定了扎实的制度基础。

（2）选人用人理念方法更加科学。

严格遵循干部选拔任用程序，强化党组织领导和把关作用，改进干部考核和民主推荐、民主测评方法，努力做到精准科学选人用人，树立正确用人导向。党中央先后就改进地方党政领导班子和领导干部政绩考核、推进领导干部能上能下、事业单位领导人员管理、艰苦边远地区基层公务员考试录用等方面作出明确规定。各级党委、组织部门坚持德才兼备、以德为先，坚持五湖四海、任人唯贤，坚持事业为上、公道正派，以事择人、依岗选人，强化领导责任、加强分析研判、注重民主质量、解决“四唯”问题，严把政治关、作风关、能力关、廉政关，统筹干部资源科学选人用人。发挥干部考核“指挥棒”作用，强化干部综合考核评价，建立干部实绩档案，大力推进干部交流，加大对不适宜担任现职干部的调整力度，着力整治“为官不为”等问题。

（3）选人用人公信力大大提高。

强化任前审查核实，实行干部“凡提四必”。各级组织部门建立健全了信件、电话、网络、短信“四位一体”的“12380”综合举报受理平台，结合巡视开展选人用人专项检查，建立干部选任工作纪实和责任倒查制度。开展了“带病提拔”集中倒查和违反干部标准程序、跑官要官和说情打招呼、“三超两乱”、干部档案造假、领导干部违规兼职、“裸官”等专项整治，严查选人用人不正之风。党中央查处通报了湖南衡阳破坏选举案、四川南充拉票贿选案、辽宁拉票贿选案等选人用人违法违纪案件。

（4）严格教育管理监督干部。

严格落实领导干部报告个人有关事项等制度，加大提醒函询诫勉力度，用好监督执纪“四种形态”，拧紧干部监督管理的螺丝扣。实践证明，好干部是“选”出来的，更是“管”出来的。只有把严格选拔任用与严格教育管理监督紧密结合起来，把从严的要求贯穿干部工作全过程，才能打造出忠诚、干净、担当的执政骨干队伍，为党的事业发展提供有力的组织保证。

（5）抓好人才队伍建设。

党的十八大以来，习近平总书记多次对人才队伍建设和人才工作作出重要指示，强调没有一支宏大的高素质人才队伍，中国梦这篇大文章就难以顺利写下去。我们党始终坚持党管人才原则，大力推进人才发展体制机制改革和政策创新，推进“千人计划”“万人计划”等重大人才工程，人才工作开创了新的局面，一支规模宏大、专业门类齐全、能力素质较高的人才大军已初步形成。

（三）党的十八大以来作风建设的举措和成效

2012 年 11 月 15 日，习近平总书记在十八届中央政治局常委与中外记者见面会时的讲话中指出：“新形势下，我们党面临着许多严峻挑战，党内存在着许多亟待解决的问题。尤其是一些党员干部中发生的贪污腐败、脱离群众、形式主义、官僚主义等问题，必须下大气力解决。全党必须警醒起来。打铁还需自身硬。我们的责任，就是同全党同志一道，坚持党要管党、从严治党，切实解决自身存在的突出问题，切实改进工作作风，密切联系群众，使我们的党始终成为中国特色社会主义事业的坚强领导核心。”

领导干部特别是高级干部作风如何，对党风政风乃至整个社会风气具有重要影响。党的十八大以来，以习近平同志为核心的党中央把作风建设作为推进党的建设的切入点和突破口，以上率下、正风肃纪，严字当头、敢管善治，制定并严格施行八项规定，开展党的群众路线教育实践活动，坚持踏石留印、抓铁有痕，严厉整治“四风”，锲而不舍、驰而不息抓作风改作风，抓常、抓细、抓长，严肃查处违规现象，党风政风焕然一新、党心民心为之一振。

1. 出台中央八项规定，切实转变作风

中央出台《中央政治局关于改进工作作风、密切联系群众的八项规定》，从改进调查研究；精简会议活动，切实改进会风；精简文件简报，切实改进文风；规范出访活动；改进警卫工作；改进新闻报道；严格文稿发表；厉行勤俭节约，严格遵守廉洁从政有关规定。从中央八项规定切入，从中央政治局做起，全面从严治党以自我革命的政治勇气向纵深推进。以习近平同志为核心的党中央身体力行，带头践行，严格贯彻执行中央八项规定，为各级党组织和广大党员干部树立了榜样。各地制定相应规章制度，全党上下认真贯彻落实中央八项规定精神，逐条逐项、不折不扣予以落实。定期检查八项规定精神落实情况，要求各级党组织自查、上级党组织督察，通报情况等。截至2016年8月，约14万人（起）违反中央八项规定精神问题被查处，约18.6万名干部被处理，受到党纪政纪处分约9.1万人；仅中央纪委就公开通报曝光了18批次106起典型问题，有力促进了党风政风好转，带动了民风社风转变。中央八项规定精神的贯彻落实，受到干部群众一致好评。广大干部群众反映，中央八项规定是新时期的“三大纪律、八项注意”，是凝党心、得民心之举，抓到了点子上，落到了关键处。

2. 作风建设制度化、常态化

作风问题具有顽固性和反复性，形成优良作风不可能一劳永逸，克服不良作风也不可能一蹴而就。党的十八大以来，在狠抓作风上，除了

八项规定，中央颁布了一系列作风建设的规定。2013 年 3 月颁布《关于在干部教育培训中进一步加强学员管理的规定》，要求加强学员管理，切实改进干部教育培训学风。2013 年 5 月颁布《关于在全国纪检监察系统开展会员卡专项清退活动的通知》，要求纪检监察系统在职干部职工自行清退所收受的各种名目的会员卡，做到“零持有、零报告”。2013 年 7 月颁布《关于党政机关停止新建楼堂馆所和清理办公用房的通知》，要求 5 年内，各级党政机关一律不得以任何形式和理由新建楼堂馆所；严控办公用房维修改造项目；全面清理党政机关和领导干部办公用房。2013 年 9 月颁布《中央和国家机关会议费管理办法》，规定各单位应严格执行会议用房标准，不得安排高档套房；会议用餐严格控制菜品种类、数量和分量，安排自助餐。《关于落实中央八项规定精神坚决刹住中秋国庆期间公款送礼等不正之风的通知》，要求切实落实中央八项规定精神，坚决刹住中秋节、国庆节期间公款送礼等不正之风。2013 年 10 月颁布《关于进一步规范党政领导干部在企业兼职（任职）问题的意见》，规定现职和不担任现职但未办理退（离）休手续的党政领导干部不得在企业兼职（任职）。《关于严禁公款购买印制寄送贺年卡等物品的通知》，规定严禁用公款购买、印制、邮寄、赠送贺年卡、明信片、年历等物品。2013 年 11 月颁布《党政机关厉行节约反对浪费条例》，将厉行节约、反对浪费的要求上升为党内法规。《条例》规定，全面加强党政机关经费使用管理，推行公务卡制度；大幅压缩因公临时出国活动；改革公务用车制度等等，这些制度规定的实行，从具体的问题入手，提出明令禁止的行为，用铁的纪律整治各种面上的顶风违纪行为，对作风建设提供了制度保障。

3. 扎实开展党内教育，持续整治作风问题

加强和改进党的作风建设，核心问题是保持党同人民群众的血肉联系。2013 年 6 月，党中央在全党部署开展党的群众路线教育实践活动，以“为民务实清廉”为主题，以反对“四风”为聚焦点，把贯彻落实中央八项规定精神作为切入点，以“照镜子、正衣冠、洗洗澡、治治病”

为总要求，对党内思想之尘、作风之弊、行为之垢进行了一次大排查大检修大扫除，进一步突出作风建设，坚决反对形式主义、官僚主义、享乐主义和奢靡之风，着力解决人民群众反映强烈的突出问题，取得了重大成果。通过开展群众路线教育实践活动，广大党员干部受到马克思主义群众观点的深刻教育，贯彻党的群众路线的自觉性和坚定性明显增强；“四风”得到有力整治，群众反映强烈的突出问题得到有效解决；恢复和发扬了批评和自我批评优良传统，以转作风改作风为重点的制度体系更加完善，影响群众切身利益的症结难点得到突破，党群干群关系进一步密切。

开展“三严三实”专题教育把重点对准县处级以上领导干部，贯彻从严标准、突出问题导向、坚持以上率下，着力解决修身不严、用权不严、律已不严，谋事不实、创业不实、做人不实等突出问题，不断巩固拓展作风建设的成果。“两学一做”学习教育推动全面从严治党向基层延伸，解决一些党员理想信念模糊动摇、党的意识淡化、宗旨观念淡薄、精神不振、道德行为不端等问题，教育引导广大党员做“四讲四有”合格党员。

随着八项规定的实施、党的群众路线教育实践活动和“三严三实”专题教育，“两学一做”学习教育的开展，广大党员干部经历了深刻的思想洗礼，党的自我净化、自我完善、自我革新、自我提高能力不断增强，党的建设科学化水平得到新的提升，全党风貌为之一新。

4. 大力加强党性党风党纪教育

组织党员干部认真学习党章，牢固树立党章意识。特别是在十八届中央纪委二次、三次、五次、六次全会上，总书记专门对严明党的政治纪律、政治规矩和组织纪律作了深刻阐述、提出明确要求。加强党的纪律特别是政治纪律、政治规矩教育，引导党员干部牢记和遵守中央提出的“五个必须、五个决不允许”等要求。严肃党内政治生活，重新拿起批评和自我批评武器，开展积极健康的思想斗争，增强党内政治生活的政治性、原则性、战斗性。使党内政治生活真正起到了教育改造提高党员干部的作用。

党的十八届三中全会《决定》指出，要健全改进作风常态化制度，健全领导干部带头改进作风、深入基层调查研究机制，完善直接联系和服务群众制度；改革会议公文制度；健全严格的财务预算、核准和审计制度；完善选人用人专项检查和责任追究制度。“四风”问题得到有力整治，一大批多年积累的矛盾和问题得到有效化解；打通联系服务群众的“最后一公里”，党的执政基础更加稳固。

抓常抓细抓实，持之以恒纠正“四风”。把监督执纪“四种形态”体现在作风建设全过程，坚持经常抓、抓经常，看住重要节点，聚焦“关键少数”，紧盯享乐奢靡和隐形变异的不正之风。对巡视、信访和执纪审查中发现的“四风”问题线索专项处置，及时约谈函询，令其在民主生活会上作出深刻检查；对规避组织监督、顶风违纪的，不论职务高低一律从严查处、通报曝光。对巡视发现的落实党的路线方针政策走样，以会议贯彻会议、以文件落实文件的形式主义、官僚主义问题，严肃反馈、督促整改。

党的十八大以来加强作风建设的经验给我们以深刻启示：作为马克思主义执政党，必须坚持问题导向，解决突出问题，紧紧抓住“讲认真”这个要害，破解作风建设中的难题。必须持之以恒，建立长效机制，善始善终、善做善成、久久为功，让人民群众不断看到实实在在的成效和变化，真正取信于民。

（四）党的十八大以来反腐倡廉建设的举措及成效

党的十八大以来，以习近平同志为核心的党中央以党风廉政建设和反腐败为重要抓手，大刀阔斧，发雷霆之力，全面从严治党，整肃吏治。反腐败斗争以前所未有的广度和深度向前推进，党心民心更加凝聚。

1.“老虎”“苍蝇”一起打，以“零容忍”的态度和高压态势反腐

习近平总书记多次强调，腐败问题对我们党的伤害最大，严惩腐败

分子是党心民心所向。腐败这个社会毒瘤，如果处置不好，任凭腐败问题愈演愈烈，就会出现“霸王别姬”，最终必然亡党亡国。党的十八大以来，在惩治腐败上，党中央提出“无禁区、全覆盖、零容忍”，坚持“老虎”“苍蝇”一起打，不定指标、上不封顶，凡腐必反，除恶务尽，让腐败分子永无“避罪天堂”，坚决把党风廉政建设和反腐败斗争进行到底。从处理一大批违反中央八项规定精神的问题，到查处周永康、薄熙来、徐才厚、郭伯雄、令计划、苏荣等严重违纪违法案件，让全党全国人民感受到了党中央猛药去疴、重典治乱的决心，刮骨疗毒、壮士断腕的勇气。截至2016年底，4年已累计查处全国违反中央八项规定精神问题15万多起，处理20多万人，给予党纪政纪处分10万多人。4年多来，全国纪检监察机关共立案100多万件，给予党纪政纪处分超过100万人。十八大以来，反腐败追逃追赃“国际天网”越织越密，“猎狐”“天网”行动已从70多个国家和地区追回外逃人员2442人，追赃金额85.42亿元。

2013年1月，十八届中央纪委第二次全会制定《建立健全惩治和预防腐败体系2013—2017年工作规划》。全会强调，保持惩治腐败高压态势，坚持有案必查、有腐必惩，严肃查办发生在领导机关和领导干部中滥用职权、玩忽职守、贪污贿赂、腐化堕落案件。坚持“老虎”“苍蝇”一起打，既坚决查处领导干部违纪违法案件，又切实解决发生在群众身边的不正之风和腐败问题，压倒性态势已经形成，成为全面从严治党取得阶段性成果的见证，也表明全面从严治党的战略抉择符合大势和人心。

党的十八大以来，在反腐倡廉建设上，党中央在抓早抓小上进行各种创新，对违规违纪的苗头性问题及时提醒、批评、处理，突出政治纪律和组织纪律，善用和多用警示提醒、诫勉谈话等方法，注重关口前移、预防为主，对党员干部身上的问题早发现、早提醒、早纠正、早查处，对苗头性问题及时约谈、函询。把严明纪律时时处处体现在日常管理监督中，使纪律成为不可碰触的红线，使广大党员真正敬畏纪律、遵守纪律，既体现“惩”，又体现“治”，既是治标，也是治本。

2. 加强和改进巡视工作，充分发挥反腐“利剑”作用

党的十八大以来，中央进一步重视和加强巡视工作，制定中央巡视工作五年规划，确定中央巡视工作方针，修订颁布巡视工作条例，中央政治局常委会多次研究巡视工作，听取每一轮巡视情况汇报，推动巡视工作扎实有效的开展。充分发挥了震慑、遏制和治本作用，成为反腐败斗争的一把“利剑”。一是巡视针对性更强。聚焦中心、攥紧拳头，剑指党风廉政方面存在的问题，突出“四个着力”，即着力发现是否存在违反党的政治纪律问题，着力发现领导干部是否存在权钱交易、以权谋私、贪污贿赂、腐化堕落等违纪问题，着力发现是否存在形式主义、官僚主义、享乐主义和奢靡之风等问题，着力发现是否存在选人用人上的不正之风和腐败问题。二是巡视覆盖更全，积极落实巡视、派驻两个“全覆盖”。党的十八大以来，2013 年 5 月，十八届中央首轮巡视启动，10 组同时巡视 10 个地方和单位。中央巡视还不断创新形式手段，实现了对国有重要骨干企业和中央金融单位巡视全覆盖，至今中央共安排十二轮巡视。从 2016 年起还增加了“回头看”。三是巡视方式更灵活。实行巡视组组长、巡视对象、巡视组与巡视对象关系三个不固定，一次一授权；带着问题去巡视，下沉一级到干部担任过“一把手”的地方了解情况；探索灵活机动的专项巡视，创新“一托二”巡视方式，冲着具体人、具体事，一个下属单位、一个工程项目、一笔专项经费去巡视。巡视工作的加强和改进，有效起到了震慑、遏制和治本作用，成为反腐败斗争的一把“利剑”，为全面从严治党提供有力的支撑。巡视是党内监督与群众监督结合的重要方式，是上级党组织对下级党组织监督的重要抓手，为全面从严治党提供了有力支撑。2017 年 5 月 26 日，习近平总书记主持召开中央政治局会议，审议《关于修改〈中国共产党巡视工作条例〉的决定》，巡视工作必将为反腐倡廉建设助上更大的力。

3. 落实“两个责任”，努力构建不敢腐、不能腐、不想腐的机制

腐败现象之所以滋长蔓延，甚至在一些地方和单位出现系统性、塌

方式腐败，与管党治党失之于宽、失之于软，党委（党组）主体责任落实不力，纪委（纪检组）监督责任落实不到位，有非常直接的关系。针对这种情况，中央突出强化“两个责任”，督促各级党委（党组）和纪委（纪检组）切实把党风廉政建设的担子担起来。大力推动纪检体制改革，强化上级纪委对下级纪委的领导，推进纪检机关转职能、转方式、转作风，强化监督执纪问责；全面落实中央纪委向中央一级党和国家机关派驻纪检机构，充分发挥“派”的权威和“驻”的优势。加大追责问责的力度，对山西发生塌方式腐败负有责任的省委班子进行了改组性质的调整，严肃处理了湖南衡阳破坏选举案、四川南充拉票贿选案的有关责任人，并将处理的结果向全党公布。党的十八大以来的反腐败斗争，极大地提振了全党的信心，赢得了人民群众的信任和拥护。

党的十八大以来，党风廉政建设的一项重大贡献就是在理论和实践上破了责任追究这道难题。提出了“两个责任”，党委负主体责任、纪委负监督责任，要求守土有责，种好自己的“责任田”。从严治党，必须落实责任。党的十八大以来，以习近平同志为核心的党中央紧紧抓住管党治党主体责任这个“牛鼻子”，从强调党风廉政建设主体责任到强调全面从严治党主体责任，推动全面从严治党实践不断深入。在十八届中央纪委第三次全会上，习近平总书记把党风廉政建设主体责任概括为五个方面，基本列出了主体责任“清单”，要求各级党委主动担负选人用人、正风肃纪、教育监督、案件查办、以上率下的责任，以重点责任的落实带动全面责任的落实。在落实纪委的监督责任上，他提出要强化上级纪委对下级纪委的监督，努力把纪委双重领导体制落到实处；纪委书记和纪检组长要一心一意履行监督职责，聚焦党风廉政建设和反腐败主业。可以说，抓住“两个责任”的落实，就抓住了党风廉政建设的“牛鼻子”，只有抓好“两个责任”，才能将党风廉政建设责任真正落到实处。

反对腐败、建设廉洁政治，是我们党一贯坚持的鲜明政治立场。党的十八大以来，党中央以强烈的历史责任感、顽强的意志品质，推进党风廉政建设和反腐败斗争，坚持无禁区、全覆盖、零容忍，严肃查处腐败分子，坚决遏制腐败蔓延势头，取得了明显成效。民意调查显示，九成以上群众对党风廉政建设和反腐败工作成效表示满意。不敢腐的震慑作用得到发挥，不能腐、不想腐的效应初步显现，反腐败斗争压倒性态势已经形成。但是，反腐败不可能毕其功于一役，全面从严治党永远在路上，要充分认识反腐败斗争的长期性、复杂性、艰巨性，要坚持管党治党不放松、正风肃纪不停步、反腐惩恶不手软，坚决把党风廉政建设和反腐败斗争进行到底。

（五）党的十八大以来制度建设的举措和成效

加强制度建设，是我们党坚持党要管党、从严治党的一条基本经验。习近平总书记深刻指出："从严治党靠教育，也靠制度，二者一柔一刚，要同向发力、同时发力。"这是对全面从严治党经验的深刻总结。党的十八大以来，全面从严治党取得了丰硕的实践成果，为了进一步总结全面从严治党的经验，将实践成果用制度形式固定下来，党中央高度重视党的制度建设，不断完善管党治党的制度体系，形成了一系列制度成果。加强制度建设，是最可靠、最有效、最持久的治党方式。党的十八大以来，中央积极回应从严治党的现实需要，一手抓制度建设，一手抓制度执行，着力用制度治党、管权、治吏。以习近平同志为核心的党中央坚持制度治党、依规治党，党的建设制度改革不断推进。

党的十八大闭幕不久，习近平总书记就发表了"认真学习党章、严格遵守党章"的重要讲话，指出认真学习、严格遵守党章，是加强党的建设的基础性工作；提出建立健全党内制度体系，要以党章为根本依据。2016年全党开展了"两学一做"学习教育，认真学习党章党规，学习习近平总书记系列重要讲话精神。对党章的学习，遵守党章、贯彻党章、维护党章的自觉性不断增强。党章是全党必须遵循的总章程，也是总规矩。管党治党就要靠严明纪律。强调要扎紧党规党纪的笼子，把党的纪律刻印在全体党员特别是党员领导干部的心上。党的纪律是刚性约束，政治纪律更是全党在政治方向、政治立场、政治言论、政治行动方面必须遵守的刚性约束；国家法律是党员、干部必须遵守的规矩；党在长期实践中形成了优良传统和工作惯例是党员应该注意遵守的规矩。对党员干部来说，守法只是一个基本底线，而遵守和执行党纪党规意味着更高的标准、更严的要求。党纪严于国法，领导干部严于一般党员干部，使纪律和规矩真正成为不可触碰的红线。

1. 一系列党内法规陆续出台

制度建设是全面从严治党的根本性建设，党从全面从严治党的现实需要出发，一系列重要的党内制度法规相继出台，党内法规体系初步形成。党的十八大以来，党中央高度重视扎牢制度笼子，不断总结全面从严治党的丰富实践，为党内法规制度创新奠定了坚实基础。党的十八届三中全会提出了深化党的建设制度改革的任务。中央全面深化改革领导小组第一次会议成立了党的建设制度改革专项小组。党中央《深化党的建设制度改革实施方案》在全面深化改革总目标下，围绕四方面改革任务，提出了26项重点举措，为新形势下加强党的制度建设提供了重要依据和遵循。

加强党内法规制度建设，党内法规制度体系更加健全。党中央部署开展了党的历史上第一次党内法规和规范性文件集中清理工作。2013年6月出台了《中国共产党党内法规制定条例》《中国共产党党内法规和规范性文件备案规定》，这两部党内法规的制定和发布，使中国共产党首次拥有正式党内“立法法”，从而使党的法规制度建立在坚实的法理基础，使中国共产党形成了正式的立法机制。这两项制度对于党内法规的依据、范围、程序等都进行了非常详细的规范规定，这就从技术和制度层面确保党内法规制定有了更加明确的依据，从而在源头上确立了保证党内法规科学有效的制度设计安排。

2013年11月，中央颁布了《党内法规制定工作五年规划纲要(2013—2017年)》，这是我们党历史上第一个党内法规制定工作五年规划，明确提出到建党100周年时全面建成内容科学、程序严密、配套完备、运行有效的党内法规制度体系，标志着党内法规制定工作进入一个新的阶段。对于实现党内法规与国家法律法规的衔接性、协同性和整体性，加快构建党内法规制度体系，推进党的建设制度化、规范化、程序化，提高党的科学执政、民主执政、依法执政水平，都具有重要而深远的意义。

2. 把权力关进制度的笼子里

在十八届中央纪委二次全会上，习近平总书记提出要加强对权力运行的制约和监督，“把权力关进制度的笼子里”，形成不敢腐的惩戒机制、不能腐的防范机制、不易腐的保障机制。2015 年是党的制度建设史上具有里程碑意义的一年。我们党修订颁布了《中国共产党巡视工作条例》《中国共产党廉洁自律准则》和《中国共产党纪律处分条例》等多部党内法规，基本形成了涵盖党的建设和党的工作主要领域、适应管党治党需要的党内法规制度体系框架。向全党全社会彰显了全面依法治国、依规治党的坚定决心，清晰勾勒出不断提高管党治党制度化水平的发展脉络。《中国共产党廉洁自律准则》和《中国共产党纪律处分条例》，树立了道德高线，明确了负面清单。强调要把严守政治纪律和政治规矩永远排在首要位置，通过严肃政治纪律和政治规矩带动其他纪律严起来；重在立规，划出了党组织和党员不可触碰的硬杠杠，树立了纪律底线。除了把之前条例规定的十类违纪行为整合修订为违反政治纪律、组织纪律、廉洁纪律、群众纪律、工作纪律、生活纪律六类外，条例特别突出了问题为导向，增加了拉帮结派、对抗组织审查、搞无原则一团和气、非组织活动、不如实向组织说明问题、不如实报告个人有关事项等违纪条款。

2016 年 6 月，中共中央政治局审议通过《中国共产党问责条例》。这部《问责条例》覆盖了各级党组织，意味着问责不能只对下级，包括中央部委党组、省区市党委也要把自己摆进去。这体现了全面从严治党要细化落实责任、层层传导压力的鲜明态度。同时，突出强调问责重点是主要负责人，突出了“关键少数”，特别是一把手这个“关键少数中的关键少数”，更成为了问责的重中之重。在《条例》中，问责的内容、对象、事项、主体、程序、方式都更加制度化、规范化、程序化。《条例》明确规定，党组织和党的领导干部有 6 个方面失职失责的情形，造成严重后果或者影响恶劣的，就要进行严肃问责。

2016 年 10 月，党的十八届六中全会通过了《关于新形势下党内政治生活的若干准则》和《中国共产党党内监督条例》，谱写了制度治党的新篇章。坚持把纪律规矩挺在前面，落实全面从严治党主体责任和党风廉政建设主体责任，保证各项制度得到有效执行，特别是强化政治纪律和政治规矩；强调必须旗帜鲜明讲政治，牢固树立“四个意识”，坚决维护党中央权威，维护习近平总书记的核心地位，确保党中央政令畅通。

在干部管理方面，先后制定实施了规范党政领导干部在企业兼职（任职）、个人有关事项报告抽查核实、配偶已移居国（境）外的国家工作人员任职岗位管理、领导干部能上能下等一系列制度规定。《党政机关厉行节约反对浪费条例》《关于党政机关停止新建楼堂馆所和清理办公用房的通知》《党政机关国内公务接待管理规定》的颁布，对群众普遍关注的问题，作出了积极回应。对突出问题专项整治持续开展。集中清理超职数配备干部，集中清理裸官、档案造假等问题；党员干部日常管理监督更加严格。制定和落实对领导干部进行提醒、函询和诫勉的实施细则，制定防止干部“带病提拔”的意见。

党的十八大以来，党中央把加强党内法规制度建设作为全面从严治党的长远之策、根本之策，在坚持中深化、在深化中坚持，不断加强党的纪律建设和制度建设，巩固治标成果，着力构建不敢腐、不能腐、不想腐的长效机制，将依规治党与依法治国统筹推进。中央政治局先后 5 次集体学习党内法规制度建设和国家法律法规相关内容，党中央制定、修订 74 部党内法规，超过现行 170 多部中央党内法规的 40%。这些法规都紧密结合实践推进制度创新，聚焦现实问题扎紧制度笼子，为坚持思想建党与制度治党相结合、依规治党与以德治党相统一探索了有益经验。

为增强党内法规制度配套性、协调性、一致性，按照习近平的指示要求，中央加强了对党内法规工作的统筹协调力度。今后，对于党内法规和规范的定期和即时评估将会进一步经常化、制度化、规范化，每五年一次集中清理，这就确保了党内制度的稳定性、连续性与与时俱进的统一。

3. 切实增强制度执行力

提高制度执行力、增强制度实效是制度建设的题中应有之义。针对制度像“稻草人”的现象，习近平总书记指出：“各项制度制定了，就要立说立行、严格执行，不能说在嘴上，挂在墙上，写在纸上，把制度当‘稻草人’摆设，而应落实到实际行动上，体现在具体工作中。”必须坚决防止“破窗效应”，党的章程、原则、制度、部署绝不能沦为摆设，丧失其严肃性和权威性。

制度是“隔离墙”和“高压线”，制度刚性不容冲撞。党的制度一经形成，就必须刚性运行起来，有令不行、有禁不止的各种行为必须彻底清除，使各项制度真正成为党员干部的硬约束，任何人都不能逾越制度底线。

十一、自信人生二百年，会当水击三千里

近代以来，中华民族从苦难中爬起来，走出了一条属于自己的中国道路，开创了中国特色社会主义理论体系，建立了一套中国特色社会主义制度，传承并继续弘扬着五千年的中华文明。这是我们党和人民90多年奋斗、创造、积累的伟大成就，也是我们道路自信、理论自信、制度自信、文化自信的根本所在。正如习近平总书记所说：当今世界，要说哪个政党、哪个国家、哪个民族能够自信的话，那中国共产党、中华人民共和国、中华民族是最有理由自信的。

根植于960多万平方公里广袤土地、5000多年辉煌灿烂文明的民族精神，吸吮着中华民族漫长奋斗积累的文化养分，生生不息、磅礴坚韧，这是实现伟大梦想的更基础、更广泛、更深厚的中国自信。

“自信人生二百年，会当水击三千里。”党的十八大以来，以习近平同志为核心的党中央围绕“两个一百年”奋斗目标和中华民族伟大复兴的中国梦，坚持中国特色社会主义道路自信、理论自信、制度自信、文化自信，开辟了治国理政的新天地，创造了新奇迹。

（一）道路自信：坚持中国特色社会主义道路

道路决定命运，道路关乎未来。举什么旗帜、走什么道路，关系着一个国家的前途和命运。在中国这样一个经济十分落后的国家探索民族复兴道路，是极为艰巨的任务。90多年来，我们党紧紧依靠人民，把马克思主义基本原理同中国实际和时代特征结合起来，独立自主走自己的路，历经千辛万苦，付出各种代价，取得革命建设改革伟大胜利，开创

和发展了中国特色社会主义，从根本上改变了中国人民和中华民族的前途命运。

1. 中国特色社会主义道路是一条来之不易的创新之路

美国著名中国问题专家费正清曾经说过："历史提供给中国可选择的现代化道路很窄。"因为路窄，我们历经千辛万苦地寻找，即使碰得头破血流也在所不惜。虽然自1840年以来，赢得民族独立和人民解放，实现国家富强和人民富裕，一直是中华民族的奋斗主题，然而，道路探索的难度却是几代志士仁人的最大伤痛。中国特色社会主义道路来之不易，即使正确地选择到道路的入口，也并不等于就一劳永逸。中国人口多、底子薄、经济贫穷、文化落后，加上西方已占先机和诸多掣肘，要实现现代化，难上加难。然而，我们党成熟、智慧、理性，紧紧抓住把马克思主义的普遍真理同中国的具体国情相结合这个原则，不断探索和层层破解了当代中国发展过程中各种重大难题，逐渐形成了中国特色社会主义理论体系，闯出了一条中国特色社会主义道路。这是一条创新之路，是现代化的一个新的"道路标本"。

在党的十八大开幕前，一些境外媒体还在用"中国站在关键路口"来形容这个大国的处境。十八大之后，还是这些媒体，又作出新的观察，"十字路口的中国没有彷徨"。

中国正走到全面建成小康社会的决定性阶段。党情、国情、世情发生深刻变化，踏入21世纪的中国置身于转制转轨转型的历史关隘，领航中国的执政党肩负起突破突围突进的时代重任。虽然，转型未有终，但是，对于"举什么旗，走什么路，以什么样的精神状态，朝着什么样的目标迈进"，影响中国未来走向、事关我们党执政前景的这些重大问题，已经获得了坚定响亮的答案。

2. 中国特色社会主义道路是一条继往开来的复兴之路

90多年来，几代党的领导集体，带领全体党员和各族人民，行进在民族解放和复兴的道路上。于悲怆屈辱中"站起来"，自改革开放中

“富起来”，在搏风击浪中“强起来”，把一个13亿人口的发展中国家送抵世界第二大经济体的高度。党的十八大以来，习近平总书记系列重要讲话精神和治国理政新理念新思想新战略，让人民在现代化征程中“幸福起来”。以中国梦引领中国道路，在中国特色社会主义道路上实现中华民族伟大复兴；以“四个自信”坚定中国道路，道路、理论、制度、文化相互支持；以“五位一体”总体布局保障中国道路，经济、政治、文化、社会、生态文明建设强基固本；以“四个全面”战略布局发展中国道路，全面建成小康社会、全面深化改革、全面依法治国、全面从严治党丰富具体道路；以新发展理念滋养中国道路，创新、协调、绿色、开放、共享发展彰显价值导向；以总体国家安全观维护中国道路，国防安全、国家安全、国际安全构筑安全之网；以治国理政新思维贯通中国道路，以战略思维、创新思维、辩证思维、法治思维、底线思维提高实践能力。中国特色社会主义达到新的历史高度，展现新的时代风貌。

3. 中国特色社会主义道路是一条披荆斩棘、开拓创新的改革之路

“历史的道路不是涅瓦大街上的人行道，它完全是在田野中前进的，有时穿过尘埃，有时穿过泥泞，有时横渡沼泽，有时行经丛林。”在俄罗斯访问时，习近平总书记曾引用过车尔尼雪夫斯基的这句名言。

的确，任何道路，都会遇到泥泞曲折，需要爬坡过坎，需要闯关夺隘。当前和今后一个时期，我国处于全面建成小康社会决胜阶段与全面建设社会主义现代化国家开局阶段的过渡期，处于社会主义初级阶段提升质量的跨越期，处于民族复兴机遇与爬坡过坎风险的交织期。面对风云变幻的国际形势、多重矛盾的复杂局面，挑战严峻、使命艰巨，迫切需要确保平稳驶向远方、顺利到达目标的“定向盘”“压舱石”。中国特色社会主义道路具有无比广阔的空间、无比深厚的历史底蕴、无比强大的前进定力，是实现社会主义现代化和中华民族伟大复兴总任务的“定向盘”“压舱石”。

坚持和发展中国特色社会主义道路，使中高速发展与中高端水平相匹配，强化改革动力与保持社会稳定相协调，破除沉疴积弊与重塑政治

生态相结合，纠风反腐提振党心与保障民生凝聚民心相一致，加强党的领导权威与增强社会创造活力相统一，大国治理与全球治理相配合，实现奋斗目标与着力防控风险相统筹，中国道路必定越走越宽广。

4. 中国特色社会主义道路是引领中国繁荣富强、和谐幸福的必由之路

改革开放30多年来的实践证明，我们党选择的中国特色社会主义道路是完全正确的。正是在这条道路的正确引领下，我们党始终坚持以经济建设为中心，把发展生产力作为社会主义根本任务，使国家经济实力显著增强，国内生产总值大幅提升，经济总量跃升到世界第二位；财政收入和外汇储备大幅度增长，国家外汇储备跃居世界第一；人民生活明显改善，已从温饱不足发展到总体小康；以城镇职工养老、医疗、失业保险为主要内容的社会保障制度逐步健全；社会主义政治文明建设取得新突破，政治体制改革迈出新步伐，民主法制建设取得新进展，科技、教育、文化、卫生、体育等各项社会事业发展迅速，社会生活方式日益丰富多彩，人们的精神面貌不断焕然一新。特别是党的十八大以来，以习近平同志为核心的党中央谱写中国特色社会主义新篇章，拓展中国特色社会主义新道路，治国理政取得重大成就和显著进展。中国道路越走越宽广的事实有力证明，中国特色社会主义道路是实现“两个一百年”奋斗目标和中华民族伟大复兴中国梦的根本保证。历史和现实充分证明，中国特色社会主义道路是引领中国繁荣富强、和谐幸福的必由之路。

5. 中国道路属于中国也属于世界

近代科技革命、产业革命、资本革命推动历史向世界历史转变，人类社会开始进入现代化的历史。1840年鸦片战争强行终止中国封建社会进程，企图将中国纳入世界资本主义的殖民体系之中。与此同期，马克思、恩格斯指明人类社会新的方向、新的道路。新中国成立之初，中国共产党就选择了社会主义道路，90多年来不改初心、矢志不渝，依靠社

会主义救中国，依靠中国特色社会主义发展中国。中国道路是中国共产党和中国人民的伟大创造，是中华民族近代以来追求现代化、跟上世界潮流的正确抉择，是建成富强、民主、文明、和谐、美丽、安全的复兴中国的必由之路。中国道路绝不是游离于世界潮流之外、封闭自守的民族复兴道路，而是走在世界历史前列、具有先进制度性质、构成社会发展形态的人类社会道路。中国道路映射世界历史，普遍规律扎根特殊规律。

中国是最大发展中国家，是走向现代化的东方大国，同时也是最大的社会主义国家。中国道路的世界意义，可以从发展中国家向发达国家过渡、后发现代化国家向现代化国家转变的示范意义来考察，但更要放到20世纪中叶以来世界历史的总进程中来考察，从冷战结束后社会主义在当代世界前途命运的独特意义来考察。中国道路之所以称为中国道路，并不仅仅在于经济科技比较落后的发展中国家怎样走出一条不同于西方国家的发展道路，向着现代化目标迈进，更重要的是在社会主义与资本主义两大制度体系的竞争与较量格局中，中国独立自主建设中国特色社会主义，能否实现社会主义现代化的目标。中国特色社会主义是历史唯物主义在当代中国的自觉运用和生动实践，具有本土性，又不限于本土化。因为中国特色与历史规律相连接，合乎规律的社会发展是超越地域、超越民族的。

“习近平主席执政以来，引领中国经济开启了迈向更均衡发展的伟大转型，并在众多关键领域坚定推进改革，从而更好适应全球经济的深度调整。”这几年每年都到访中国的国际货币基金组织第一副总裁利普顿如此评价。

“一切为民者，则民向往之”。纵观党的十八大以来的实践，新一届中央领导集体的为民情怀一以贯之，中国梦的人民底色日益鲜明，它让越来越多的中国人坚信，“有梦想，有机会，有奋斗，一切美好的东西都能够创造出来”。

“没有比人更高的山，没有比脚更长的路”。肩负着对民族的责任、对人民的责任、对党的责任，中国共产党描绘着“两个一百年”和中华民族伟大复兴的宏伟蓝图，13 亿中国人民将在新的起点上再出发。

（二）理论自信：坚持中国特色社会主义理论

理论自信，就是坚信中国特色社会主义理论体系是加快社会主义现代化建设、实现中华民族伟大复兴的理论指导和行动指南。“一个民族想要站在科学的最高峰，就一刻也不能没有理论思维。”新中国成立后特别是改革开放以来，我们党坚持将马克思主义基本原理同中国具体实际相结合，运用马克思主义的立场、观点和方法解决各种重大理论和实践问题，不断推进马克思主义中国化，形成了中国特色社会主义理论体系，开创了 21 世纪马克思主义发展的新境界。

党的十八大以来，以习近平同志为核心的党中央毫不动摇坚持和发展中国特色社会主义，勇于实践、善于创新，深化对共产党执政规律、社会主义建设规律、人类社会发展规律的认识，形成一系列治国理政新理念新思想新战略，为在新的历史条件下深化改革开放、加快推进社会主义现代化提供了科学理论指导和行动指南，成为中国特色社会主义理论体系的重要组成部分，同时将中国特色社会主义理论的主题拓展到了更宽广的领域，提升到了更高远的境界。

1. 在科学理论武装中坚定理论自信

坚持以科学理论引领、用科学理论武装，是马克思主义政党区别于其他政党的本质特征，是我们党团结带领人民取得新民主主义革命、社会主义革命和建设伟大胜利的思想基础，也是党在新时期迎接新挑战、完成新使命的根本保证。理论武装是理论自信的基础。只有全面彻底地学习理论、掌握理论，才能坚定自觉地接受理论、运用理论；才能将感性的了解认同内化为坚定的信仰信念、科学的思想方法。新形势下理论武装的主要内容是把马克思主义理论作为必修课，认真学习马克思列宁主义、毛泽东思想、邓小平理论、“三个代表”重要思想、科学发展观，认真学习习近平总书记系列重要讲话精神，认真学习党章党规。党的十八大以来，我们党把马克思主义基本理论学习作为必修课、基本功，推动全党不断加强对经典著作的学习研读，深化对马克思主义哲学、马克思主义政治经济学、科学社会主义的学习，全面掌握其基本原理、基本观点，系统掌握辩证唯物主义和历史唯物主义世界观、方法论，从根本上了解和信服马克思主义的真理性，进一步坚定理想信念、站稳政治立场、强化党性原则。

提高党员干部解决实际问题特别是思想问题的能力。学习的目的全在于运用。理论武装就是要让广大党员干部系统掌握马克思主义基本原理，学会用马克思主义立场观点方法观察问题、分析问题、解决问题，做到学用相长、知行合一。党的十八大以来，我们党坚持问题导向，推动全党带着问题学，聚焦改革发展稳定的重大问题、人民群众反映强烈的突出问题、党的建设面临的紧迫问题，学习好、运用好科学理论这个强大思想武器，强化战略思维、创新思维、辩证思维、法治思维、底线思维，真正把马克思主义理论素养的提高转化为开拓创新、攻坚克难、化解矛盾的能力，把理论学习成果转化为谋划工作的具体思路、破解难题的措施办法、推动发展的实际成效。

切实加强对深层次思想理论问题的引导。党的十八大以来，我们党坚持立破并举，一方面要旗帜鲜明地把先进的思想、正确的观念立起来，在党员干部头脑中深植厚培；另一方面要对落后的思想、错误的观念有清醒认识和高度警觉，有针对性地做好辨析引导工作。要加强对思想理论领域问题的分析研判，健全党内重大思想理论问题分析研究和情况通报机制，及时发现苗头性、倾向性问题，定期在党内进行通报，起到把方向、打招呼、划底线、防侵蚀的作用。加大思想理论引导力度，针对西方宪政民主、“普世价值”、新自由主义、历史虚无主义等错误思潮，充分运用马克思主义理论武器，深入剖析问题实质，深刻揭示错误思想观点的危害，正本清源、针锋相对，帮助广大党员干部站稳政治立场，分清是非界限，切实增强政治警觉性和政治鉴别力，坚决抵制错误思想侵蚀。强化互联网思想理论引导，充分发挥理论宣传阵地的作用，加快重点理论网站建设，推动各级党组织和党员干部积极发声、主动发声，在错误思想观点面前敢于斗争、敢于亮剑，形成坚持真理、抵制错误的强大合力，唱响主旋律、弘扬正能量。

创新理论工作形式和方法手段。理论武装要取得实效，必须紧密结合时代的变化、实践的发展，紧密结合党员干部的思想实际、工作实际，积极探索、锐意创新。党的十八大以来，我们党根据经济社会发展和党员队伍结构的新变化，加强对不同领域、不同行业、不同单位党组织和党员学习的分类指导，针对党员的职业特点、地域差异、教育程度，组织开展分众化、对象化的理论学习。要充分运用多样化的学习教育形式，着眼于引导党员在学习中深入思考，相互启发、学用相长，研究问题、学以致用，设计开展多种形式的互动式学习、调研式学习、开放式学习，充分调动和发挥党员理论学习的积极性主动性创造性。适应信息社会条件下信息传播和人们接受习惯的新变化，做好“微”文章，充分运用“两微一端”等新媒体平台，积极探索“微学习”“微党课”“微宣讲”等新的学习教育形式，让我们的理论学习更富时代性、更具针对性、更有实效性。[①]

2. 在以马克思主义引领多样性文化思潮中坚定理论自信

我们党的理论自信，是建立在有能力引导多样性文化思潮的基础上的自信。马克思主义本身的科学性与真理性、实践观与辩证法，决定了它具有对多样化社会文化思潮的指导、统领、整合和规范的作用。随着社会结构的深刻变化和利益格局的深刻调整，社会文化思潮的差异性和多样性将是一种客观存在。多样化文化存在，对于社会思想文化的发展具有有利的一面，也有不利的一面，关键是要“引领”，将其纳入主流意识形态的指导、率领下，更好地反映社会发展的客观要求。多样文化在满足不同群体的精神文化需求的同时，它们之间的相互交融也体现了文化的繁荣，推动了文化的发展。但另一方面也必须看到，任何民族、国家和社会的存在与发展，都需要有主导价值观的强力支撑。否则，社

① 黄坤明：《坚持不懈抓好理论武装》，《人民日报》2016 年 11 月 29 日。

会就会失去前进方向和共同道德基础，导致人心涣散、社会混乱。

在多样性文化发展中，不能没有“主旋律”和“主心骨”，尊重差异、包容多样也并不意味着失去核心和正确方向。而马克思主义能够成为多样性文化思潮的核心和向导，对多样化社会文化思潮具有指导、统领、整合和规范的作用。马克思主义对多样性文化思潮所具有的引领作用，不仅是因为它处于主流意识形态的地位，更重要的是马克思主义自身的科学性与真理性。它不是依靠强制力，而是依靠自身真理的魅力。十八大以来，我们党发挥马克思主义的引领作用，首先是把坚持中国特色社会主义道路和中国特色社会主义理论体系作为全党全国各族人民的普遍共识，坚持把以爱国主义为核心的民族精神和以改革创新为核心的时代精神作为当代中国的风尚。

3. 在中国特色社会主义建设取得重大成就的基础上坚定理论自信

我们党的理论自信，是对马克思主义在实践中彰显的生命力的坚定信心，这种理论自信，建立在中国革命、建设和改革实践取得的巨大历史性成就之上。十一届三中全会以后，特别是党的十八大以来，我们党带领中国人民战胜各种艰难险阻，走出了一条通向独立富强、民主文明的康庄大道，创造出了举世瞩目的经济奇迹。在这些成功和奇迹的背后，固然有诸多原因，但以辩证唯物主义的观点和方法，客观公正、实事求是地看待中国的变化，每一个有良心、有正义感的人都会得出这样的结论：中国共产党将马克思主义基本原理和中国具体实践相结合，探索出一条中国特色社会主义道路，这是中国取得成功的最根本的原因。中国特色社会主义实践的成就，充分彰显了马克思主义理论的当代价值，这是坚定理论自信，对中国特色社会主义理论指导下的实践活动充满信心的现实依据。

党的十八大以来，以习近平同志为核心的党中央领导集体彰显出非凡的治国理政才能，以其独特的执政风格备受全国人民拥戴和世界媒体关注。对于习近平总书记的人格魅力和领袖才能，受到国内外的观察家和政治评论家高度赞扬。

法国前总理拉法兰在来华参加博鳌论坛期间对媒体透露，他“从第一句到最后一句仔细拜读了”法文版《习近平谈治国理政》。他在和习近平主席见面时，向他展示自己的阅读笔记，并交流了对创新的看法。

截至2016年11月，《习近平谈治国理政》已在全球100多个国家和地区发行12种文字、520多万册，创造了近年来我国政治类图书短时间内海外发行量最高纪录。无疑，《习近平谈治国理政》凝结了习近平总书记执政以来的执政智慧和经验，既是对以他为核心的党的领导集体治国理政经验的系统和科学总结，又充满了超越时代、洞察时事波谲云诡中不变规律的理论观点。可以说，这本书代表了习近平总书记对国家治理的深邃洞察见解和对未来国家发展和治理的理论指导思想，对于治理好当今中国，提升广大党员干部执政能力和政治素养是一本“红宝书”。

全球发行量突破520万册，创改革开放以来中国国家领导人著作全球发行最高纪录。这说明了什么？所有人无不惊叹于这个数字，堪称震撼。习近平总书记的著作在全世界热销至少有如下几个原因。一是习近平总书记具有非凡的领袖魅力和人格魅力，体现于他自党的十八大以来在治国理政方面实施了一系列深彻改变和战略举措，从从严治党、全面反腐，到涉及政治、经济、文化、外交、军事等方面的改革，再到推动“四个全面”战略实施，无不彰显出他伟大的战略家的气魄和朴实的实干家精神，深受国内外人民的喜爱、拥戴和钦佩。二是习近平总书记极高的文学造诣和深厚的政治理论素养，特别是充满独特魅力的语言风格、对事物本质的深刻见解和分析，及充满马克思主义哲学观的观点，无不让读者深受触动、感染和深思。三是更应看到习近平总书记著作在世界热销背后的中国理论自信。一个近代以来饱受列强欺压的落后的传统农业国家，正是在中国共产党的领导下，历经艰苦卓绝的抗争和斗争，让中华民族获得了新生，恢复了民族自信心和国家尊严，让中华民族屹立于世界强大民族之林，让所有中国人可以在世界舞台充分彰显自信和从容。①

① 伍文胥：《习总著作受世界热捧背后的中国自信》，《华声在线》2015年8月28日。

（三）制度自信：坚持中国特色社会主义制度

制度问题直接关乎党和国家的发展方向。早在 20 世纪 80 年代初，我国改革开放的总设计师邓小平就说过：“制度问题更带有根本性、全局性、稳定性和长期性。”“制度问题，关系到党和国家是否改变颜色，必须引起全党的高度重视。”中国共产党的制度自信，主要来自于中国特色社会主义制度是符合中国基本国情、具有无比优越性的制度，是当代中国发展进步的根本制度保障。

新中国成立 60 多年来，尤其是改革开放 30 多年来，我国先后确立了人民代表大会制度这一根本政治制度，建立了中国共产党领导的多党合作和政治协商制度、民族区域自治制度以及基层群众自治制度等构成的基本政治制度，公有制为主体、多种所有制经济共同发展的基本经济制度，建立了在根本政治制度、基本政治制度、基本经济制度基础上的经济体制、政治体制、文化体制、社会体制等各项具体制度。所有这些制度既符合我国国情、顺应时代潮流，又有利于保持党和国家发展活力，有利于维护民族团结、社会稳定、国家统一。

在中国建立什么样的政治制度，是中国人民不断求索的历史性课题。一次次成功与失败、经验与教训反复证明，坚持把中国共产党的领导与人民当家作主、依法治国有机结合，中国建立并不断完善人民代表大会制度、中国共产党领导的多党合作和政治协商制度以及民族区域自治制度等一整套政治制度，中国特色社会主义道路必将越走越宽广。这是一条立足国情、应运而生的光明之路，这是一条着眼现实、顺应时代的发展之路，这也是一条与时俱进、不断完善的前进之路。

1. 人民代表大会制度作为根本层面的制度，体现着国家的性质和中国特色社会主义制度的本质

人民代表大会制度作为一种政体，与我国工人阶级领导的、以工农联盟为基础的人民民主专政的国体相适应，充分体现了社会主义制度条件下人民当家作主的本质。党的十八大以来，以习近平同志为核心的党

中央高举中国特色社会主义伟大旗帜，坚持党的领导、人民当家作主、依法治国有机统一，积极稳妥推进政治体制改革，开辟了中国特色社会主义政治发展新境界。

在十八届中共中央政治局第一次集体学习时，习近平总书记指出“中国特色社会主义事业不断发展，中国特色社会主义制度也需要不断完善”；在新进中央委员、候补委员培训班上，习近平总书记提出“不断推进理论创新、实践创新、制度创新”；在庆祝全国人民代表大会成立60周年大会上，习近平总书记进一步强调，中国特色社会主义政治制度“未来要继续茁壮成长”……

2014年9月5日，在庆祝全国人民代表大会成立60周年大会上，习近平总书记话语铿锵：国家的一切权力属于人民，人民行使当家作主的权利需要通过不断完善的政治制度来保障和彰显。

2015年年终岁尾，人民大会堂金色大厅内，参加十二届全国人大常委会第十八次会议的常委会组成人员，首次以专题询问方式听取审计查出问题整改情况报告。这是贯彻落实中央深改组审议通过的《关于改进审计查出突出问题整改情况向全国人大常委会报告机制的意见》的一次生动实践，是探索完善人大监督工作方式的重要制度创新。

2. 中国特色社会主义基本政治制度包括中国共产党领导的多党合作和政治协商制度、民族区域自治制度以及基层群众自治制度，基本经济制度是指以公有制为主体、多种所有制经济共同发展的经济制度，它们是改革开放以来创造中国发展奇迹的重要保障

2013年10月22日，全国政协第一次双周协商座谈会在政协礼堂金厅举行。会议的开法十分接地气，不设主席台的椭圆形会议桌，在场十几位专家学者人人畅所欲言，参会的中央领导同志不时插话、询问，与大家一起探讨……截至目前，双周协商座谈会已举行46次，先后900多位委员和专家参与其中。这一中断了近半个世纪的做法，在新的历史条件下得以接续和创新，凸显出中国共产党领导下的多党合作和政治协商制度的生机与活力。

随着全面深化改革蓝图次第展开，作为政治体制改革的重要一环，协商民主的制度化创新不断加速。从召开中央统战工作会议，对协商民主提出更高要求，到中央陆续发出有关加强社会主义协商民主建设的意见等文件，协商民主从操作机制上落到实处……协商民主广泛、多层、制度化发展水平不断提高，各民主党派、人民团体、社会阶层参政议政的能力、水平和效果都达到新的高度。

3. 除了上述根本制度和基本制度之外，在中国特色社会主义制度体系中还包括一些具体层面的制度，即建立在根本政治制度、基本政治制度和基本经济制度基础上的经济体制、政治体制、文化体制、社会体制等

这些具体的制度和中国特色社会主义法律体系，在推进中国特色社会主义经济建设、政治建设、文化建设和社会建设等方面也发挥着十分重要的作用。

“海压竹枝低复举，风吹山角晦还明。”2012 年党的十八大闭幕时，海外舆论对中国的经济体制、政治体制、文化体制、社会体制改革任务曾经不乏怀疑之声。如今，他们的评价是：“环顾世界，没有一个国家能像当今中国这样，以一种说到做到、只争朝夕的方式推进改革。”

党的十八大以来，我们党坚持和完善中国特色社会主义制度，不断深化改革，不断推进制度创新，初步构建了系统完备、科学规范、运行有效的制度体系。在经济体制改革方面，我们党更加尊重市场规律，更好地发挥政府作用。进一步健全现代企业制度，完善各类国有资产管理体制和制度，促进个体、私营经济和中小企业发展；规范发展行业协会和市场中介组织，健全社会信用制度等。在政治体制改革方面，我们党从我国实际出发，与我国生产力和生产关系的发展相适应，与我国的历史条件、经济发展水平和文化教育水平相适应，积极稳妥、坚定不移、循序渐进地推进政治体制改革，确保了社会安定团结、和谐稳定。在文化体制改革方面，我们党创新公共文化服务运行机制，加快构建覆盖城乡的公共文化服务体系；大力推进文化领域资源整合，不断增强中华文

化的国际影响力和竞争力。在社会体制改革方面，我们党进一步改革和创新社会管理体制，提高社会管理科学化水平。初步形成党委领导、政府负责、社会协同、公众参与、法治保障的社会管理体制，初步形成源头治理、动态管理、应急处置相结合的社会管理机制等，激发了社会活力，维护了群众权益，促进了社会公正。

4. 依法治国、建设法治国家，是中国特色社会主义政治体制的刚性保障

奉法者强则国强，奉法者弱则国弱。我们党把依法治国作为党领导人民治理国家的基本方略、把法治作为治国理政的基本方式。“发展人民民主必须坚持依法治国、维护宪法法律权威，使民主制度化、法律化，使这种制度和法律不因领导人的改变而改变，不因领导人的看法和注意力的改变而改变。”习近平总书记的讲话深刻揭示了依法治国与人民民主之间的辩证关系。

党的十八大以来，以习近平同志为核心的党中央加快推动法治中国建设，以十八届四中全会为起点，开启了全面依法治国的航程。加强科学立法、民主立法，为制度建设提供法律保障——

从十二届全国人大三次会议，对有“管法的法”之称的立法法作出重要修改，到进一步健全立法工作向党中央请示报告制度，按照法定程序对土地制度改革、司法体制改革等作出授权决定……随着全面依法治国的深入推进，党的主张和人民的意愿通过法定程序转化为国家意志的法律途径越来越清晰，中国特色社会主义政治制度的法律保障越来越坚实。

建设法治政府，夯实法治国家的坚实基础——

2015 年岁末，一份加强法治政府建设的“重磅文件”《法治政府建设实施纲要（2015—2020 年）》出台，明确提出了到 2020 年基本建成法治政府的指导思想、总体目标、基本原则和衡量标准，成为法治政府建设的总蓝图。

坚持把依法治国作为党领导人民治理国家的基本方略、把法治作为

治国理政的基本方式，就要依照法律法规来展开和推进国家各项事业和各项工作，实现国家各项工作法治化。

从建立地方各级政府工作部门权力清单制度，到开展国务院部门权力责任清单试点，强化对行政权力的审计监督制度……依法设定权力、行使权力、制约权力、监督权力不仅是法治政府建设的目标，更成为政治体制改革的一大亮点。

深入推进司法体制改革，保障人民合法权益，维护社会公平正义。司法，一头连着国家政治体制，一头关乎社会公平正义。司法人员分类管理、司法责任制、司法人员职业保障、推动省以下地方法院检察院人财物统一管理4项改革，剑指司法体制改革长期存在的痼疾和难点；建立领导干部干预司法案件记录通报和责任追究制度，给“人情案关系案金钱案”架上高压线；在深圳、沈阳设立巡回法庭，“去地方化”避免了司法审判受到干预；出台深化律师制度改革意见，律师执业权利进一步保障；深化公安改革，一批批着眼于便民利民的举措相继推出。

随着执法水平和执法公信力的不断提升，人民平等参与、平等发展的权利得到越来越充分的保障，维护了社会公平正义，尊重和保障了人权，公平正义的阳光更好照进了百姓心田。①

一些人常以西方发达国家的某些制度为标准来评价我国的相关制度，并把我国与发达国家的差距归结到制度上。但他们容易忽视的是，中国特色社会主义制度不但彻底改变了旧中国积贫积弱状态，30多年来，特别是党的十八大以来，中国发展所取得的成就更是举世瞩目，在全世界人口最多的国家，保障十几亿人民日渐幸福的生活，中国从没有像今天这样国泰民安、丰衣足食，并且正逐步缩小与发达国家的差距。

事实胜于雄辩。对于自己的制度，中国人最该有自己准确的判断。习近平总书记指出：我们要坚信，中国特色社会主义制度是当代中国发展进步的根本制度保障，是具有鲜明中国特色、明显制度优势、强大自我完善能力的先进制度。中国共产党人和中国人民完全有信心为人类对

① 张晓松、罗宇凡：《坚定中国自信，迈向伟大复兴——党的十八大以来中国特色社会主义政治制度开创新境界述评》，《人民日报》2016年2月2日。

更好社会制度的探索提供中国方案。

我们的自信也是建立在对问题的正视与解决上。习近平总书记曾强调：没有坚定的制度自信就不可能有全面深化改革的勇气，同样，离开不断改革，制度自信也不可能彻底、不可能久远。我们全面深化改革，是要使中国特色社会主义制度更好；我们说坚定制度自信，不是要固步自封，而是要不断革除体制机制弊端，让我们的制度成熟而持久。

（四）文化自信：坚持中国特色社会主义文化

文化自信，就是一个民族、一个国家以及一个政党对自身文化传统的深刻认知和高度自觉，是对自身文化身份和价值的充分肯定和积极践行，是对其文化生命力和影响力所持有的坚定信心。文化自信具有鲜明的民族特色和价值色彩。一方面，我国独有的历史文化传统决定了我们走上中国特色社会主义道路。另一方面，我们所秉持的文化自信，是继续走好中国特色社会主义道路的底气所在。

党的十八大以来，习近平总书记多次强调“文化自信”问题。2014年2月24日，在主持中央政治局第十三次集体学习时，他强调要“增强文化自信和价值观自信”。2014年10月15日，在主持文艺工作座谈会时，他强调“增强文化自觉和文化自信，是坚定道路自信、理论自信、制度自信的题中应有之义”。2016年5月17日，在哲学社会科学工作座谈会上，他又强调“我们说要坚定中国特色社会主义道路自信、理论自信、制度自信，说到底是要坚定文化自信。文化自信是更基本、更深沉、更持久的力量”。在2016年“七一”重要讲话中，他又再次强调：要“坚持中国特色社会主义道路自信、理论自信、制度自信、文化自信”。他还对文化自信特别加以阐释，指出“文化自信，是更基础、更广泛、更深厚的自信”。其语境更为庄严，观点更为鲜明，态度更为坚决，传递出这既是文化理念又是指导思想。文化自信于是成为继道路自信、理论自信和制度自信之后，中国特色社会主义的“第四个自信”。

为什么我们在“三个自信”之外还需要“文化自信”？因为“文明

特别是思想文化是一个国家、一个民族的灵魂。无论哪一个国家、哪一个民族，如果不珍惜自己的思想文化，丢掉了思想文化这个灵魂，这个国家、这个民族是立不起来的”；因为中国优秀传统文化，“可以为治国理政提供有益启示，也可以为道德建设提供有益启发”，“我国今天的国家治理体系，是在我国历史传承、文化传统、经济社会发展的基础上长期发展、渐进改进、内生性演化的结果”；更因为“只有坚持从历史走向未来，从延续民族文化血脉中开拓前进，我们才能做好今天的事业”，“没有文明的继承和发展，没有文化的弘扬和繁荣，就没有中国梦的实现”。

“文化自信”并非只是一句口号、一个理论名词，而是有其深厚根基，是可以真正践行的。因为，我们有优秀传统文化的底蕴，也有在中国革命、建设、改革的伟大实践过程中孕育的革命文化和社会主义先进文化。这种在优秀传统文化基础上的继承和发展，夯实了我们文化建设的根基，奠定了我们文化自信的强大底气。

1. 坚定文化自信，首先要坚持民族的文化认同

中华民族是有着悠久文化传统的民族。民族性是文化的天然属性，民族认同在一定意义上也是文化认同。中华民族在5000多年文明发展进程中，创造了我们中华儿女广泛认同的优秀传统文化。比如，中华文化强调“天下兴亡，匹夫有责”的爱国精神；强调“言必信，行必果”的诚信精神；强调“仁者爱人”“与人为善”“己不所欲，勿施于人”的为人处世原则；强调“富贵不能淫，贫贱不能移、威武不能屈”的人格信仰；强调“士不可以不弘毅，任重而道远”的历史使命感；强调“出入相友，守望相助”“老吾老以及人之老，幼吾幼以及人之幼”“扶贫济困”的帮扶精神等等。这些中华民族历经数千年锤炼的中华优秀传统文化，与党和人民在伟大斗争中孕育的革命文化和社会主义先进文化，积淀着中华民族最深层的精神追求，代表着中华民族独特的精神标识，让我们在今天正在进行的具有许多新的历史特点的伟大斗争中充满自信。

党的十八大以来，以习近平同志为核心的党中央站在历史与时代相

结合的高度，十分重视中华优秀传统文化的历史传承和创新发展，将其作为治国理政的重要思想文化资源，使之成为加深民族记忆、培育中华民族共同体的认同感、彰显文化自信，从而坚定走中国道路的精神纽带和道德滋养。“自信人生二百年，会当水击三千里”，文化自信，凝聚以爱国主义为核心的民族精神和以改革创新为核心的时代精神，鼓舞全党全国人民不忘初心，继续前进。

2. 坚定文化自信，根本要坚持文化的科学发展

文化是民族的灵魂，是民族生存和发展的重要力量。这种厚重的传统文化积淀，凝聚着中华民族自强不息的精神追求和历久弥新的精神财富，是发展社会主义先进文化的深厚基础，也是建设中华民族共有精神家园的重要支撑。在信息技术高度发达、社会全面开放、各种力量竞相发声、各种观点众说纷纭的信息时代，对增强文化定力，提出了更高的要求。一方面，要以高度的文化自信、博大的胸怀对待世界各国各民族的文化，吸纳百家优长，兼集八方精义，以我为主，为我所用。另一方面，要以高度的文化自觉、坚定的意志抵御腐朽没落的思想，识破伪装，揭开包装，使其原形毕露，难以藏身。

在坚定民族文化自信的同时，一方面要警惕文化复古主义和文化绝对主义，另一方面要深入挖掘传统文化讲仁爱、重民本、守诚信、崇正义、尚和合、求大同的时代价值，坚持古为今用、推陈出新，有鉴别的对待，有扬弃的继承，努力实现中华传统文化的创造性转化和创新性发展。党的十八大以来，习近平总书记关于弘扬优秀传统文化的系列重要讲话，特别是关于文化发展“创造性转化、创新性发展”方针，和“既向内看、又向外看”“既向前看、又向后看”广阔的文化视野，形成了传承发展中华优秀传统文化的方法论，成为文物、遗产、古籍、传统艺术、诗词歌赋活态传承的理论基础。

3. 坚定文化自信，关键要坚持文化成果由人民共享

中国特色社会主义文化是人民大众的文化。人民群众是中国特色社

会主义文化建设的主人，社会主义的文化事业是亿万人民群众创造的事业。人民群众在文化建设中不再是简单意义上的工作对象和服务客体，而是文化成果的创造者、享有者。这既体现了社会主义文化“百花齐放、百家争鸣”的“双百”方针，更体现了社会主义文化“为人民服务、为社会主义服务”的“二为”方向，充分说明了中国特色社会主义文化是从群众中来、到群众中去的文化。

在新的历史条件下，随着物质生活水平的提高，广大人民群众对精神生活的需求越来越强烈，这既对中国特色社会主义文化建设提出了更高的要求，也为中国特色社会主义文化的繁荣发展提供了广阔前景。党的十八大以来，以习近平同志为核心的党中央始终以满足人民精神文化需求为出发点和落脚点，坚持以人为本，贴近实际、贴近生活、贴近群众，做到文化发展为了人民、文化发展依靠人民、文化发展成果由人民共享。①

2016 年，在一部国产动画片中，后土、嫘祖、祝融等古书中的人物成为故事的主角；福建土楼、宁波天一阁等古典文化地标成为故事的背景；二十四节气、上古神话传说成为主人公顺手拈来的台词——《大鱼海棠》，这部在豆瓣上引发十几万观众参与讨论的漫画电影，以其精美的中国画风，“天人合一”的哲学理念和丰富的民俗文化细节，在广大观众间形成了一种文化的默契。

通过对中华民族独特文化传统、历史命运、基本国情的深入把握，既持续推进着中国特色、中国风格、中国气派的文化话语体系的形成，又激发了蓬勃的大众文化实践，正在把跨越时空的思想理念、价值标准、审美风范转化为人们的精神追求和行为习惯，增强了人民的文化参与感、获得感和认同感。

4. 坚定文化自信，让中华文化走向世界

习近平总书记指出：“提高国家文化软实力，要努力展示中华文化独特魅力”，要“把跨越时空、超越国度、富有永恒魅力、具有当代价值

① 杨修伟：《坚定文化自信的基本途径》，《光明日报》2016 年 12 月 14 日。

的文化精神弘扬起来，把继承传统优秀文化又弘扬时代精神、立足本国又面向世界的当代中国文化创新成果传播出去”。他还指出：“要以理服人，以文服人，以德服人，提高对外文化交流水平，完善人文交流机制，创新人文交流方式，综合运用大众传播、群体传播、人际传播等多种方式展示中华文化魅力。”

“文明因交流而多彩，文明因互鉴而丰富。”党的十八大以来，在全方位、多层次、宽领域的中华文化传播的新模式下，中国智慧、中国资源和中国技艺，在实现“洋为中用”的同时，也通过“中为洋用”。以传播规律表达乡土中国视角，让纪录片《舌尖上的中国》在全球刮起了一阵中华美食旋风；以国际化视角展示中国哲学，让中英联合摄制的大型纪录片《孔子》在海外广获好评；以现代魔幻电影的魅力塑造中国英雄，让动画电影《西游记之大圣归来》创造了中国动画片海外销售纪录。同样，中华医药、中华烹饪、中华武术、中华典籍正以各种创新性的方式走近各国人民；中国戏曲、民乐、书法、国画，正以文化的方式向世界讲述中国。

文以化人、文以载道，让中华民族的文化理念走出国门，让文化自身说话，使其成为不同语种、不同地域、不同国家和平交流沟通的媒介。在展现中华文化风采的同时，更重要的是呈现中国和平发展、和平崛起的理念，从而为中国的发展营造良好的国际氛围。遍布全球孔子学院，便是我们推行文化走出去的良好实践。据报道，截止到2015年12月1日，中国已在134个国家和地区建立了500所孔子学院、1000个中小学孔子课堂，学员总数达190万人。

回首近代以来中国波澜壮阔的历史，展望中华民族充满希望的未来，我们得出一个坚定的结论：全面建成小康社会，加快推进社会主义现代化，实现中华民族伟大复兴，必须坚定中国特色社会主义道路自信、理论自信、制度自信、文化自信。

展望苍穹，我们为伟大信仰和科学观念带来的力量而备受鼓舞，我们为这个古老而年轻的国度由衷骄傲；俯仰今昔，我们更加清醒，更加自信，更加充满希冀与憧憬。

后　记

2017年春节期间，中央电视台《新闻联播》推出春节特别节目《厉害了，我的国》，很多人拿起手机，自己拍，自己说，拍出叫人惊喜的变化，说出不吐不快的自豪。这个节目收视率极高。事实上，老百姓能够感受到这些变化主要得益于中国共产党的领导。习近平总书记在庆祝中国共产党成立95周年的讲话中指出，办好中国的事情，关键在党。中国特色社会主义最本质的特征是中国共产党领导，中国特色社会主义制度的最大优势是中国共产党领导。坚持和完善党的领导，是党和国家的根本所在、命脉所在，是全国各族人民的利益所在、幸福所在。改革开放以来，中国特色社会主义伟大成就都是在共产党的领导下取得的。我们完全可以自豪地说，"厉害了，我们的党"。本书的基本思路是全党形成一个领导核心，领导核心用梦想凝聚人心、召唤民众。干事创业要不忘初心，坚持不变的信仰。在治国理政的过程中要贯穿一个主线进行合理布局。发展新事业必须开启新动力，用法治和德治保障发展的列车在正确的轨道上运行。弱国无国防，弱国无外交，中国的发展成就使得中国逐渐走向世界的中央。走好新时期的长征路，必须把自身建设好，必须要有自信，必须要撸起袖子加油干才能以优异的成绩迎接党的十九大胜利召开，并完成党的十九大提出的各项任务。

本书由中共中央党校科研部副巡视员、教授、博导洪向华任主编，负责设计提纲，组织编写，协调出版，统稿等事宜。全国部分党校、高校和研究机构的哲学社会科学工作者参与了编写任务。具体承担编写任务的有：第一章，重庆工商大学徐德莉教授；第二章，北京市委党校潘建雷副教授；第三章，中共中央统战部徐贵相副局长；第四章，《学习时报》李少军副编审；第五章，广西壮族自治区党校齐先朴教授；第六章，浙江财经大学华正学教授；第七章，浙江省委党校褚国建副教授；第八章，军事科学研究院马宏伟、高宝新、郜耿豪研究员；第九章，中国国际问题研究院刘卿研究员、孙文竹博士；第十章，中共中央党校机关党委李跃华处长，中国社会科学研究院余忠剑博士；第十一章，广西壮族自治区党校齐先朴教授。

由于时间仓促，能力有限，有些错误在所难免，有些内容也需要进一步完善。在写作的过程中，本书参考了大量的著作、论文，未能一一列举出来，一并对业内同行表示感谢。

洪向华

2017年8月